心理学

〔美〕约翰·杜威 ◎ 著
熊哲宏　张勇　蒋柯 ◎ 译

杜威著作精选

刘放桐　陈亚军　主编

华东师范大学出版社

目录

主编序 / 6

序言 / 8
作者说明 / 10

  第一章 心理学科学和方法 / 12
  第二章 心理及其活动模式 / 24

第一部分 知识

  第三章 知识的元素 / 36
  第四章 知识的形成过程 / 81
  第五章 知识的发展阶段：知觉 / 142
  第六章 知识的发展阶段：记忆 / 160
  第七章 知识的发展阶段：想象 / 174
  第八章 知识的发展阶段：思维 / 184
  第九章 知识的发展阶段：直觉 / 213

第二部分　情感

第十章　　　情感导论 / 226

第十一章　　感觉情感 / 230

第十二章　　形式化情感 / 241

第十三章　　性质化情感的发展 / 252

第十四章　　理智感 / 270

第十五章　　美感 / 281

第十六章　　个人情感 / 295

第三部分　意志

第十七章　　感觉冲动 / 314
第十八章　　意志的发展 / 324
第十九章　　身体的控制 / 337
第二十章　　谨慎控制 / 348
第二十一章　道德控制 / 358
第二十二章　意志是观念及其实现的来源 / 374

附录 A / 382
附录 B / 385
修订版译后记 / 387

主编序

在杜威诞辰160周年暨杜威访华100周年之际,华东师范大学出版社推出《杜威著作精选》,具有十分重要的纪念意义。

一百年来,纵观西方思想学术发展史,杜威的影响不仅没有成为过去,相反,随着20世纪后半叶的实用主义复兴,正越来越受到人们的瞩目。诚如胡适先生所言:"杜威先生虽去,他的影响永远存在,将来还要开更灿烂的花,结更丰盛的果。"

在中国,杜威的命运可谓一波三折。只是在不远的过去,国人才终于摆脱了非学术的干扰,抱持认真严肃的态度,正视杜威的学术价值。于是,才有了对于杜威著作的深入研究和全面翻译。

华东师范大学出版社历来重视对于杜威著作的翻译出版,此前已推出了《杜威全集》(39卷)、《杜威选集》(6卷)的中文版,这次又在原先出版的《全集》的基础上,推出《杜威著作精选》(12种)。如此重视,如此专注,在国内外出版界都是罕见的,也是令人赞佩的。

或许读者会问,既有《全集》、《选集》的问世,为何还要推出《精选》?

我们的考虑是:《全集》体量过大,对于普通读者来说,不论是购买的费用还是空间的占用,均难以承受。而《选集》由于篇幅所限,又无法将一些重要的著作全本收入。《精选》的出版,正可以弥补《全集》和《选集》的这些缺憾。

翻译是一种无止境的不断完善的过程,借这次《精选》出版的机会,我们对原先的译本做了新的校读、修正,力图使其更加可靠。但我们知道,尽管做了最大努力,由于种种原因,一定还会出现这样那样的问题。我们恳切地希望各位方家不吝赐教,以使杜威著作的翻译臻于完美。

最后,我们要特别感谢华东师范大学出版社王焰社长,感谢朱华华编辑。杜威著作的中文翻译出版,得到了华东师范大学出版社一如既往的大力支持,朱华华编辑为此付出了很多的心血。没有这种支持和付出,就没有摆在读者面前的这套《杜威著作精选》。

刘放桐　陈亚军
2019 年 1 月 28 日于复旦大学

序言

当你在写这样一本教科书时,你要面临非哲学类教材不曾碰到的特殊困扰。那就是,这本书对各种哲学理论抱有什么看法?这个问题可以被弱化,但是却无法回避。的确,早期的教科书不必为此大伤脑筋,因为心理学的独立只是最近才发生的事情。早期的心理学只是逻辑学、伦理学和形而上学的混合体,它唯一能做的就是从哲学史里攫取精华。不过值得注意的是,这种情形也带来了一个好处,即心理学对哲学来说是一门很好的入门课程。目前市场上充斥着大量这样的教科书,但它们却没什么价值可言。遭到这样的对待,心理学似乎应该从自己身上寻找原因。

另一方面,有些教材试图抛开所有的纯哲学思辨,把自己定义为科学心理学。这些书当然很乐意(至少是有机会)丢弃那些对心理学无关紧要的材料,这些材料本该在很早之前就被掩埋在形而上学的历史中。但这不可避免地带来了一个问题:放弃哲学原理是否可能?没有谁能够凭空创造或再造出写作素材,这就好比蕴含于心理学中心的哲学意义,即使我们看不清楚,也不可能完全将之摆脱。涉及心理的本质以及心理与现实之间的关系的观点几乎在每一页都会出现,如果毫无目的地介绍这些观点,只会让作者和读者都陷入困惑。

但是,对我而言,之所以反对这类教科书,还有一个更加重要的原因。那就是,它没有考虑到我们一贯的教育方式。这一点至关重要,因为在我们的大学里,习惯上把心理学作为进入哲学领域的门槛。

那么,我们怎样才能集每一类教科书的优点于一身呢?也就是说,我们怎样才能使心理学摆脱形而上学(它仅在自身领域有意义,而在心理学中没什么意义),变得更加科学且与时俱进,同时又仍然可以作为哲学的一般入门课程呢?在这本书中,我并不奢望自己能够圆满地解决这个问题;但在著书时,我一直在思考该问题,动笔时也以此为参考。这种状态对我写这本书非常有利。最终,我尽量避开那些心理学之外的素材,致力于介绍科学心理学家的研究成果。我还精心安排了一些内容,以便学生能在进一步的学习中自然而然地发现问题,同时,我也详述了相关的原理,期望这些理论能引导学生找到解决问题的途径。通过这个过程,学生的哲学思维将得到启发。我相信,心理学的学习将便于学生从哲学的角度提出问题和看待问题,同时它也是哲学初学者通往专门领域的最佳途径。这本书就是作者帮助学生找到这条道路的一次尝试。

作者说明

[第二版说明]

这本全新的心理学教科书作为一项革新,总会遇到责难,但读者的热情反响增强了我的信心。尽管先前的尝试不尽完美,但它的根基是正确的。我希望已做出修订的新版本更接近先前的目标。感谢广大读者的建议,我已经做出相关的修订。特别致谢史密斯大学的加德纳教授。我将很高兴收到广大教师的批评和建议,以便本书的进一步修订。

[第三版说明]

从第一版至今,科学已经取得了诸多进展。所以,根据这些进展,我们这一次再版做出了相应的修订。修订过程中,我采纳了许多朋友以及前同事塔夫茨先生的建议,在此对他们致以特别感谢。对段落做出的改变,往往是为了使表述更清晰、更简练。读者可以发现下面页码中的内容发生了一些变化:12~13、29、34~37、43~47、52、53~55、62、75~76、81、85~88、133~139(参考文献除外)、179~180、190、240、241、268~269、270、271~272。立场的唯一改变,在"感觉的一般方法"这个部分。在我看来,目前有更好的理论,可参照詹姆斯·沃德(James Ward)先生和詹姆斯教授的著作,以及沃森(Watson)教授的著作。最后,衷心感谢耐心地为本书指出错误的、热情的老师们,你们的学识令我受益匪浅。

第一章 心理学科学和方法

Ⅰ 心理学的研究对象

心理学的定义：心理学是研究自我的活动或现象的学科

　　一开始，并不能对这门学科的研究对象给出完整清晰的界定，因为理清自我活动的意义是心理学在自身发展过程中应解决的任务。然而，我们可以利用一些专业术语来表述。自我(ego)①用于表述自我拥有认识到自己是一个独立的存在或具有独立人格的能力。心理(mind)也是一个专业术语，特指自我是有智力的。心灵(soul)指自我能认识到与身体的联系和区别。精神的(psychical)是一个用于指出与物理现象(或称自然现象)相对立的自我活动的形容词。主体(subject)常常用于表述支配着自我的活动，并掌管着一切情感、目的和观念，与客体(object)相对应。精神(spirit)是特指与自我的高级活动相关的内容，与物质和行为的机械模式相区别。

自我的基本特征

　　自我就是指意识活动；自我不仅存在，而且知道自己存在。心理现象是一种活动，并专指意识活动。棍子和石头都是存在的，而且不断发生变化；我们可以说，它们是有经验的。但是它们意识不到自己的存在，更意识不到自身的变化。总之，它们并不因为自己而存在，仅为某种意识而存

---

① 英文原书中用斜体表示强调，本书中处理为楷体。——译者

在。因此,石头没有自我。但是心灵不仅发生变化,而且还知道它自身的变化,了解自身的经验;它因为自身而存在。也就是说,心灵即是自我。所以,要区分心理学与其他学科,只需看它们研究的是不是意识活动。

意识

意识既不好定义又难以描述。我们要定义或者描述任何事物,都必须通过意识。它对所有定义而言是预先假定好的,因此任何对它定义的尝试都是徒劳的。它也不能通过与无意识的区分来定义,因为无意识要么是完全不知道,要么就是仅仅由意识而得知的。即便对于定义无意识本身,意识也是必须的。因此,心理学只能研究不同情况下的各种不同的意识形式。

作为个体的自我

我们已经知道,自我活动的特点就是它们是有意识的,或者说是为自己而存在的。进一步来说,自我都是个人化的(*individual*),而且所有的自我活动都是个人化的。这正是自我的独特之处。比如,物理现象或化学现象不为自己存在,而是为那些想观察它们的人而存在。它们能被一个人直观地意识到,对另一个人也是如此。总之,它们是普遍的。但是,我们所研究的心理现象却并不能被所有人公开地观察到。心理只能被经验着的自我直观地意识到,它是而且只是我的或者你的一种意识活动。

个体状态的交流

我们都能够与他人交流,但交流的第一步是把精神活动转化成物理活动。这必须通过无意识的媒介来表达——比如面部表情或者声音的使用。这些媒介完全是外显的,不再是个人化的活动。接下来,其他人把这些表情或声音"翻译"成自己的意识,在知道它们表达什么之前先把它们变成自己的东西。一个人永远不可能直接地知道别人心里在想什么;他只有通过自我再造(reproduce)的过程才可能知道。因此,自我或意识的活动是一种独特的个人化活动。心理学研究个体、自我,而其他所有的学科——例如数学、化学、生物学等等——都是研究普遍的现象,这些都不是自我的活动,而是呈现给懂得它们的自我或心理。

心理学与其他学科的关系

因此,心理学和其他学科之间存在双重的联系。一方面,它与其他学科地位平等,仅仅是研究对象更高级。有的学生也许一开始对远离自身的天体感兴趣,去研究天文学;然后他也许对他所生存的地球感兴趣,去研究地理学、地质学等;再后来他也许还对生物感兴趣,又去研究植物学、动物学等等;最后他可能转向自身,研究人体生理学;而最终他可能会放下生理学,转而研究自我。这样的研究就是心理学。这样看来,心理学显然仅是众多学科门类中的一员。

心理学——一门核心科学

但是,把心理学当作众多学科门类中的一员,又容易忽略事情的某一方面。所有的其他学科都只研究已知(known)的现象,而认识活动却涉及其他学科所没有研究的那些方面。认识活动把研究的现象看作是*存在的*(*existent*)现象,尽管它们也是已知的现象。不过,认识活动必定与自我或心理有关。认识是一个包含心理规律的理智过程,它是自我的一种经验活动。因此,某种个人化的活动已经被预先假定存在于自然科学的所有普遍现象之中。这些普遍现象是被特定的心理所认识到的现象,因此在某种程度上也可以归于心理学的范畴。因此,和其他学科相比,心理学不再是一门单一的科学,而是一门核心科学。因为作为心理学的主要研究内容,认识过程包含了其他所有学科。

心理学的普遍因素

现在我们看到,心理学本身既具有普遍性,又具有前面所说的独特性。它的研究对象(或者说研究内容)涉及所有的学科门类。进而言之，它对所有智力正常的人都是开放的。这可以从认识和意志两方面来阐述。例如，我知道我前面有一张桌子。这是我的一种认识活动和意识现象，因此它是个人化的。但是它对其他人而言可能也是一个已知的事实。对认识活动而言，已知的物体和正在被认识的物体都是同样必要的；但是，已知的物体对所有认识者而言，却都是必需的。从这个角度上讲，心理学具有内在的普遍性。因此，尽管认识对于正在认识的人来说是个人化的，但对于已知的事物来说却是普遍的。认识可以被定义为普遍元素形成的过程，它以个人化的形式实现，并存在于意识中。这里，普遍元素是指能够与所有正常人发生共同联系的存在。认识不是一种个人所有物。如果某种意识在形式和内容上都是个人化的，或者说对某些个人而言是独特的，那么这种意识就不是认识。要获得认识，个体必须排除对自身有特殊意义的特征，并且遵循普通正常人的条件。然而，这个过程一定是通过个体实现的。

行为的例证

意志或行动，常常都有普遍性和独特性这两个方面。我能执行的每个行为的内容都是已经存在的，也就是说普遍。但是这些行为并不是为意识而存在的，所以不属于心理学的范畴。直到我，或者某个自我，执行了某个动作，才使它成为个体的活动。这与该动作是写个句子还是吐露真相无关。在书写时，钢笔、墨水、纸、手上的肌肉，以及控制书写动作的物理法则都已经存在。我所能做的就是，在我的意识里通过我的行为把这些分离的普遍活动变成一种个人化的活动。而吐露真相时，真相已经存在，自我能做的就是把它变成自己的，通过意识或自我的再造活动来赋予真相以个人化的形式。

对心理学的进一步定义

现在，我们对心理学的原始定义可以得到拓展。心理学是关于认识和行为的科学;心理是把普遍的现象(内容)用个人化的意识形式表现出来的再造过程。这种个人化的意识本身与内容无关,通常以情感的形式存在;所以可以说,这种心理的再造过程通常以情感为媒介发生。因此,我们对自我的研究可以分为知识、意志和情感三大主题,它们各自的性质以及相互之间的关系将在下一章讲到。

II 心理学的方法

方法的必要性

心理学的研究对象是自我活动,或称作意识现象。然而,如果没有系统地将这些现象搜集并整理成理论,心理学就不能被称为科学。因此,有必要理解它们之间的相互关系,使现象得到更好的解释。通过恰当的搜集、分类并对现象加以解释的研究途径,我们才能正确地掌握心理学的研究方法。

内省法

首先,很明显,既然心理学的研究对象是意识,那么意识本身就是知识的主要来源。就像自然科学从呈现给感官的现象,诸如:落体、闪电、岩石、酸、树木等开始研究一样,心理科学必须从意识现象开始研究。我们把观察意识现象以确定它们性质的研究方法称为内省法(*introspection*)。内省并不是一种特殊的心理能力,而是心理所拥有的一种一般的认识能力,它能够反思性地和意向性地指向某些特定的活动。相对于外部观察而言,它也被称为内部观察法。外部观察是一种对感官活动或事件的观察,而内省则是对观念的性质以及它发生发展的过程的一种观察。由内省法观察得出的意识现象，最终一定是心理学研究材料的唯一来源。

内省法的难点

有些心理学家甚至走得更远，他们声称，内部观察比外部观察有效得多。心理在观察客体时往往会出错，而在内省自身时却总是对的，这是因为观察者和被观察者是一体的。例如，有人可能把黄铜误认为是黄金，但当他愤怒时他不会把这种情感误以为是爱。要回答这个问题，我们首先要声明的是，事实远非如此。因为愤怒中一定还包含着许多混杂的微妙的情绪状态，例如一半恐惧一半希望的状态也很难鉴定，就像我们很难鉴定一只品种稀有的鸟一样。即便对于愤怒，人们也不知道自己越愤怒反而越期望达到完全的平静。

经验是一回事，使经验变成可观测的研究对象却完全是另一回事。心理学的内省就是这样。让一个很少探究自我经验的人准确描述自己的心理状态可能会有困难，就像一个门外汉难以对呈现给他的新化学物质做出精确的描述一样。

科学的内省过程

换句话说，要正确感知一种现象，必须通过分析的过程。感到愤怒是一回事，而对这种情感作出批判性的分析却完全是另一回事。这两者很难达到同一，甚至还是相矛盾的。当内省分析开始，愤怒就随即停止。外部观察并不是一个被动的过程，这很容易理解。它需要积极的注意和批判的思考，而且其正确性在很大程度上还依赖于观念与客体的接近程度。每天都有大量的客体被错误地感知，这是因为观察者受到了错误理论的误导。想要不带任何心理观念地观察客体是不可能的，这对心理学观察来说也毫不例外。尽管很多心理现象都被经历过上百万次，但它们的多样性也仅仅是在最近才被观察到。但是，现在已经形成了关于这些具体的心理现象的理论,而且对现象来说这些理论是相当轻率的。要真正地观察到心理现象,需要一个正确的假设以及与此相关的材料,并对材料进行分析和分类。

我们后面将看到,没有所谓的"纯粹的观察活动"。已有的心理观念或多或少会对观察物产生同化或解释的影响。无论是心理现象还是自然现象,都不可能存在纯粹的观察。

实验法

首先,要克服前面所说的困难,我们可以求助于实验法($experimental\ method$)。我们不能直接对意识现象进行实验,因为实验法要求可任意改变变量并分析其结果。实验法可消除额外因素的影响,或者引入其他变量以测试其影响,能够分析变量之间的因果关系,而这些对意识现象来说是不可能实现的。但是我们可以利用心灵和身体的联系,间接地进行实验操作。与心灵相连的感官和肌肉系统是在我们的控制之下的,我们能对它们进行操作,从而间接地改变意识。实验法有两种:第一种是心理物理法($psycho\text{-}physics$),研究心理状态和生理刺激之间的定量关系;第二种是生理心理学($physiological\ psychology$),利用生理指标来研究心理状态。

生理心理学的对象

正如冯特(Wundt)所说,生理心理学的研究对象是心理事件的起因、组成成分以及时间顺序。尽管该方法使用的时间不长,但是在该领域它已经收获了许多成果,特别是在感觉的组成和联系、注意的性质和心理过程的时间方面。值得注意的是,神经和大脑的生理学研究本身对心理学并没有直接帮助,它们只是给心理分析提供更敏锐的指标,由此来弥补内省法的缺陷。

比较的方法

然而,上述方法所得出的结论,也都是不全面的。首先,该方法的应用范围仅限于与生理过程相连的心理事件,这些心理事件会随生理过程的改变而改变。其次,该方法不能超越个体的心理。每个个体的意识或多或少都有其独特之处,而心理学更应该研究正常的心理状态,研究具有普遍性质的意识活动。再次,上述方法未能向我们揭示心理发展的规律,帮助我们认识心理从不完善到完善的发展规律。这一心理学分支被称作发生(genetic)心理学,它是心理学的重要组成部分,并且不能用内省法和实验法来研究。不过,这两种方法的缺陷可以通过比较法来弥补。

比较法的各种形式

一般成年人的心理可以和这些事物的意识相比较:1)动物;2)不同年龄的儿童;3)有心理功能缺陷或精神错乱的人;4)不同种族和不同国家等不同条件下的人。动物心理学的研究对于我们认识智力的机械活动和自发活动的特征是特别有用的,因为在人的意识中,这些活动很容易因随意状态而变得视而不见。心理的本能方面常常通过动物的生活来研究。婴儿心理学对于研究心理活动的起源来说特别重要。而心理功能缺陷研究则表明,人的心理元素的产生是依赖于特定的感觉器官的。实际上,精神错乱或变态的心理常常被认为是大自然所做的"心理学实验"。对上述方面的研究让我们更好地了解正常行为的必要条件以及当条件改变或多种元素的平衡被打破时对行为产生的影响。这种对多种族、多民族和国家的比较研究则拓展了心理的概念,使其不仅仅局限于我们自身的心理及其表现形式。

客观的方法

要更正、拓展并解释内省法得出的结论,进而得出它们的规律,最常用也是最基本的方法就是研究心理的各种客观的表现形式。心理并不是外部世界的被动观察者,它正在并且已经对外部世界产生影响。这些影响的结果是客观的,而且也是永久性的,我们可以对所有这些客观的历史现象进行研究。它们是最可靠和最普遍的研究心理运作的途径。这些心理的客观表现形式,在智力领域表现为语言和科学,在意志领域表现为政治和社会制度,在情感领域表现为艺术,在统一自我方面则表现为宗教。语言学、科学逻辑、历史、社会学等学科都在研究这些不同的客观领域,并竭力揭示它们的现象之间的关系。但是,这些学科都没有重视这样一个事实:科学、宗教和艺术等等所有的这些都是心理或自我的产物,是根据心理的规律而发展起来的。因此,在研究这些学科时,我们仅仅是在研究有意识的自我的基本性质。正是在这些门类众多的知识、活动和创造中,我们才能充分地了解自我。正是通过对知识、活动和创造的研究,我们才能清楚地发现自我活动的规律。

自我意识的解释

无论用什么方法去研究心理现象,我们最终的目的都是要对自我意识进行解释。一旦不能解释观察到的现象,那它们就没有任何意义。尽管客观现象并不是心理学的材料,但它们仍是普遍的,而且必须作为个体去加以解释。例如,某种语言对于不懂该语言的人来说有意义吗?它只不过是一连串陌生的声音罢了,不能提供给他任何东西。对一个不懂得发怒和祈祷的人来说,发怒者的表情和祈祷者弯曲的膝盖也是没有意义的。如果我们不能在想象中把自己置身于婴儿或精神病人的精神世界里,他们的心理现象也就不能为我们揭示什么,因为这些心理现象对我们来说没有意义。

因此,只有将生理心理学得出的现象解释成意识活动之后,这些现象对心理科学来说才有其存在价值。否则,生理现象也只是客观的生理过程,对心理学毫无用处。相应地,上述心理学的多种方法,与其说是对自我意识进行分离的方法，还不如说是一种对自我意识加以拓展从而使之更宽泛、更普遍的方法。总之，多种方法的应用，能够帮助我们认识到自我意识中什么是偶然的和次要的、什么是永恒的和本质的，从而揭示出心理学的研究对象究竟是什么。只有真正属于自我的本质的东西，才是心理学应该要研究的。心理学正是要探究它们的现象和相互关系，并对之进行解释。

第1章注释

　　心理学和哲学的关系是一个最具争议的话题。关于这一点，可参考《大英百科全书》（第九版）中凯尔德的《形而上学》一文、塞思的《哲学》、沃德的《心理学》。还可参看罗伯逊在《心灵》(1883年1月)杂志上的《心理学和哲学》、沃德在《心灵》(1883年4月)杂志上的《心理学原理》，以及杜威在《心灵》(1886年1月和4月)杂志上的《心理学立场》和《作为哲学研究方法的心理学》。还有亚当森(Adamson)在《心灵》杂志上的心理学评论(1884年和1886年)。

　　关于心理学研究方法，几乎每一本系统专著里都会讲到。可参考刘易斯(Lewes)：《心理学研究》；斯宾塞(Spencer)：《心理学原理》，第一卷，第一部分，第七章；萨利(Sully)：《心理学纲要》，第一章；默里(Murray)：《心理学手册》，第一章；汉密尔顿(Hamilton)：《形而上学》，第八讲和第九讲；波特(Porter)：《人类智能》，引言，第1页和第4页；福尔克曼(Volkmann)：《心理学教科书》，第一卷，第1—54页；还可以和魏茨(Waitz)的《心理学教程》引言相比较。有关多种方法，可参考冯特：《逻辑学》，第二卷，第478—502页，并与《哲学研究》第一卷，第1页相比较。

　　关于特别的方法，如心理物理法、遗传心理学等，可参照附录B。心理学最新发展的相关方面，可参考杜威和霍尔于1884年和1885年在《安多弗评论》中的《新心理学》发表的相关文章。有关进化论对心理学的影响的讨论见萨利的《感觉和直觉》第一章。

现在还没有比较好的用英文和法文写出的心理学史教材。在德国，学生可以参考哈姆斯(Harms)的《心理学史》和西贝克(Siebeck)的范围更加广泛的同名著作——尽管他的书被冠以医学心理学(1886)的名字。更早的具有参考价值的书是卡鲁斯(Carus)的《心理学史》。福尔克曼(同上)在每一个主题下都给出了详尽的历史材料，因此也非常有价值。里博(Ribot)也出版了许多当代英国和德国的心理学著作，但还是没有权威作品那么完全和精确。赫夫丁(Höffding)在《心理学纲要》第1—28页讨论了心理学的性质，同时还可以参考詹姆斯的《心理学》第一卷。

还可以参考鲍恩(Bowne)：《心理学理论导论》第1—7页；拉德(Ladd)：《生理心理学基础》第1—14页；《纲要》第1—10页中的生理心理学部分；以及他在《哲学导论》第四章中对心理学和哲学的渊源的探讨。

第二章　心理及其活动模式

THE MIND AND ITS MODES OF ACTIVITY

引言

　　心理学研究意识活动，目的在于对它的现象进行系统的调查、分类以及解释。研究之初，我们必须把意识划分为认知、情感和意志三个部分，尽管这种划分只有在整体考虑时才有意义。当言及认知时，我们所指的是获得知识或信息，无论是认识还是领悟，也无论所认识的是内在状态还是外在事物。当言及情感时，我们所指的则是主体的某种状态表现为愉悦或痛苦。从本质上说，情感过程不会让我们获得知识，而只是一种情绪状态。而意志则是指为达到一定的目的而努力的心理过程。

认知

　　心理的每一种活动和观念都能告诉我们一些东西。在观念形成前，心理并不是空无一物的，而是已经储存了一些信息。例如，观察一棵树、定义政府的概念、推出引力定律、听到朋友去世的消息，以及计划要建的房屋的构想等等，都涉及真正存在的物体、法则或事物之间的关联。当然，它们也可能与个体最深的情感或者个体的活动有关。但无论如何，这些活动告诉我们一件事物现在怎样、已经发生了什么或者将要发生什么。总之，这就是认知过程，它是指意识到某事物的状态；只要某种意识状态使我们知道了某事物，这就构成了知识。

情感

　　但是，意识不仅限于使我们获得关于事物的信息，它也能昭示出该信息对自我的意义。每一种意识状态都不仅和认识的对象有关，同时也和正在认识的心理状态有关。这样一来,意识又可以说是一种情感,一种自我感受。既然每种意识状态都是自我的状态,那它必定包含有情绪的因素。换句话说,我们的意识并不是毫无偏见不带任何色彩的,它也有轻重判断、价值评价和兴趣取向之分。这种特别的兴趣取向构成了意识的情感因素,这意味着,拥有兴趣偏好的意识实际上和自我有着独特的联系。因此,意识不仅仅是认识的一种伴随产物,同时也是自我体验的一种方式。这种兴趣的偏好和自我的联结,可以表现出高兴或者痛苦的情绪。尽管像观察一棵树、听到朋友去世的噩耗和计划建造房屋这样的事件,对于自我而言意味着完全不同的意义;但没有一种意识状态是与自我完全无关的,或对于自我是毫无意义的。

意志

　　一种意识状态,也就是一种活动的表达。后面我们将看到,每一种意识都需要联合的(特别是专注的)心理活动来实现。即使在观察一棵树、听到朋友去世的消息或计划建造房屋的过程中,心理也参与了活动。这样看来,每一种意识状态都涉及意志,而活动从来都不是被动的。很明显,在观察树时,心理主要给我们提供关于物的信息;听到朋友去世的消息时,我们关心的不是消息本身,也不是心理活动,而是心理和自我的感受方式;而在计划建造房屋并执行该计划时,心理活动关注的是特定的目的和可能达到的结果。我们通常把第一个事件中的心理活动称为认知,第二个是情感,而第三个则被归于意志或意愿。所有的意识活动首先一定包含了认识,因为我们能认识到对象;它也体现出某种情感,因为它和我们有特定的联系;它还表现为一种意志,因为它总是要依赖于我们的活动。以上三种过程,都是依据各自支配的方面而从不同角度来命名的。

三者之间的相互关系

　　情感、知识和意志不能被认为是三种不同类型的意识,也不能看作是同一意识的三个独立的部分。它们只是从三种不同的角度对意识进行分析，或提供信息，或影响自我的高兴或痛苦的感受，抑或是表现为自我的活动。它们还存在另一种联系。就像有机体的消化过程一样，如果离开了循环系统，它就不能继续下去；同时它还要依赖于呼吸和神经系统。这对有机的心理系统来说也是一样的。认知过程不能脱离情感和意志过程而存在，三者缺一不可。

知识的影响因素

以观察树或学习几何命题作为例子。乍看之下，观察树好像是一种完全自发的活动，我们只需要睁开眼睛去观察就是了。但我们必须清楚，这种功能对我们来说是已经掌握了的。其实，只要注意一下婴儿就会发现，他们学习观察树和我们学习几何定理一样难。那么，如何对这些活动进行解释呢？首先，情感是必须的。除非心理受到客体或真理的影响，除非心理对它们产生某种兴趣，否则心理活动绝不会指向或注意它们，它们也就不可能进入人的认识领域。

客体或真理确实是存在的，但对心灵来说是不存在的，除非它们有什么能使大脑兴奋的地方。知识依赖于情感。进一步说，情感对知识的引导还体现在它唤起了心理的注意，并将心理引导向需要认识的事物或现象，而这种注意的指向是一种意志行动。很明显，在开始学习几何命题时，指向、控制和有意注意等意志活动是必需的。而对树的观察则不同，此时的注意是自动、自发产生的。相应的原理将在后面讲到。

意志活动的影响因素

每一种意志活动都涉及认识过程。即使像写字这样相对简单的动作，或者主持一项庞大的商业交易这种复杂活动，都需要确定所要达到的目标，选择恰当的实现方法和途径。要执行意志活动，必须具有对目标以及过程的认识。同时，意志活动也依赖情感。只有为了满足某种需要才会产生意志活动,而只有一件事物和自我相关时才会产生需要。那种毫无趣味的事物是激不起任何情绪反应的,也就不可能产生意志活动。不言而喻,一个人是不会对他认为无关紧要的事情采取行动的。无论其价值是多么微小,这个事物的重要性或价值都是由它与自我的关联决定的,由情感决定的。

情感的影响因素

另一方面,情感要以意志活动为前提。没有对大脑的兴奋和刺激,没有行动,也就没有情感。当仔细研究情感时,我们会发现积极的情感总是和健康的或习惯性的行为相连,而消极的情感则刚好相反。许多观察足以表明,情感和自我的所有意识内容都是相联系的,而自我表现为活动或反应。如果没有活动或反应,就不会有情感。只要研究一下获得财富带来的快乐,或者失去朋友引起的悲痛,我们就能发现,快乐的情绪促进和增强了与自我相一致的行为模式,而悲痛的情绪则阻碍和破坏了自我的行为模式。总之,前者促进了自我的发展,而后者则阻碍了自我的发展。自我的活动水平是提高还是降低,都是通过情感来表达的。

情感所有的具体的确定形式也都依赖于理智活动。我们的情感总是投射在对象或事件上,而情感又和认识的形式有关。正是因为两者的关系密切,所以它们才不再含糊不清。即使是最低级的情绪形式——比如进食的快乐和伤口的疼痛——我们都能发现它们是和对象相关联的。情绪并不是凭空而起的,而是与引发它的对象相关,并且在有机体身上的某些部分表达出来。情感越高级,它与认识过程的联系也就更加完全和确定。例如,想要理解由艺术、道德、科学研究或宗教引起的情感,如果不与引发它的对象相联系,是不可能的。

三者之间的必然联系

我们已经看到,意志、知识和情感不是三种类型的意识,而是同一种意识的三个方面。对这些方面的区分都是人为分析的结果。在实际的例子中，三者都互为前提，缺一不可。回顾前面对心理学的定义，我们也能看到这种相互联系的必要性：心理学是以个体意识的形式来再造普遍的客观内容的科学。换句话说，每一种意识都是个体性与普遍性的统一体，不能被单独地理解。很明显，普遍性的意识表现为认知过程，个体化的意识表现为情感过程，而这两者之间的关系及其具体内容则表现为意志过程。我们还可以知道，知识和情感都只是自我的部分方面，或多或少有些抽象，而意志联系着两者，因而它更为全面，并且能够理解前两者。下面我们将简要谈谈这些观点。

知识的普遍性

我们已经知道知识的对象是普遍的，这就是说，该对象对所有正常人来说都是平等的。如果一个人认识到了，那么其他人也能认识到。知识本身对每个人来说没有分别。假设每个人的认知都只是个体性的，那么就不会有人意识到个体之间的差别。如果所有已知的都是相同的，那么认知的过程也就没有区别。但是，情感在人与人之间设置了一道不可跨越的鸿沟。

两个人可能都对相同的刺激产生情绪反应，并且两个刺激在强度和量值上都完全相同，但是它们激发的情绪反应也不会相同。也许是完全相反的两种反应，这是因为它们都只和自我有关。也正是这个原因，当我们把知识和自我联系在一起时，知识就是个人化的了。在任何情况下，认知过程都带有情绪色彩，因此形成了属于个人的知识。当我们观察一棵树或发现数学定理时，情绪色彩总是不可避免地存在，而意识可以从个体的自我中分离出来，显示出它普遍性的一面。可以说，意识的个体性表现为情感，而普遍性则表现为知识。

意志是一种完全的活动

因此，明确的意识活动就是意志，同时它也包括个体性和普遍性的因素。意志过程通常有两种:把普遍性方面与自我相联使之变成个体化的形式;或者把个体性方面赋予实在意义使所有正常人都能够识别。对树的认识和发现几何定理就属于第一种形式,此时为所有人所知的普遍意识变成为个体独特的不可分享的意识。意志活动起始于自我的兴趣,通过对客体的注意,把它转化为你我的个体意识的中介,即自我或情感。如果我们从这种活动表现出的普遍性来看,它就是一种认知过程;如果我们从它对自我发展是否促进来看,它就是一种情感过程;如果我们从它包含着普遍内容与个体化形式的角度来看,它就是一种意志过程。意志始于个体化的形式,也终于个体化的形式。这里我们可以称之为向内(in-coming)的意志,因为它的原则是把普遍性成分带入个体化的意识,或者说带入情感的领域。

向外的意志

意志的另一种形式是把个体化的意识转变成普遍性事实。该过程的第一步是愿望、计划或目标;这些都仅存在于我们个体化的意识领域,是一种情感。但自我的活动控制着这些内容,并使它们投射于外物,变成世界万物的一部分。比如想吃东西完全是一种个人行为,但是吃东西的行为却为所有正常人所熟知,因为它只是发生在这世上的事件之一。同样,想变得富有完全是一种个人的意识,但获得财富的活动却具有普遍特征,因为这是每个人都要面对的问题。再比如你要计划建造房屋,计划是个体性的,而计划的执行即房屋的建造是普遍性的。这种把个体性因素转变成普遍性因素的意志活动可以称为向外(*out-going*)的意志。但它的本质和向内的意志一样,都使得情感和认识两个过程联系起来。

主观和客观

情感是意识的主观方面,认识是意识的客观方面,而意志则联系着这两者。每一种具体的意识都是主观的个体性与客观的普遍性的统一体。

假想一下由手指上伤口带来的意识反应,这种疼痛纯粹是主观的,只属于疼痛者本人而不可能与其他人共享。但伤口是一种客观事实,它能被所有人感知并且被他们的心智所理解。这只是世界万物中的一种情况。我们再来看看朋友去世带来的意识反应:一方面,它是完全个体化的体验,对个人来说肯定具有某种意义,并且不必如实地反映引起这种体验的实际事件。但是作为一种主观情绪,它同时也是客观世界中的一个事件,所有事件都以相同的方式向世人呈现。这样来看,它又是客观存在的信息。意志通常联结着主观和客观两方面,同时也联结着个性与共性两方面。

刚开始时,学生应该避免把意识看作是完全主观或者是完全个体的,这会使我们脱离意识来研究外部世界的对象。从心理学的立场来讲,意识既是主观的又是客观的;既是个体化的,又是普遍的。我们通过人为的分析,可以称其某一方面为情感,另一方面为知识,但这仅仅是对意识的一种分析方式。这种方法并没有把意识和非意识分开。对心理学来说,不可能存在这样的分离。

处理方法

我们在处理心理学的研究材料时,为了表述方便,有必要把情感和知识、意志区分开来。这种区分越彻底、越严格,就越有利于我们把它们当作分离的实在物进行研究。每一部分都可以分离开来研究,看上去就像它们都是独立的、自足(self-sufficient)的心理成分。从逻辑上讲,我们首先应该研究情感过程,因为它处于意识的最里层。然而实际上这是不可能的,因为它的具体形式和认识过程的形式关系十分密切。而且,认知过程也同样依赖于情感过程,因此这两种过程只能结合在一起考虑。因为意志以认识和情绪为前提,所以放在最后讨论。

材料与过程

研究意识的各个部分时,同样为了表述方便,我们还要把每个部分分成三步来研究:1)材料;2)过程;3)结果。心理科学的研究目的是为了对心理的各种表现形式进行分析,并结合相互之间的关系进行解释。我们可以把心理状态看作是心理过程对一定的原材料进行加工而得出的结果。所以,我们可以这样来进行研究:首先考察原材料,其次是加工和修饰原材料,再次是得出加工的结果,即意识的具体形式——包括真实的认识、情感和意志过程。前两步与划分的方式无关,仅仅和科学分析的结果有关。在这些研究过程中,只有第三步(即结果)是实际存在的。因此,开始研究认识过程时,我们把感觉作为原材料,加工过程则是指通过统觉把原材料加工成一个连续的知觉、记忆、想象、思维和直觉的过程,最后的结果是意识到这些具体的智力活动总是一种直觉。

第2章注释

有关多种心理成分之间的关系以及它们和所谓的心理功能(这是难以被分解的问题)的关系,可以参考以下书目:汉密尔顿:《形而上学》,第十讲和第十一讲;波特:《人类智能》,引言和第 3 页;贝恩(Bain):《感觉和智能》,第一章,第 321—327 页;斯宾塞:《心理学原理》,第一卷,第二部分,第二章和第九章;萨利:《心理学》,第二章;刘易斯:《生活与心灵之问题种种》(Problems of Life and Mind),第一辑,第 146 页和第三辑第 240 页;施特伦贝尔(Strümpell):《心理学基础》,第 1—14,95—100 页;乔治:《心理学教科书》,第 70—124 页;乌尔里齐(Ulrici):《身体与心灵》,第一卷,第二部分,第 161 页;霍维茨(Horwicz):《心理学分析》,第一卷,第 155—175 页;福尔克曼:《心理学教科书》,第一卷,第 54—216 页;沃德在《大英百科全书》中的《心理学》。有关心理功能的资料可参考:冯特:《生理心理学基础》,第一卷,第 9—18 页;赫尔巴特:《心理学教科书》,第二部分,第一章;洛采:《医学心理学》,第 136 节(洛采的这本著作不大常见了,不过有这本书第一版的法文译本,译名为《生理心理学基本原理》)和《微观世界》(*Microcosmus*)(英译本)第一卷,第168—181页;德罗比施(Drobisch):《经验心理学》,第268—337页;施泰因塔尔(Steinthal):《心理学和语言学导论》,第290—306页;福尔克曼(同上)第一卷,第22—34页。

该主题的教育资料可参考海涅(Heine):《教育学导论》;乔利(Joly):《教育学的概念》,第32—61页。

Schools of To-Morrow
School and Society
Human Nature and Conduct
Democracy and Education
Reconstruction in Philosophy
Psychology
The Quest for Certainty
The Public and its Problems
Art as Experience
Ethics
How We Think
Experience and Nature

第一部分 知识

PART ONE KNOWLEDGE

第三章　知识的元素

ELEMENT OF KNOWLEDGE

I 感觉通论

感觉的界定

虽然感觉问题中的难题不少,但感觉仍然是各种心理现象中最容易分辨的一种。我们获得温感和压感、听见声音、看见颜色等等,诸如此类的现象都是感觉。作为身体状况的一种反应,感觉本身的定义是很简单的:这是一种反映刺激的单一特征的心理状态,它是由作用于周围神经组织的刺激引起的。此外,我们认定皮肤是获得温感和压感的器官,耳朵是感觉声音的器官,眼睛是获得光感的器官,如此等等。

研究主题

感觉实际上包含了两方面的内容:生理的和心理的。感觉一方面与生理机能相关;另一方面,它还与心智活动相关。感觉的生理方面的内容包括:作用于神经组织的刺激,以及神经组织自身的活动。我们将从以下几个方面来考察感觉:1)广义的生理刺激,包括外周器官刺激与生理刺激两个分支;2)感觉的心理要素,或感觉的特征;3)生理因素和心理因素之间的关系;4)感觉在智力活动中的功能。

1. 生理刺激

(1) 外周器官刺激

我们所有的感觉中,只有一小部分是从我们身体内部产生的;相比之下,绝大部分感觉,也就是构成感觉观念的最主要的内容,都是由外部刺激作用于机体而产生的。在各种感觉中,触觉必须通过身体接触才能产生;而听觉可以在较远的距离上形成;视觉通过光而产生,所以几乎不受距离的限制。尽管外在的刺激是多种多样的,我们却可以用一种属性来描述它们,这就是运动。无论作用距离的远近,事物作用于有机体并使之产生感觉的唯一方式就是运动。运动可能是一个物体的整体移动,如一件东西撞击到我们的身体;也可能是物体内部的局部运动,例如,我们的味觉或嗅觉就是这种局部运动的结果;它还可能是我们身体自发的、由运动源通过特定的媒介以振动的方式把运动传递到我们身上,比如视觉与听觉就是通过这种方式形成的。无论如何,有运动才有感觉。一个绝对无运动的物体不可能对有机体产生任何作用,有机体当然不可能产生出关于它的感觉。

运动的特征

因此,感觉不是一个独立的事件,而总是与运动特征相伴随,也就是说,感觉的特征取决于作用于外周感觉器官的刺激。出于心理学的目的,人们并不会把世界当作一系列无法计量的质的特征来认识,而是把它看成运动。运动着的世界本身拥有多种性质,与之相对应的是感觉的多种反应特征。运动的形式可能在这些方面表现出差异:强度(*intensity*)、形式(*form*)和速度(*rapidity*)等。相应地,运动就有了三个特征:振幅(*amplitude*)、形式(*form*)和速率(*velocity*)。振幅是物体上下或往返运动的距离大小,是物体摆动时偏离一个固定点的长度。振动的物体移动这一段距离的时间可能是千分之一秒,也可能是一秒或更长。这个时间决定了物体的运动速率。此外,运动可能是规则的,也可能是不规则的,这就是运动的形式。其中,规则的运动又有多种不同形式,如圆周运动、椭圆运动或抛物线运动;物体的运动方式也是多种多样的,可能是像钟摆、像活塞或者像汽锤等等。

感觉的特征

运动的不同特征相应地引起了不同的感觉反应。与运动的振幅相对应的是我们感觉到的刺激强度。物体振动的振幅越大,它作用于感觉器官的力度就越大,相应地,引起的感觉就越强烈。不同的运动形式则对应于感觉反应的质的特征的差异。不规则的运动倾向于引起模糊的、含混的感觉反应,比如味觉和嗅觉等;而听觉和视觉则是由清晰的、规则的运动引起的。在听觉领域,乐音和噪音的不同感觉,就是分别由规则振动和不规则振动引起的。此外,不同的振动频率还让人产生不同的感受。低频振动(低于 20 赫兹)只会让人感到难受;频率在 19 到约 20000[①]赫兹之间的振动,会让人听到声音;不同的频率对应于不同的音高感受,比如高频振动让人听到十分尖锐的呼啸声,而低频振动则让人听到低沉而浑厚的声音。当振动的频率不在上述范围之内时,就不会引起人的听觉器官的反应。当振动频率达到一个非常巨大的值,如 392 万亿[②]赫兹时,就会引起人的眼睛的反应,使人产生关于颜色的感觉。当振动频率在 392 万亿赫兹到 785 万亿赫兹之间变动时,分别引起人从红色到紫色的不同的颜色视觉。当振动频率超过 785 万亿赫兹这个上限时,振动就不再引起人的视觉反应,而是产生所谓的光化效应(*actinic effect*)。

外周器官刺激的分类

外周器官刺激可以分为一般刺激和特殊刺激两类。某些形式的刺激,比如机械压力、热和电等刺激能引起各种感觉器官的反应。这些刺激中的任何一种,当它作用于耳朵时,就会使人产生听觉;作用于眼睛则

---

① 根据当前的研究结果,正常人能感受的声音频率范围为 20~20000 赫兹,原文"40000 赫兹"有误,改为"20000 赫兹"。下同。——译者
② 根据当前的研究结果,可见光的频率范围在 $3.9 \times 10^{14} \sim 8.6 \times 10^{14}$ 赫兹之间,原文"3920 亿赫兹到 7850 亿赫兹"有误,改为"392 万亿赫兹到 785 万亿赫兹"。下同。——译者

第三章 知识的元素

让人产生视觉,诸如此类。而特殊刺激只能激发某一种特定的感受器,如以太波(waves of ether)只有通过激活眼睛内的视网膜才能唤醒我们的意识;空气的波动只能激发耳朵内的特定反应媒介的活动;而某些我们还不太清楚的化学物质则引起味觉或嗅觉神经的反应。

(2) 生理刺激

至此,我们还没有形成感觉。外在的刺激只是感觉发生的先决条件。与外在的刺激相比,来自机体自身内部的刺激在多数情况下是被忽略的。外在的刺激激发了机体的神经兴奋,当神经兴奋被激发起来的时候,外在的刺激本身却显得不重要了。这时,外在的刺激被转化成了生理刺激,只有生理刺激才能引起感觉。这种转换模式导致了两种不同的感觉:机械的和化学的。在一些情况下,生理刺激表现为对外部刺激的一种延续。例如,导致压迫的外周器官刺激作用于机体时,无须任何转换都能引起触感;听觉神经极可能仅仅延续了最初的刺激形式而没有对它进行化学的转变。相应地,在味觉与嗅觉中就存在化学转换。盛开的花朵或有气味的物质在相应的神经末梢中引发了某种特定的化学过程。当刺激到达大脑时,它已经被转换成为与最初作用于感觉器官的刺激完全不同的形式了。在视觉过程中,似乎同时存在着机械的与化学的感觉活动。

生理刺激的阶段

生理刺激可以区分为三个阶段:第一个阶段,外周感受器官受到刺激而兴奋起来;第二个阶段,兴奋沿着神经纤维被传递到大脑;第三个阶段,大脑接收到传来的兴奋并对之做出反应。在这三个阶段中,在感觉器官、神经纤维和大脑之中分别有一些变化发生了。对感觉过程来说,接下来将要做的工作是对所有这些变化进行整合,并给它们限定一个主题。

特殊的神经能量

在神经组织将外周器官刺激转换成为生理刺激的过程中,人们倾向于认为各种神经组织都是以同样的方式来回应不同的刺激的。这种观点认为,比如:当耳内的听神经被激发得兴奋起来时,人总是以听到声音的方式对刺激做出反应,而不论听神经是被哪一种刺激激发的,即无论是压力、电刺激还是更平常的任一种气流震荡等等,都可能引起听觉。根据这种观点,当眼睛受到刺激而兴奋起来,心智就相应地获得了光感。无论这兴奋是来源于机械压力还是以太振动(etheric vibration)的刺激,或者它可能仅仅是由于身体不适而引起的。这种观点就是众所周知的特殊神经能量假说。也就是说,神经组织存在一种专门用于兴奋传递的特殊神经能量。对它的产生有两种解释。一种解释认为,各种神经组织都起源于一个共同的初始结构,因此它们都以同样的方式对刺激做出反应;另一种解释则认为,采用特殊神经能是为了适应用统一方式进行神经兴奋传递的需要。虽然这两种解释互相争执不下,但是对于特殊神经能的存在本身却是没有疑问的。

替代性的大脑活动

前面曾经提到过这样一个判断:要产生感觉,需要大脑、神经和感觉器官三者的整合。现在我们需要对这个判断作一些限定。我们发现,感觉器官与大脑之间的联结一旦形成,在一些非常情况下,后者便倾向于建立属于它自己的结构来取代通常是在感觉器官和神经组织中发生的过程。例如,在成年以后失明的人不会丧失对颜色的想象力。他们对颜色的理解尽管是内隐的,但与眼睛能感受光的物理刺激的健康人一样是真实的。

失掉一只手臂或一条腿的人,仍然会"感到"他们已不存在的身体部分。他们会继续保持来自失去部分的感觉。另外,在一些极端的情况下,比如发烧时,感觉会自行从大脑中产生,并且与受到真实的外界刺激而产生的感觉一样鲜活生动。当然,这种感觉是幻觉,它是对外部世界的错觉。尽管没有作用于感觉器官的刺激,病人依然可以听到声音,看到光;虽然面前空无一物,病人也能感觉奇异的景象展现在眼前。这种现象在梦境中更是数不胜数,它们导致了这样一个假设:大脑中产生的每一个兴奋从本质上说不是源于感觉器官的,而是自发地从大脑中被唤起的,即大脑的活动是自诱导的。在特定的环境下,这种自诱导的结果与通过外周器官或感觉神经引起的兴奋具有同样的心理效应,也就是说,心智活动需要处理的最终元素只是大脑内的变化。

2. 心理因素

作为意识的感觉

到现在为止,我们仍然还没有形成感觉。感觉是心理的,也是意识的存在。它还是一个作为自我的构成的存在。在神经系统——包括大脑——中的变化都是纯粹生理性的,是纯客观性的,就它们自身而言并没有意识参与。只有当这些变化被其他心理过程审视时,它们才可能作为意识而存在。客观的刺激与主观的意识反应是两个过程,我们将在接下来的篇幅中讨论这两个过程之间的关系。目前,我们的任务是要揭示出作为意识的构成要素之一,即感觉的基本特征是什么。

错误的理论解释

当我们初次反省自己的感觉时,几乎不可避免地会犯这样一个错误:各种感觉是相互独立的,它们在心理层面上是相互分离的。一个声音的感受与一种颜色的感受是截然不同的,而对温度的感受也完全不同于对重量的判断。更进一步的判断是:每一种声音似乎都是独一无二的,与另一种声音没有关系。我们因此得到这样的结论:感觉是一系列截然分离的心理状态,在数量上和性质上彼此分离、相互区别——因此,我们的心理生活也如同原子结构一样,是彼此独立的原子的集合。我们因此被一个已经讨论过的悖论(第20页)引向了歧途。这个悖论认为，正是这些相互分离的观念，比如声音和颜色，钢琴声与嘎吱嘎吱的马车声等等，构成了成年人的生活状态。其实，与其说这些分离的感觉元素是用来构建其他复杂产品的初始条件，还不如说它们本身就是漫长的发展过程的复杂结果。例如，我们用砖块来类比感觉，砖块似乎是建造房屋的基本单元，可是不要忘了，砖块也是人为加工的结果，要了解它的最初始的状态，我们必须追溯到土坯的状态。

感觉的连续统一体

这个例证的主旨在于说明：存在一个初始的、统一的基础感觉，在它的基础上，各种貌似不相关的感觉被一一区分出来了。支持存在这个假设的证据有四个，它们分别来自历史的、生理学的、实验的和心理分析的研究。

(1) 历史的证据

如果我们接受进化论的理论，那么我们将不可避免地接受这样一个观点：存在一个初始的感觉统一体，它产生了一个混沌的关于对象的质的特征的感受，这种感受既不是温度，不是味道，也不是声音，所有这些具体的感觉都是在它的基础之上分化出来的。当我们考察低等生物时，我们发现各种感觉器官的差别渐渐地模糊了；当我们追溯到某一个阶段时，感觉器官的差异完全消失了，没有了视觉、听觉、触觉等的分别。在这一时期，感觉只是一种同一的、混沌的意识的律动，没有种类和数量的分别，只是简单地扩散或传递着一种紧张感。

(2) 生理学的证据

大脑在解剖学意义上以及功能上都是一个(或者至多两个)组织。当然，它也表现出高度的功能特殊性和区域特殊性。视觉中枢、听觉中枢和触觉中枢都或多或少在空间上与功能上有所分别。但我们有理由相信，大脑的这种专门化和社会中的劳动分工一样，是获得性的，而不是原生性的。专门化是一个符合经济原则的策略,即以最小代价去获得最大收益。但即使是最极端的功能定位,也没有使各个感觉中枢完全分离。视觉、触觉、运动等的中枢实际上是紧密结合在一起的,形成一个大整体。专门化和分离化的发展导致了另一个再联合、相互联结的运动。例如,听觉中枢在空间定位上与其他感觉中枢的区分最显著,但同时它与它们的联系也非常紧密。生理学的证据并没有显示感觉从一开始就是原子化的,而是显示了一种相反的趋势:混沌的统一的初始感觉逐渐分化,与此同时,彼此分离的感觉又联结成一个整体。

(3) 实验的证据

几年前的观察发现:有一些人,当他们听到特定声音时,会产生光感(光幻觉);或者当他们看见特定的色光时,会伴随音感(音幻觉)。这一发现十分令人惊异,因为在一般人身上感觉似乎是截然分开的,而在这种人那里感觉是统一的。实际上,在一般人身上,不同性质的感觉之间也存在有规律的联想现象,这种联想也有不同程度的紧密性,有的联想极其松散,而有的联想则到了几乎引起实际感觉的程度。后来的观察还发现,各种感觉,无论它们在表现形式上有多大的差异,都存在密切的联系,并且互相渗透。例如,一个音叉发出的声音,也许会引起光感,只是因为这种感觉太弱而不能被我们的意识察觉;或者,可能刚好相反,即如果音叉的声音同时还伴有一种可见的色光,它可能导致我们看不见这种光线;或者它确实产生了某种其他感觉中的紧张感的律动;这些现象因人而异,并且因光感、音感等感觉种类的不同而不同,但都说明了各种不同的感觉之间确实存在某种相互影响和联系。

(4) 心理学的证据

来自心理学的证据既有一般性的(或推论性的),也有特殊性的。一般地讲,关于感觉的原子主义理论会使我们遭遇到不可回避的难题。当我们必须对统一的心理活动及其产物的形成原因进行解释时,原子主义理论的内在矛盾便会暴露出来。当我们试图从原子主义的观点出发来解释心理活动的同一性时,我们不得不需要借助一些特殊的过程将分离的感觉单元整合起来。有人把这一过程称为"固定的联想"(*indissoluble association*),其他人则认为是心智的一种特殊关联能力。事实上,测验显示,我们之所以认为感觉是相互独立、分离的,其原因是引起不同性质的感觉的客体本身是分离的。颜色与声音对感觉连续体而言,是两个不同的分化。它们的区别就像一条小溪被一块岩石阻隔,然后又形成分别从不同方向流入同一个水塘的两条小溪一样。声音是由钟发出的,而颜色则是与某一块桌布相关联,于是,我们错误地把客体在空间上的独立与分隔引申到感觉特征中来,认为感觉也是相互分离、相互独立的。或者,颜色和声音虽然都是由同一个对象发出的,比如一口钟,但它们分别代表了这个客体的不同属性,这是由于我们混淆了不同客观含义与不同心理状况之间的区别。

3. 生理因素与心理因素的关系

我们现在开始涉及了心理学中最难以解答的问题之一。通常这个问题是以这样的方式提出来的:包括身体组织在内的外部世界与心智或自我的关系是什么?在具体的情境下,这个问题可能转变为:感觉或心理状态与激发它们的生理和神经变化之间的关系是什么?

不同的理论解释

我们首先介绍两种相互对立的极端的理论解释,然后过渡到在我们看来是对这个问题的合理解释。这两种理论,其中一种我们称之为唯物主义(*materialistic*)理论,该理论认为感觉的类型和顺序与相应的生理运动的种类和顺序是一一对应的,该理论把意识还原为物质运动的一种表现形式。另一种,即二元论(*dualistic*)理论则否认任何一种心智与物质、感觉与神经活动之间的联系,它认为感觉与神经活动之间的关系只是表面上的联系。简而言之,一个理论把心智活动归结为物质活动,而另一个则认为两者之间有不可逾越的鸿沟。唯物主义用机械发生论来界定感觉,二元论则坚持两套相互独立的现象系统,一个是生理的,一个是心理的。

(1) 二元论

我们必须简短地介绍一下二元论理论。一方面是因为即便是持精神与物质相互独立的极端主义者也不会否认感觉与神经活动之间的关系;另一个原因则基于这样一个事实,即有太多的实验观察证据支持这两者的确存在联系。据我们所知,感觉不可能在没有神经组织参与的条件下自行产生。这方面的例证是:如果人丧失了某些生理器官、传导神经或大脑中的一部分神经中枢,则相应的感觉能力也会丧失。更进一步的观察还显示,神经活动的增加或抑制会相应地反映出感觉的增加或抑制,如此等等。总之,我们几乎拥有了所有我们能得到的支持意识的感觉与神经活动之间存在联系的证据。

(2) 唯物主义

唯物主义把宇宙中一切事件,包括心理活动,都还原为物质与运动。它把能量守恒定律奉为主宰一切的最高法则,心理现象也不例外。在唯物主义理论看来,心理现象与生理现象的关系就好像热和电的关系一样。唯物主义理论把一切现象都解释为在遵循能量守恒定律下的物质运动。根据这一法则,我们可以预测:光能可以转化为热能,热能可以转化为化学能,进而转化为电能,而电能又可以转化为光能。

唯物主义理论用这个一般原理来解释感觉的发生。当光线到达视网膜时,光能就被转化为等量的神经活动能;它沿着神经传递到大脑,在那里,它被转化为等量的另一种能量形式,其结果是使人产生了感觉。这个能量转化链是连续不断的。每一个步骤都机械地跟随其上一步骤发生。感觉作为一种心理状态,就被整合为物理世界的一种物质能量形式,并按照物理世界所遵循的机械法则而运行。当然,它们是各种能量转换形式中的一种特殊形式。

反对的理由

对于这种观点,存在这样一些严肃的反对意见:其中一个源于对感觉的生理方面的解释;而另一个则起源于感觉的心理学特征。

(1)生理特征。在感觉与客观刺激的关系中存在着类(kind)的差异,这使得其关系不可能严格遵守能量守恒定律。能量守恒定律只能解释运动现象,它只对运动有意义。感觉不是运动。对色光的感觉或许部分地依赖于以太振动,但感觉本身是一个独特的心理状态,并没有相应的运动、振动以及空间距离和形式等内容的变化。运动是客观的,存在于空间之中,并伴随有大小、形式和数量等之间的关系。感觉是主观的,只存在于心智活动中,并不涉及空间的或数量的关系。运动是一种外在的事实,只有当它呈现给感觉器官时才被人认识到。感觉是内在的,直接被意识觉察到。心理活动与物理活动之间的差异是能量守恒定律无法跨越的鸿沟。这个定律只能适用于运动;把它应用于感觉,就像相信声音或颜色是空间中的运动一样荒唐可笑。

唯物主义所不能解释的

反对唯物主义的意见认为,唯物主义理论的定律只能解释生理现象。而按照逻辑学的观点:解释就是要说明两个现象之间的因果关系。这种关系只可能存在于具有量的同一性(*quantitative identity*)的事实之间,先发生的事实通常被看作原因,后发生的事实被当成结果。如果没有这种同一性,则说明两者之间不存在因果关系。按照这样的定义,用物理世界的现象和机制来描述心理活动、按照能量守恒定律来解释心理注定是行不通的:1)它不能解释感觉为何是一种一般性的事实;2)它不能解释感觉的任何一个具体细节。

1)感觉是一种意识的状态,它与引起它的机械运动之间不存在同一性。存在于这两者之间的最显著的事实是它们之间的差异:一个是以客观的空间运动方式存在的事实,而另一个则是独立地存在于意识中的心理事实。它们之间不可能发生数量化的转换,因为意识是不能被量化的。所以赫胥黎(Mr. Huxley)说道:"意识状态是如此非同寻常,要相信它是从神经冲动中产生的,就像相信当阿拉丁擦他的神灯时,神怪就会出现一样神奇。"泰德尔(Mr. Tyndall)也表达了同样的看法:"由大脑的生理机能过渡到意识的过程是不可思议的。"德国生理学家杜波依斯•雷蒙德(Du Bois Reymond)说:"即使我们能够掌握关于人体的所有知识,包括了解大脑和它内部发生的一切,但作为一种心理状态的感觉将仍然是不可思议的。因为我们能够了解的最高的知识也只能向我们揭示物质的运动,以及在我们大脑中的某些原子与运动的联结,而另一个不争的事实是:当我感到疼、嗅到一朵玫瑰的香味、看见红色等等的时候,其心理过程却是完全的不可理解的。"显然,如果如上所说,这种联系是无法解释、不可思议、不可理解的,那么自然我们就不能用它来描述或理解感觉。

2) 唯物主义还忽略了感觉的特殊反应。即使我们能了解每一种运动对我们造成的影响,并且我们还能准确地区分它们,但我们将仍然无法理解为什么某一种运动模式引起人关于颜色的感觉,而另一种却引起人关于声音的感觉。所以,即使我们了解了不同频率的乐音之间的区别,却依然不能解释为什么较低频率的振动使人听到低音,而较高频率的振动却让人听到高音。这些区分过程都是在意识中发生的,即使我们并不知道每种声音各自的振动频率,但在意识中我们依然能区分它们,它们之间的差异是由直觉而得的,并非由分析而得。在意识活动与各种物理运动之间,我们并没有发现同一性。只有具有了同一性,我们才能用其中一种现象去解释另一种现象。

(2)心理学的反驳。目前,心理学的反驳还不能在这里完全地展开,因为作为这种观点的前提的心理学理论研究至今还未完成。简单地说,这一观点是:作为心理现象的诱因,物质运动独立地存在是不可能的,它们之所以存在,是因为它们以某种方式与心智活动发生了关系。

用心理学的术语来描述,对运动的认识本身就是知识,要了解它需要对心智的过程与构成元素进行研究,它不是一个可以用先前的知识来解释的问题。它本身就是知识的问题,需要用心理学的定律来解释,如同解释其他知识问题一样。运动不能以心理学的方式来说明心理现象,因为它自身就是一个心理现象,并且是依赖于心理学的元素和过程而存在的。唯物主义者颠倒了主体与客体的产生顺序,他们试图从客体中引申出主体,从事实中引申出知识。为了满足这样的要求,他们规定心理学的任务是在事实与认识(known)之间建立同一性,并且努力证明认识主体是如何参与到了那些在自然科学家看来仅仅是存在的事实中的。唯物主义还忽视了这样一个事实:真实的事实是因为认识而存在的,是因为与心智相关而存在的。与心智分离的运动只是一个抽象概念,不能用来描述心智本身。我们接下来将要介绍在这个问题上正确的理论解释。

(3) 作为心理刺激的神经转换活动

在第一个标题下我们已经明确讨论了,在物质过程和心理过程之间确实存在某种联系。而在前面的讨论中,我们还明确了这种联系并不是一种自然联系,即意识的感觉不可以被看成是分子运动的结果。如果把感觉理解为外在的客体在心理上的印刻,是心理对客体的被动接受或拷贝,这样的理解在最大限度上迎合了常识的理解,却没有理论意义。感觉既不是外在对象或过程的拷贝,也不是内在对象与过程的拷贝。比如在视觉过程中,无论外在的还是内在的组织的兴奋都不是色彩感觉本身,外部的机体过程只不过是某种以太波刺激了视网膜;而内部机体过程则是沿着神经和大脑内的分子运动的兴奋和传递。最终作用于心理的只是大脑里的分子运动,从本质上说,是心理作用于它自己,所以,对色彩的感觉不是一个被动的接受过程。

神经转换不是原因而是刺激

相应地,这种分子运动被理解为刺激或兴奋,用以唤醒心理使之进入活跃状态。当心理被激发而活跃起来时,它便用它特有的方式对刺激作出反应,这种反应看起来是物理现象的对应,而实际上却是创造性活动,因为这样的反应是不可能用其他方法得到的。

严格地说,神经转换过程并不是引起感觉的原因,感觉也不是被动接受物理现象的印刻。感觉不能简单地等同于身体变化对心理的影响,虽然这种影响是产生感觉的必须的先决条件。感觉是心理在这种影响下从它自身中产生出来的一种状态。

生理活动与心理活动的区别

生理活动与心理活动的差异是显著的。生理活动的能量总是外在的,它从来不作用于自身而是向外传递。这种活动是一种外部的身体经历,它不是自源性的,而是起源于外部的存在。心智则有能力将活动作用于其自身,并产生出自源性的、独特的、全新的活动,即感觉。对心智来说,神经转换是必须的刺激,因此生理活动的表现形式与心智活动总是相伴随的,而且,一旦这种刺激呈现出来,它将努力左右心智的活动,使心智活动遵循它的反应机制,做出确定的、不变的反应。

4. 感觉的功能

在考察了感觉的生理因素和心理因素的关系之后,我们接下来将要考察感觉在人的心理生活中的积极影响,即感觉在一个整体的心智中所发挥的功能。

① 感觉是一个汇聚点,是自我和本性的交汇处。正是在感觉这里,本性与自我交融而使本性被赋予心理性;也正是在感觉这里,自我与本性交融而使自我被赋予了自然性。感觉因而实际上成了生理过程向心理过程转化的中转站。

② 感觉表现了心智活动特征的另一面,即被动的、接受性的一面。这并不意味着心智是完全被动的,比如说,它就像一块柔软的蜡,可以接

受任何印刻。相反,感觉是一个积极的机体活动结果,它是一个产出过程,而不是接受过程。它是心智活动的被动的方面(aspect),而不是被动的部分(side)。与其他心理过程相比,感觉的特点是它向其他心理过程提供了素材。它提供了其他心理过程,比如知觉、记忆、思维等过程必须的原材料。它使一个人所能认识的领域超出了他自身的范围,并且为他的心理活动提供了操作的素材。

③ 感觉向心智传达了兴奋,激发了心智的活动。认识全新的领域,和对熟悉对象做出更精确的认识,这两者都是感觉的功能,无论在哪一方面,感觉都能激发心智做出外在反应。作为一种兴奋,感觉具有紧张度和活动性两个特征,并且和情感相联。事实上,广义的情感的定义正是心理的兴奋状态。感觉激发起心智的活动,而活动由意志力来监控。作为一种兴奋状态,感觉具有诱发知识和意志力的功能,其功能几乎与情感相同。

④ 感觉在心理活动产物中指示了特殊因素。即是说,它总是指示着那些与"这个"、"此时"相联系的内容。我们可以回忆、想象或思考一束光,而不一定需要我们真实地感觉到了这个对象,但在感觉中,这个对象是被明确地指示出来的,成为我们即刻体验到的对象,而心智中的其他活动至多能够描述我们可能体验到光的条件。在语言交流中,我们通常说"这"、"那"并同时用手指出,用这种方式我们才能准确地定义我们所指的对象。这种通过手势来实现的功能,在内在体验中则是靠感觉的指示功能来实现的,感觉总是指向"这个"或"这里"。

⑤ 感觉指示了存在,这种指示是特殊性的。同时,它还意味着或标志着质的特征,这种质的特征是一般性意义上的。感觉具有质的特征以及强度。这种质的特征是一个抽象的内容,它不同于感觉的具体的指称,所以它是一般性的。感觉对红色的指称代表了一个具体存在对象,但红色本身的质的特征却不与某一个具体的存在对象相联系。红色本身是一个抽象观念,也就是说,它是从具体的存在中抽象出来的,并脱离

了具体存在,因而它是普遍性的。质的特征形成了意义,正如感觉的指示功能指示了存在一样。因此,"这"的特殊性与"质"的普遍性两个因素,共同构成了知识的对象。由感觉到知识的转变过程,是由这两个因素的发展决定的。一方面,分析性活动把质的特征从具体的对象中分离出来;另一方面,综合性活动把各种质的特征结合起来,并把它投射到具体存在之中。

II 感觉的发展

原感觉

在继续讨论我们当前的感觉之前,我们先来讨论原感觉(original sensation),以及它与感觉的区别。这样的讨论有助于我们了解各种感觉的共同特征——与感觉相关的心理基础——对我们当前感觉经验的贡献,就好比考察原始星云对我们了解太阳系的形成会有帮助一样。我们目前还不能准确地描述我们所假设的这个统一体的共同特征,但通过类比,我们还是能获得一些关于它的特征的大概印象。试想,我们虽然拥有当前的感觉器官与感觉能力,但它却只能产生关于身体的舒适与不舒适的整体感受,而且这些感受没有空间定位,也没有明确的质的特征使它们相互区分。

或者让我们想象一下,我们的各种感觉器官都丧失了它们分辨质的特征的能力,都退化成低级的感受器,与这种体验最接近的情况是当我们睡着的时候:我们的听觉停止了,我们也丧失了对颜色和形状的感受力,最后,我们的触觉、压觉、温觉等都变得很弱并且彼此混淆。还有,当初生的婴儿还未睁眼之前也是这样一种情况,他的听觉十分微弱,嗅觉与触觉都很迟钝,这时,他的主要感觉就是饥饿感、身体的舒适感、痛感和对温度变化的感觉等等。而这些感觉似乎也是融合成一体的,即是一个舒适与否的一般的感受,而不能够彼此分辨内容。在这种情形下,感觉器官仍然保持着它们与大脑之间的联系,依然具有通过遗传得来的先天能力与倾向。因此,我们能形成一些不清晰的、模糊的、弥散的感觉观念,就像牡蛎或水母的感觉一样。

(1) 感觉的发展是一个从情绪化到理智化的过程。感觉的分化过程就是这样,原感觉几乎完全是情绪化的,极少有理智的价值。它只是有机体内部的自我应答,它不报告具体的内容,它不能描述对象的质的特征。按照这个标准,我们可以对当前的感觉进行分类。我们的饥饿感、渴感、疲劳感、焦虑感、舒适感等感受都不与特定对象相联系,它们是混沌的原感觉的遗迹。感觉的另一极则是我们的视觉;它具有极少的情绪成分,而是最大限度地具有了理智的功能,即能够对对象质的差异进行精确的分辨。

(2) 感觉的发展是一个从模糊到清晰的过程,这一点在前面已经提到过。机体感觉缺乏理智的辨析能力,正是由于它不能明辨特征。它不能够清晰地区分刺激的空间位置或质的特征。最早从原感觉中分化出来的感觉是触觉与压觉,它们对对象有了较敏锐的区分能力,并且也具有较强的学习能力,但在它们各自的感觉范围内,也只有强度的差异。这种差异只是一种情绪性的分别,就像痒、发抖等。触觉并不能有意识地分辨不同的对象,只是形成了一些含混的观念。接下来,我们有了嗅觉和味觉。它们虽然有了一些质的区分,但总体上说仍然是模糊的。这体现在:对纯粹气味或味道之间的彼此分辨是十分困难的;感受从一种状态到另一种状态的变化没有明确的界限;几乎没有位置感;等等。与之形成鲜明对照的是听觉与视觉,它们能清晰明确地分辨对象的质的特征,快速精确地进行空间和时间定位。

(3) 感觉的发展还包括感觉器官的分化与活动能力。感觉器官似乎只能被动地等待刺激的到来。但是在感觉中,没有纯粹被动的感官,即使是在生理学意义上也是如此。感官必须主动地去适应刺激。

嘴必须分泌唾液,我们才能尝到物品的滋味。用鼻孔吸气,我们才能嗅到气味。耳朵的鼓膜被振动,我们才能听到声音。眼睛的晶状体必须准确聚焦,两眼通过肌肉相连,使视线汇聚在一起,我们才能看见景象。这些感官都已经分化,每一个部位都具有了最适应其刺激的功能。但触觉与肌肉觉的联系仍十分密切,在正常情况下,它们是密不可分的,只有在生病状态下才有可能分离。正是因为触觉与肌肉觉的联系,我们自己身体的活动与外周的环境从一开始就被紧密地结合在一起了。这种结合的重要性,我们将在后面讨论。总之,触觉与运动觉是密切相联的。视觉在各种感觉中,是最敏感且最多样化的。眼睛与一些低级的感觉器官不同,它们不是像镜子一样被动地等待刺激的映照而是主动地搜寻它们感兴趣的东西。感官越善于活动,它就越能控制它所获得的对象的质的特征,也越能随意地再现这些客体的质的特征。

感官活动性的增加是感觉发展的一个方面,感觉发展的另一个方面是感官的分辨力的提升。低级的感官只是囫囵地(en masse)接受刺激,而较高级的感官却能将刺激分解成不同元素并分别接收它们。比如,眼睛和它的附属机制能排除大多数刺激,使视线集中于一个单独的类别,于是神经结构只接收到来自这个类别的不同频率与强度的振动。

我们要用研究感觉的特别方法对触觉的特征进行分析,并且遵循研究感觉的一般顺序:1)物理刺激;2)生理刺激;3)意识的感觉。

我们对触觉与肌肉觉之间的关系这个主题,从以下方面开展研究:1)与肌肉运动分离的被动触觉和触觉的特征;2)肌肉感觉;3)主动触觉,即前两者的结合。

III 触觉

1. 被动的触觉

（1）物理刺激

触觉是由机械压力引起的。凡是有重量的物体，无论是固体、液体或气体，在适当的条件下，都能引起人的触觉。当然，并不是所有的外周身体的接触都能引起触觉，接触的压力必须达到一个限度，这个限度即阈限值（threshold value）。强度超过阈限值的刺激才能进入意识。在人的身体上的不同部位，这个值的大小也不尽相等。其中面颊与手背最敏感，其阈值最低，是 0.002 克；而在脚后跟，需 1 克的压力才能被感受到。刺激的差异对触觉也是必须的，没有对照也不能产生触觉。将手插入静止不动的液体之中，只有在边缘我们才有触觉。如果手被一个平整的固体压着，比如一块石蜡，手也只能感受到它的边缘。

（2）生理刺激和器官

覆盖全身的皮肤可以被分为几层。产生触觉的器官位于真皮层，在表皮之下，它们是一些特殊的神经末梢，名为乳头状小体。有的时候，这些乳头状小体在没有受到刺激时也会兴奋从而让人产生触觉感受。在舌尖和指端，乳头状小体的分布特别多，所以这些部位的触觉异常敏感，以至于常常被误解为是触觉的专门器官。

（3）触动的感觉

触觉的内容包括压觉，引起压觉的客观原因是物体的重量。不同的压觉在质的特征上的区分形成了另一类触觉，我们称之为位置觉。

① 压觉。当一个可以被感知到的物体静止地位于皮肤之上——虽

然这个条件极少能完全满足——肌肉通常要紧张起来测量并支撑它的重量,由此而产生的兴奋便是压觉。压觉的一个显著特征是:并不是每一点物体的重量的变化都可以被察觉到。观察发现,无论原来的重量是多少,手对重量变化的敏感限度是原来重量的 1/13。也就是说,如果原先的刺激重 1 克,那么增加 1/13 克以上的重量时,手才能感到重量发生了变化。而如果原先的重量是 30 磅,那么需要增加 $2\frac{1}{3}$ 磅以上的重量,否则人就感受不到重量的变化。这种人能够察觉到的刺激的最小变化量叫差别阈限(difference threshold)。压觉的差别阈限在 1/14～1/13 左右。

韦伯定律

我们可以由此推想其他感觉的情况,各种感觉都存在一个固定的比例——尽管这些比例量值不尽相同。也就是说,对每种感觉而言,并不是每一次客观刺激的变化都会引起相应的主观感受的变化。刺激量的变化必须达到某个特定的比例(这个比例对不同的感觉也不同),才能引起意识的觉知。用另一种方式来表述就是,被感受到的不是绝对的刺激量,而是相对的刺激量。这一定律被称为韦伯定律(Weber's law),表述为:每次引起感觉强度变化的刺激的变化量,总是按照一个固定的比例而变化。如前所述,在被动触觉中,这个比例是 1/13;在主动触觉中,这个比例是 1/19,即是说,增加原重量的 1/19 的重量,就能引起感觉的变化。

研究方法

韦伯定律通过实验心理学的研究而得到了证实,所以简要介绍一下实验研究方法对理解韦伯定律是有帮助的。

i. 正误法(The Method of Right and Wrong Case)。这个方法是用两个有重量差异的物体,要求被试判断孰重孰轻。这一过程在每一对重量上都重复多次。如果两个物体的重量差异小于差别阈限,被试就无法做出明确的判断,他只能靠猜测做出或正确或错误的判断。这种情况下,被试做出的正确判断次数与错误判断次数是大致相等的。随着两个物体重量差异接近差别阈限的比率,被试的正确判断比率就会大大地提高。如果差异率继续扩大,则被试就会总是做出正确的判断。

ii. *最小可觉差法*(*Method of Just Perceptible Difference*)。将一个重量确定的物体放在被试手上,然后渐渐地、细微地增加它的重量,在增加的幅度很小时,被试感觉不到它的重量变化。当重量的增加达到某一个限度时,被试才会察觉到重量的变化。这个过程重复多次,重量增加的平均数与原重量的比率就是差别阈限比率。

iii. *平均误差法*(*Method of Average Error*)。这一方法是先向被试呈现一个标准重量,然后要求被试再造另一个重量,使它与标准重量相等。这个任务重复若干次,每一次都会有一个或正或负的误差,即被试再造的重量总会比标准重量多一点或少一点。记录下每一次的误差,所有误差的平均值就十分接近正常的可观察差异。

对韦伯定律的解释

对韦伯定律可以分别从三个方面来进行解释:生理学的、心理物理学的和心理学的。

i. 生理学的解释。生物学的观点认为韦伯定律是神经活动的特征的映照。这一观点认为感觉——作为一种意识状态——直接与生理刺激成比例;但生理刺激却由于目前尚不明了的原因,不与物理刺激成比例,而是以更慢的速率增加。

ii. 心理物理学的解释。心理物理学认为,韦伯定律反映了存在于生理神经刺激和心理反应之间的某种关系,或者说是身体与心灵之间的关系。所以,韦伯定律常常被称为身心法则。费希纳(Fechner)以系统细致的实验研究采纳了这种观点,并提出了一个数学表达式来描述这一定律:感觉强度是刺激强度的对数函数。这一公式被称为费希纳定律,目前还没有被广泛接受。

iii. 心理学的解释。这一观点认为,韦伯定律反映的既不是生理刺激与物理刺激的关系,也不是心理反应与神经刺激的关系,而是感觉本身与我们对它的理解之间的差异。即是说,我们对任何心理状态的理解,不是依据它的绝对状态,而是用它与其他用来作为参照的心理状态相比较而做出判断。我们不是对感觉强度的绝对值进行估量,而是用它和它的前一个感觉相比较,通过这种比较来对它进行估量。这三种说法各持一据,并无定论。再继续争议下去,就会使我们超越我们的议题了。所以,让我们回到对位置觉的研究中来。

② 位置觉。在这里,位置觉并不是指对方位的认识,对一个对象的方位的认识属于更高级的心理活动,属于知觉的范畴。这里的位置觉指的是,在身体不同部位引起的感觉在感觉中存在质的差异。造成这种差异的本质原因究竟是什么,我们现在还不知道。我们只知道它一定存在,并且这种差异并不是由于心理活动有意识地选择了一个部位的感觉而忽略了另一个部位的感觉造成的。这种差异被称为部位记号(*local sign*)。部位记号也就是指从身体不同部位产生的感觉都是独特的,比如,当同样强度、相同性质的刺激分别作用于左手拇指尖与右手拇指尖时,它们产生的感觉是不同的。正是根据这种差异,心智可以确定刺激的部位,因而学会对刺激来源进行定位。

辨别力

某一个具体的部位受到刺激时就会产生压觉,受作用的位置叫作"压点"。如果皮肤同时受到两个物体的接触,比如用一个钝的圆规的两个尖来刺激皮肤,每个尖都分别刺激数个不同的压点。每一组压点的兴奋都会分别激发起它们各自的独特的感觉,即"部位记号"。如果如前所述,这两个感觉存在显著的质的区别,它们就会被确定为两个分离的点;否则,就会被当成一个刺激点。圆规的两个尖脚要分开多大距离才能被识别为两个分离的点，一方面取决于刺激的身体部位（压点的分布），另一方面取决于辨析力的练习。在最大限度的练习条件下，背部与大腿前侧的分辨力也远远不及舌尖和指尖的分辨力。但练习与仔细选择压点确实能够大大提高分辨力的表现，在一只手上的练习也会增加另一只手的分辨力。

活动性与位置分辨

观察发现，通常身体上活动性强的部位其分辨的敏感度也较高，分辨力最强的部位恰恰是身体上最常活动的部位。而身体上不能活动的部位的分辨力则相对不敏感，比如背部的中间部分。这一现象引导我们进入了下一个话题——肌肉感觉。

2. 肌肉感觉

肌肉感觉的含义

关于肌肉感觉的本质是什么是感觉心理学中最有争议的问题之一。在这里，肌肉感觉指来自或伴随着身体自主运动的各种感觉。它不同于视觉产生于视网膜、触觉产生于压点那样，它不是由特定肌肉产生的。感觉神经在肌肉中有神经末梢分布，也许正是由它们产生了肌肉感觉。还有一种可能是，在通常环境下，我们只是把它融入到了其他器官感觉之中。当然，当我们要举起一个重物时，我们对拉伸力与作用力的感觉在狭义上不全是肌肉感觉。

神经支配理论

如果没有从大脑向肌肉传递的神经能，就不会有自主运动的发生。因此有假设认为我们对这种向外发出的神经能的流动会有某种感受[叫神经支配感（*innervation feeling*）]。比如一个钢琴家能够持续地并且在他敲击琴键前的一瞬间，感觉到他的大脑发出的神经能量的多少，还能感觉到在特定瞬间他的肌肉产生的作用力的大小,以及在他的乐章的段落与段落之间,音符与音符之间精细的变化和细微的差别。神经支配学家(innervationists)声称,对动作本身的感受,也就是对由大脑皮层通过运动神经发送出的神经能有多少的感受。

传入神经理论

另一种与之相对应的假说则认为,肌肉感觉与其他感觉一样,都是被动的。它们不是对活动本身的感受,而是对活动产生的变化的感受。它们不是由输出能量的中枢神经产生的,而是和压觉、温觉一样,由外周神经末梢产生,然后通过传入神经传递到大脑。它们是由肌肉、关节面和肌腱等联结组织产生的关于运动或强度的感觉。

说明

这一理论在费瑞尔(Ferrier)的一段话中得到了说明,费瑞尔和詹姆斯(James)同是这一假说的主要倡导者。他说:"如果读者伸出他的右手,弯曲食指做握手枪的动作,他也可以并不做出真正的动作,而仅仅是用意识想象动作的发生并因此体验到神经能量的发出。如果读者想体验自己的呼吸,他可以将注意力集中于呼吸状况,他会觉察到他的意识活动与胸部肌肉的协同;他只要屏住呼吸,并且保持呼吸肌紧张就能觉察到他发出的这一部分能量的多少。如果他把手指放回原位,并保持持续呼吸,他将发现,无论他如何把注意力指向他的手指,他都无法体验到一点哪怕是最轻微的效果意识,除非他确实地动一下手指,这时,意识指向了肌肉本身。"也就是说,关于运动效果的意识就是关于肌肉牵拉的意识,也就是关于胸部与呼吸相关的肌肉或者运动部分肌肉活动的意识。詹姆斯也非常强调在关节中由关节面摩擦而产生的感觉。既然神经支配理论没有获得直接的内省证据,而传入神经理论则把肌肉感觉也置于其他感觉且共同遵循一个普遍法则之下,并且似乎能解释这一问题中的所有现象,所以我们倾向于支持这一理论。

肌肉感觉的重要性

需要指出的是,我们说肌肉感觉所指的并不是纯粹来自肌肉的感觉,它还包括肌肉运动产生的感觉。我们还要继续强调它们的重要性。首先,它们使我们能感受到自己的运动,这对人而言是一个极其重要的信息。如果人失去了这种感觉,当他不用眼睛看着自己的手臂时,就不知道它在做什么。关于运动的意识是人区分自己的身体与其他物体的极重要的线索,因此,它是人的意志控制自己的活动的基础。我们不能意识到我们自己的肌肉结构,但我们能意识到某一块肌肉在运动时的感受,正是这种感受控制了我们的行为表现。通过对运动的控制,我们因此能够间接地控制我们的其他感觉。我们能够通过使眼睛或耳朵定位来接受感觉,而不是被动地等待感觉。

3. 主动触觉

在正常状态下,触觉总是与肌肉感觉联合在一起的,只有在非正常状态下它们才可能分离。这种联合有如下优势:

1)它极大地增加了在给定时间里接受刺激的数量,因而缩简了每一个触觉过程。2)它促使被接触到的物体被转移到感觉器官的最敏感的部位,以提高感觉的清晰度。3)它迅速地产生了一系列连续的印象,增加了不同印象之间的反差,因而使它们更易于区分。因为这种优势,主动触觉的分辨力可以达到1/19,而被动触觉只能达到1/13。

主动触觉引起的观念

触觉和肌肉觉的联合,经过心理加工形成了以下观念的基础:1)一个物体的硬或软的观念。这不是来自重量感,只需要用手抚摸过物体表面,挤压它或抓握它就可获得。2)物体的弹性。3)物体表面的粗糙或光滑的质感。如果手在移动中不断触摸到不连续的点,这个物体就会被识别为粗糙的。而如果运动的肌肉感伴随着连续接触感,物体就会被识别为光滑的。所有这些质的特征判断,都是针对物体而不是感觉特征的判断,但判断本身却是基于感觉而形成的。

这项研究将要考察大量来自皮肤却又不能归类为触觉的感觉,比如热和冷、刺痛、痒、麻木等感觉。

IV 嗅觉

1. 物理刺激

热能不会引起嗅觉,这是早已被证明了的。而电能与机械压力是否能引起嗅觉仍然还有争议。引起嗅觉的适宜的物理刺激我们称之为气味。但物体的什么特征使它有气味我们还不得而知。也许是物质呈现出的某种气态形态,固体或液体则由它们的挥发物刺激了感官。某些物质只需要极微的量就足以引起嗅觉。比如麝香,1/2000000 毫克就足够让人感觉到了。

2. 器官

产生嗅觉的生理器官是位于鼻黏膜上侧和后侧的嗅觉神经末梢。至于引起兴奋的方式,我们现在还不甚清楚,只知道这是一种化学过程,并且如果刺激物粒子保持稳定不变,就不会引起感觉。

3. 嗅觉的特征

嗅觉的差别阈限、可察觉分辨率等指标从来没有被很好地确定过。

气味似乎无法被精确地区分。同样的物质可能引起不同的人的气味感,甚至对同一个人,在不同时间其感受也会不一样。但是某些特殊气味的感觉,如吸鼻烟时产生的辛辣、刺激的气味则可能产生稳定共同的感受。当神经末梢受到机械刺激时,也会产生特别的感受。所谓的空气清新或气闷的感觉是由肺部产生的感受而不是由鼻子受刺激的结果,而恶心作呕是由味觉引起而不是嗅觉引起的。

与机体感受的联系

嗅觉与机体状况有紧密的联系,相对而言,它与人的较初级的情绪状态的联系要比与认知状态的联系更紧密一些。从心理学的角度看,对气味最好的分类是依据它们的主观特性区分为宜人的与不宜人的。由于与机体的联系,气味对于一般生命活动有非常重要的意义。正如拜德尔(Bidder)所说,嗅觉被置于呼吸器官的入口处,就像一个看门人,凡是引起不适感的气味都会被拒之门外,就像味觉作为消化道的门卫一样,防止那些有害的食物进入机体。

与食欲的关系

因为嗅觉与情绪有密切的联系,嗅觉通过气味能唤起对某种物质的欲望或拒斥感。气味能引起人的各种冲动和欲望,如渴、饥饿、性欲等等。在动物身上,嗅觉与本能的联系比在人的身上体现得更明显。对动物而言,嗅觉是一种生存工具,它们靠此辨别敌友、寻找食物、追求配偶。因此,在动物的大脑中,嗅觉中枢往往是十分发达的优势区域,而在人的大脑中,它则萎缩得很不起眼儿了。人的嗅觉因为智力过程的发展而被掩盖了。如果一个人想找到另一个人,他可以不借助任何感觉器官而是思考那个人最可能出现在哪里,从而找到他的目标。而狗却是依靠它的嗅觉,跟着感觉走。

V 味觉

1. 物理刺激

电刺激和机械压力都能引起味觉反应。如果用电刺激舌头,在正极会产生酸味的感受,而在负极则会感到有碱味。压迫舌面则会引起苦味感;如果快速地拍击舌面,则产生酸味感。味觉的适宜刺激是被称为"味道"(sapidity)的质的特征。只有溶解在液体里的物质才能被感觉到味道。对于固体而言,只有那些可溶性结晶体才能被尝到味道。不同物质的味觉阈限值有很大的差异。硫酸在水中被稀释到百万分之一也能被尝到,而糖溶在水里的浓度低于十八分之一就尝不到了。

2. 感受器

从嘴唇到胃这一段消化道都能感受到味道,但精确的味觉则是由分布有味蕾的舌面和软腭产生的。现阶段的实验试图分辨不同的味道是否对应于不同的感受器,虽然要下这个结论还为时尚早,但一般我们发现舌根部和软腭对苦味十分敏感,而舌尖则对甜味和酸味敏感。

3. 感觉的特征

对味道的分类和对气味的分类一样非常困难。味道只能分为四类:甜、酸、苦、咸。辛辣的味道是必须被拒斥的,同样要被拒斥的还有碱味、涩味和金属味等,这些感觉似乎是一种触觉或味觉和嗅觉的联合感受。许多所谓的味道,比如洋葱的味道,实际上是气味;作呕是一种机体感觉。当我们通过品尝分辨不同物品时,比如区分苹果与橘子,味道并不是仅有的线索,它联合了其他各种感觉特性。

与机体的联系

味觉是整个消化系统的前哨阵地。在现实的意义上而不仅仅是在观念上,它接受对身体有益的物质同时拒斥有害的;在心理学意义上,味觉似乎不如嗅觉重要,因为后者具有更强的联合能力,比如我们可以闻到新割稻草的气味或咸水的气味,气味通常可以与一些高级的心境或心理状态相关联,这一事实常常被诗人用来表达特定的心情。从另一方面说,味觉也可以通过高级的特殊培养提高它的感受力,比如美食家、品酒师、品茶师等就是这样。

VI 听觉

1. 物理刺激

有例子可以说明,电刺激和机械压力都可以引起听觉。例如,当人的血压不正常时,人就会耳鸣,听见有呼啸声。听觉的适宜刺激是一些有质量的弹性介质的振动产生的声波,通常这种介质就是空气。这种振动的频率必须是在 20 赫兹到 20000 赫兹之间。至于最低的刺激强度,即刺激的阈限,在最敏感的音域,0.00004 毫米振幅的振动就足以引起听觉。经过训练的人可以分辨出振幅的三分之一的变化。

2. 感受器

耳朵是听觉的器官,它包括外耳、中耳和内耳三个部分。前两个部分只是作为聚集和传递振动的通道,内耳内分布着神经末梢,这是一个非常复杂的结构，它们把声音的物理刺激转化为心理刺激，通常位于柯蒂氏器的基底层(basilar layer of the organs of Corti)。它又像一架复杂精巧的竖琴，上面排列着一系列敏感的琴弦，每一根弦的长度和张力都不同，因此每一根弦实际上是一种特定频率的振动的介质。它们分别对应着不同频率的振动，通过共振原理与外界某一种振动产生回应。如此这般，构成了一个能够接收不同音调的器官。无论外界介质产生的振动频率高低，在内耳中都有一根弦与之对应，并对它产生反应。通过在内耳中的听觉神经的转换，振动最终被传送到了大脑。

3. 感觉的特征

声音的特征可以从这样几个维度来衡量，分别是：1)强度；2)音调；3)音色或音质。这些特征在心理上引起相应的感受分别是：声音的大小；高音或低音；噪音或乐音。

（1）强度

听觉在强度上的差别阈限是1/3，即是说，当声音的强度增加量达到原强度的三分之一时，声音强度的变化才能被察觉。对声音强度的感觉对应于振动的幅度。振动是一种周期运动，即每隔相等的一段时间，就会重复同一周相或状态的运动。振动的特征之一是振幅，即动体在往复运动中离开它的静息点的最大距离。这个距离越大，说明振动中包含的能量也越大，相应地对神经的作用也越强，其结果是人感受到更响的声音。当我们与声源的距离增加时，感受到的声音强度随之降低。一方面是因为声波向空间中各个方面传递，所以距离越远，传递到耳朵的能量就越少；另一方面，随着距离的增加，振幅因介质之间的摩擦和阻抗等因素而被减少了。

（2）音调

振动以及其他周期运动的特征除了振幅之外，还有一个重要的特征就是频率。频率是指振动一个周期持续的时间长短；或者是振动的质点在一秒钟内回复到同一周相的次数。振动的频率越高,振动的速率就越快,在感觉上便觉得音调越高。人能感受到的声音的最低频率是每秒振动 18 次,这是人的耳朵能听到的最低沉的音调;人能感受到的最高频率是 20000 赫兹,在感觉上这是一种极尖锐的声音。我们已经知道了,这种局限是由神经感受器的结构决定的。

音阶

当声音的频率按照特定的比例变化时,人对音调的感受会有某种固定的反复,因此,我们把声音频率的变化比率称为八度音程。一些不同的音调会引起人的相同的情绪反应,它们虽在音调上不同,但在感觉上却相似,或者有和谐感。这些和谐音,实际上是在不同音程中重复的音调。音调每八度音程便有一个重复,因此我们把每一音程划分为音阶。音阶构成了音乐作曲、声乐、乐器演奏的基础。音阶中的音度划分也许有不同的约定,比如希腊人、阿拉伯人和我们各有不同的划分标准,但音阶的存在作为一个独特的心理事实却不是约定的。我们的心理能区分十一个音度,但音乐中通常只使用了其中的七个。

音阶与物理振动的关系

音调的情绪性特征在不同音程中有规律地重复,作为一种心理事实,它的原理早已在音乐中被采用了。与之相比,音调重复与特定物理振动频率之间的关系的发现则晚了许多。人们发现,音程的周期性构成的音阶是物理振动频率变化的结果。在音阶中最高音对应的振动频率刚好是最低音对应的振动频率的两倍。处于这之间的音则存在某些具体的数字关系,表述为诸如第三个音、第五个音等等。

(3) 音色或音质

振动除了频率和振幅特征外,还有一个特征:形式(form)。这是刺激本身所具有的特征。它在感觉中的反映是使人能够对不同物体发出的声音进行区分，比如人能区分风琴与小提琴的声音、两个人的声音，这是与声音强度、音调不同的另一种感受。这是一种复合感觉，是由一种被称为基音（fundamental tones）与另一种被称为分音（partial tones）的两种感受结合而成，它赋予了声音不同的音质。音叉发出的音是单音，而其他所有物体发出的音都是复合音，可以被分解为一个单音——对应于一个音叉的音——与其他一些音的叠加。如果叠加的是和谐音就形成乐音，而叠加了不和谐音就构成噪音。这种叠加的次级的音就是分音，或叫低音（undertone）、泛音（overtone）。

乐音

当几个单音结合时，它们的振动周相互相有规律地增强或减弱，我们就听到了 clang（声音，来自德语）。通常被称为乐音的内容实际上就是这样一种复合音。若干个"clang"也可以组合在一起，在这种情况下，分音与基音的混合过程被重复进行，若干个基音互相调和，就像分音与基音以及分音与分音之间的调和一样。如果这种调和是成功的，它们相互之间形成了有规律的协同与对比，我们就听到一个和弦音。如果各种振动之间互相冲击，则形成不和谐音。物理学的研究可以给出这种和谐混合的原则。

噪音与乐音

如前所述，分音与基音的和谐叠加形成了乐音，而它们的不和谐叠加则产生了噪音。但另有理论认为乐音与噪音分别产生于两种不同的感觉，它们相互独立并分别属于两套不同的神经系统。支持这一理论的证据是这样一个事实，即人能够识别音乐中的音节与旋律，却不能从噪音中分辨什么。也许前述每一种理论都有真理的成分，但通常的情况是：噪音对应了不规则振动，而乐音对应着规则振动。

谐调

某一些音混合在一起时,听起来很和谐,使人产生愉悦感;而有的音混合在一起却产生不和谐感,让人听了不舒服。从心理学的角度来解释,这是一种情绪反应,它所涉及的问题属于美感问题。在物理学和心理学的理论中都可以发现解释这个问题的基础:1)物理学的解释:这些振动的频率彼此之间成倍数关系,所以形成和谐音。在这种情况下,声波有规律地增强或减弱;而噪音则是互相之间冲突干扰的音的混合。2)心理学的解释:所有无规则和杂乱的神经活动似乎都只会引起痛感。神经活动的最佳状态,应该是有规律地、交替地兴奋与抑制。有规律的振动能满足这种要求,而无规律的振动则刚好相反。当视觉器官接收到闪烁的光刺激时,也会产生因混乱而引起的不适感,并可能因此而感到痛。

VII 视觉

1. 物理刺激

电刺激和机械压力都会引起光感,后一种情况可以通过按一下眼球就得到证实。这一判断还基于这样一些事实:当我们头部受到一记重击,我们就会"看到星星";以及那些视神经被切断的病人也能"看"到闪光等。视觉的适宜刺激是以太的振动,以太是一种假想的、极轻的、绝对独立的弹性介质。当以太的振动频率为每秒 392 万亿次时,就引起红色感觉,其频率达到每秒 785 万亿次时,则引起紫色感觉。当以太振动频率低于这个范围时,只会引起人的热感;当高于这个范围时,人只能通过间接方式才能察觉到。

2. 感觉器官

视觉的器官就是眼睛。这是一个十分类似照相机暗箱的装置，其中最重要的部分是视网膜，它是一个处于眼球后部由视神经组成的、兼备接受刺激与传递刺激的精巧的网状结构。视网膜由若干层神经组织构成，其中最重要的一层是由锥体细胞和杆体细胞构成的。眼睛的其余部分构成了一套辅助机制，一些部分形成眼球的保护层，而另一些部分则形成透镜，构成曲光系统，使得外在的景象在视网膜上形成倒立的像。另外还有一套调节机制，使眼睛能根据所视物体的远近进行自我调节，使它的成像刚好能清晰地落在视网膜上，既不靠前，也不靠后。

盲点

视神经并不直接感受以太刺激。它必须进入眼睛，从眼睛里获得神经兴奋，视神经进入眼睛的地方形成了一个视野中的空白点，称为盲点。一般人并不能察觉盲点的存在，一方面因为眼睛的移动弥补了这一空白，另一方面两眼的盲点并不相互对应，两只眼睛互相弥补了对方视野中的空白。要发现盲点，需要闭上一只眼睛，另一只眼睛盯住一个固定点。我们会发现在这一点靠外侧的某处的视觉消失了，这里正是对应了视网膜上靠鼻侧的一点，视神经就是从这一点进入视网膜的，这就是盲点。而视网膜的中心因为呈黄色，故名黄斑，是视野中最清晰敏锐的地方。

眼肌运动机制

眼睛由一套精致而有力的肌肉群支持着，它们负责转动眼球，以使刺激落在最敏感的部位即黄斑上。它们还使得两只眼睛能够上下左右地协同运动，包括闭上眼睛。眼睛因此成了身体上最灵活的器官，而且似乎总没有休息的时候。眼肌运动的法则是，任何运动总是两眼相连以同样的方式达到同样的程度。正是这种运动的联合,使得眼肌的肌肉感觉成为判断距离与方向的一个精确线索。由此看出,视觉与眼肌觉的联合是如此重要,所以我们有必要将它们联合起来考察。

3. 视觉本身的特征

我们需要考察两种来自眼睛的感觉:视觉与眼肌觉。

(1) 视觉

没有一种感觉像视觉一样,需要在单纯的感觉元素与心理活动的功能之间做出区分。如果不做分析,我们会错误地认为,似乎是我们一睁开双眼,我们的视觉就立刻感受到了可见的物体、距离等。但事实上,视觉的产生是一个复杂的心理过程的结果,它是对感觉素材进行评估而形成的结果,而不是素材本身。而感觉素材也不等同于视网膜上的影像。生理学告诉我们,视网膜上的影像非常小,是上下颠倒的,凹面的,并且落在视网膜上的刺激元素就像一幅马赛克图画一样。但是,心理学却告诉我们,这个影像本身也是被感知的外在客体,对它的认识和认识其他自然存在的外在客体一样经历了同样的心理过程。在感觉过程中,认识不是立刻形成的,只有经过科学的分析我们才能认识到感觉经历的这个过程。

唯一的感觉元素:光

视觉的唯一感觉元素是光,我们用三个特征来描述光的品质:1) 亮度(intensity),是光的客观能量强度的反映;2) 颜色(hue),对应于以太的振动频率;3) 色调(tint),对应于振动的纯度,即振动是单一的还是复合的。

① 亮度。亮度的变化与颜色的色度变化不一样。色度变化是一种质的变化,但亮度不是一种质的特征,它反映了无论什么颜色下,光作用于人的感官的强度。它包括从午夜伸手不见五指的黑暗到黎明时隐约

可见的微光，再到炫目的正午阳光的亮度变化。它取决于有多少以太振动能量作用于我们的视网膜。引起视觉的最低能量限度（阈值）是满月下白纸的反光亮度的1/300。不同颜色的亮度差别阈限是不一样的，白色大约是1/100，红色是1/14，而在紫色光谱的最末端，差别阈限最低，仅仅为1/268。这就是为什么我们在白天看不见星星的原因，因为星光的亮度远不及太阳光亮度的1/100。

② 颜色。颜色是光谱中的不同色彩，就像音乐中的不同音调一样。白光通过棱镜的折射，会分解为光谱中所包含的各种色彩，按照振动频率从高到低以及被折射出的光量的多少，排列顺序为：紫色、靛蓝、蓝、绿、黄、橙和红色。其中，红色、绿色、紫色被称为原色，因为它们按不同比例可以混合成白光或其他任何一种光谱中的色光。光之所以有不同的颜色，其物理学基础是不同的以太振动频率。

③ 色调或色度。事实上人能分辨至少四万种颜色，而不只有上述七种。这是因为光谱是一个连续过渡的统一体，而每一种颜色又都有连续的色调变化。色调是色光的纯度，用专业术语来说就是它的饱和度。当一种由棱镜分离出来的色光单纯地到达我们的视网膜而没有添加其他刺激时，我们就感受到纯色，或叫饱和色。当这个刺激在不同程度上混合了其他内容时，我们就感到颜色的色调变化了，或者说它不饱和了。

色彩曲线

通常人能分辨两种色调：白色的和紫色的。其原因是基于这样的事实：一些特定的颜色对，如红色和蓝绿色、黄色和青色相混合就形成白色，这些颜色对叫补色（*complementary*）。如果我们把光谱颜色排列成一个序列，从这个序列中选取邻近的颜色而非补色相混合，其结果是不同白度的中间色。如果我们选取离得较远的非补色混合，则得到含紫色色调的颜色。光谱颜色序列因而形成了一条曲线，绿色处于曲线顶端，红色和紫色在曲线的基部，而紫红色把这两端联结起来，这条线上的每一点都代表了一种可能的颜色。完全的白色处于其中一点，这一点之上是白色色调，之下是紫色色调。

(2) 眼肌觉

眼肌觉有两个功能：1）它们是视觉的辅助；2）它们为视觉增补了新内容。

① 它们使颜色的分辨更加精确完善。如前所述，黄斑是视网膜中最敏锐的部位，这里的空间分辨力可以达到 0.005 毫米，即两个相隔如此距离的点可以被视觉分辨出来。视觉的空间分辨力比触觉的最敏锐部位——舌尖——的分辨力高了两百倍。但是，在视网膜上离开中心的部位，分辨力就迅速下降，在偏离中心 40 度的地方，分辨力还不足中心的 1/100。从中心往周边，分辨力的下降率也越来越迅速，直到接近一个最低限。如果不是眼睛具有快速移动能力，那么视野中只有极小一部分，即落在视网膜中心的部分能被清晰地分辨，而其他的都将是混沌的、模糊不清的。眼睛的眼肌联合使我们可以通过对比而分辨一些很接近的颜色。视觉比触觉更强烈地依赖运动，比如一个轻微的肌肉运动就可以闭上眼睛而使视觉停止，或者，眼睛微微一转，人的视界同时就迅速地跃变了。

② 眼睛的移动能力把一些新感觉赋予了视觉。眼睛的每一种运动都伴随着一种特别的眼肌觉。眼肌觉比身体其他部位的肌觉更敏锐，它只需达到其他肌肉的 1/50 的收缩程度，就可以产生不同的感觉。眼肌还提供非常精细的运动，以使眼睛能够追踪运动的物体，使它始终落在视野中最清晰的那一点上。这需要眼睛的视网膜从中心到周边的视觉与控制眼睛转动的肌觉之间很好地协同，只有这样，影像才能始终落在黄斑上。所以，在知觉问题的研究中，每一种眼肌觉都被当成提供空间感与方向感的重要而精确的线索。

VIII　温觉

因为这种感觉的器官是混合在皮肤之中的,因为它的情绪性与模糊性特征,温觉特别适合于被当作特殊感觉向器官觉的一种过渡形态。要在我们前面常用的三个题目下讨论温觉的特征几乎是不可能的。

1. 器官

近来的研究发现,身体各部位的皮肤对冷和热的敏感性并不一样。事实上,皮肤中的温度感受器可以分成三类:中性的,只对温度的差异敏感;热点和冷点,这两种只对一种刺激敏感,即如果一个冷的物体放在热点上,将不会产生冷的感受,但一个无论什么温度的机械刺激却能引起它产生热的感受。

2. 器官的特征

究竟是什么神经末梢在行使温觉的功能目前尚不得而知。我们只知道,它们存在于真皮中,以及如口腔、食道等部位的黏膜中,胃黏膜中可能也存在温觉神经。它在划伤、烧伤或烫伤中会被破坏,但伤愈后也能再生。温觉与触觉感受器不一样,因为触觉最敏感的部位——脸颊和手背并不是对温度差异最敏感的部位。同样,热点与冷点的分布也和触觉小体的分布不同。在临床上发现,在温觉与触觉之间,当一种感觉停止时,另一种可能正活跃。温觉感受器也与痛觉感受器不一样,可卡因可以使身体某一部分的痛觉丧失或迟钝,但这一部分仍然会保持对温差、热和冷的感受能力。

3. 温觉的特征

温觉与其他感觉不一样，每种温觉分别拥有自己的特别的感受器。对热与冷的感受不是同一种感觉的不同程度，而是分别由不同的感受器产生的不同感觉。温觉的差别阈限是三分之一。与温觉相关的一些问题至今仍然没有答案。比如，为什么我们通常只能察觉温度的差异，而不是温度本身呢？我们的身体似乎能在一定范围内调节自己以适应周围的温度，当我们适应了这个温度以后，就感觉不到它了。这样的现象也类似地存在于其他感觉中，一方面是因为感觉器官事实上的变化，另一方面是因为对我们已习惯的刺激就不会注意到它的存在了。另一个现象是一个温热的物体对冷的手来说是热的，而对热的手来说是冷的，这显示出对比对我们知觉的影响。

IX 一般感觉

在前面我们已经对一般感觉或机体觉作了定义。它们是从控制生理机能的神经组织中产生的。就像特殊感觉是根据它们各自的特征而被区分一样，一般感觉则是根据它们各自的起源而进行区分的。它们互相之间的界线很模糊，彼此之间的过渡是渐进的，并且几乎无法对它们进行定位。一般感觉与肌肉感觉没有联系，与肌肉感觉的联系是特殊感觉的特征。无论是针对机体之外的物体还是针对机体本身，一般感觉提供的信号都是非常弱的。它与情绪体验有非常紧密的联系。

分类

一般感觉可以分为三类：1) 从整个身体的状态中产生的，或者监控整个身体状况的;2)与某一套身体器官相联系的;3)随意地从身体任何部位产生的。

(1) 整体的机体感觉

这一类机体觉又可以分为两个亚类:1)存在感;2)全身感。

① 存在感,又叫共同感(*common feeling*)。它似乎是身体各个敏感部位感觉的总和,其中每一个独立的感觉都是非常微弱,几乎无法察觉的。但当它们组合起来,则形成了关于生命、关于活动状态的感觉,以及关于一般的迷乱或困惑(*bien aise or malaise*)的感觉。它们似乎还构成了一个人的潜在情绪和态度,这是一种与人的其他心境或性情有区别的心理状态。它还是其他感觉的基础,正是在它的基础上,每个人的感觉被赋予了他自己的个性色彩。它的任何突然的或不正常的变化都可能导致人格的变态,比如精神错乱的人,他们会把自己当成是乔伯(Job)、维多利亚女王(Queen Victoria)、朱利斯·凯撒(Julius Cæsar)等等。这种感觉还构成了关于自己身体的意识,所以它与人的自我有密切的联系。它是不间断的、连续的,并且是相对持久的。它形成了一个背景,在这个背景上,其他感觉才得以凸显出来。所以,我们就可以理解,当它产生混乱时就会伴随着其他难以想象的恶果出现。

② 全身感。这种感觉监控着机体的生理机能,它们是针对诸如饥饿、渴以及性欲等机能状态的感觉,因为与整个有机体相关,所以得名全身感。虽然有一些全身感觉似乎可以进行定位,比如饥饿感似乎是在胃部发生的,但它们毫无疑问是关于机体全身的感受,不是胃而是整个身体需要食物,干渴觉与性欲觉亦然。

(2) 器官感觉

以胃为例,胃部的神经末梢还有一项特别的职能,就是监控消化过程。通常这种与生理过程结合的感觉不被列入存在感之列,而是被当作关系到生命福祉的全身感觉。它们可能表现为一些特别的感受,诸如食欲、恶心、作呕等。在生病的情况下,类似的感受会明显加强。与消化不良相关的感觉一方面表现为痛的感受,另一方面还表现在情绪状态的变化上。除了消化道的感觉之外,我们还可以体验到与呼吸道相关联的感觉,即肺部感觉。在一些特殊情况下,还可以体验到关于心脏活动的感觉。我们身体中每一个器官都具有相应的感觉显示它的活动状况。抑郁症患者通常对这些感觉异常敏感。

(3) 每个器官都有的感觉

主要是痛觉与疲劳觉。身体某一部位或者全身的疾病或者劳累都会产生特定的关于它自己的感觉。这些感觉本质上完全是情绪性的,同时也会将我们的讨论引到一个新的课题上。

第 3 章注释

[感觉概述] 以下文献对感觉的一般特征有多方面的论述。哈特莱:《感觉断想四则》、《思想的原动力》;斯宾塞:《心理学原理》,第一卷,第 1 部分,第一节和第二节;莫雷尔:《心理学要义》,第 85—118 页;萨利:《感觉、直觉与心理学》,第五节;刘易斯:《生活与心灵之问题种种》,第三辑,第二部分,第 36—50 页;贝恩:《感觉与智力》,第 117 页;布朗:《心灵哲学》,第一卷,第 417—499 页;默里:《心理学手册》,第 18—31 页;卡朋特:《心理生理学》,第四节;莫兹利:《心智心理学》,第四节;纪尧姆(Guillaume):《感觉特征研究的新进展》;洛采:《心理学纲要》(译本),第 5—27 页和《形而上学》(译本),第 445—456 页;冯特:《生理心理学大观》,第一卷,第 271—320 页;福尔克曼:《心理学讲义》,第一卷,第 216—249 页;魏茨:《心理学通览》,第 42 页;霍维茨:《心理学解析》,第一卷,第 175—185 页;乔治:《心理学讲义》,第 55—69 页和《五种感觉》;罗森克兰茨:《心理学》,第 75—93 页;米奇利特:《人类学与心理学》,第 240—267 页;施耐德:《分辨》,第 1—23 页;伯格曼:《意识的基本理论》,第 35—53 页;赫尔姆霍茨:《科学文论》,第二卷,第 591—609 页;斯特里克:《意识

研究》，第 15—29 页。

关于教育方面的问题，可以参阅：佩雷：《婴儿期教育》，第 1—34 页；Pape-Carpantier：《感觉与教育》；迪隆：《直觉方法》；扬雅恩（Jahn）：《心理学》，第 5—13 页；Dellhez：《高中生知觉研究》；贝内克：《教育与教学方法》，第 71—86 页。

［触觉］ 福斯特：《心理学教程》，第 589—598；贝恩（同前），第 175—205 页；伯恩斯坦：《人类的五种感觉》，第 10—43 页；泰尼：《智力》，第三册，第二章，第四节；默里（同前），第 40—46 页；亨曼：《知觉组织的心理学研究手册》，第二部分，第 289—358 页；冯特（同前），第一卷，第 365—381 页；普莱尔：《儿童的心智》，第 70—84 页；以及韦伯的《机体感觉》，出自瓦格纳的《心理学文集》。关于特殊的位置点，见里博：《当代德国心理学》，第五章；洛采：《心理学评论》，第四卷；冯特（同前），第六卷，第四章；洛采：《形而上学》，第 485—505 页；Stumpf：《空间想象的心理学起源》，第 86—101 页。音乐感觉可参见马克：《运动感觉的法则》；Bastian：《大脑：心智的器官》，附录；费里尔：《大脑的功能》，第 266—271 页；刘易斯：（同前），第三辑，第三部分，第 312—329 页；贝恩（同前），第 87—106 页；以及（特别是）詹姆斯：《努力的感觉》；Jeanmaire：《个性》，第 247—340 页；波特兰：《人类意识的统觉》；亨曼（同前），第二部分，第 359—377 页；以及霍尔：《心智》，第十卷，第 557 页；关于视觉和肌肉感觉部分，参见伯恩斯坦（同前），第 123—136 页，以及赫尔姆霍茨的《视觉心理学》（法文译本），第 595—680 页。

［嗅觉］ 默里（同前），第 36—40 页；贝恩（同前），第 163—175 页；伯恩斯坦（同前），第 285—294 页；普莱尔（同前），第 95—102 页；亨曼（同前），第二部分，第 270—288 页；关于嗅觉的逸闻趣事，见 Jager 的《发现心灵》。

［味觉］ 默里（同前），第 32—36 页；贝恩（同前），第 152—163 页；冯特：《生理心理学基础》，第一卷，第 382—385 页；普莱尔（同前），第

85—94页;乌尔里齐:《躯体与心灵》,第一卷,第332—335页;泰尼(同前),第三册,第二章,第三节;以及特别是伯恩斯坦(同前),第295—301页;和亨曼(同前),第192—225页。

［听觉］ 这个领域,可以参考的权威著作有:赫尔姆霍茨的《声音的感觉》,另外还有他的《科学论文集》,第一卷,第233—426页和第二卷,第503—588页,还有他的《大众科学讲义》,第61—106页。另一个重要的文献来源也许是 Stumpf 的《语言心理学》和亨曼的(同前)第一部分,第1—126页;还可以参考伯恩斯坦的(同前),第164—284页;萨利:《感觉与直觉》,第163—185页;冯特(同前),第一卷,第386—409页和第二卷第34—60页,以及他的《哲学研究》第一卷,第463和495页;黎曼(Riemann):《音乐的感受》;霍斯廷斯基(Hostinsky):《音乐与教育》;Czermak:《耳朵与声音》。

［视觉］ 关于这一领域的发展历史,有许多可以参考的系列论文。除此之外,有格拉德斯通、马克思·穆勒与艾伦等人的《色觉》;以及 Magnus, Marty, Hochegger 等人的《色觉的发展历程》。还有 Graber 的《光与色的理论》。这一领域最重要的著作是赫尔姆霍茨的《视觉心理学》(法文译本),第204—444页和《大众科学讲义》,第229—270页;还可以参考福尔克曼写的"视觉"条目,出自瓦格纳《心理学词典》。关于色彩的不同理论,详见歌德《色彩理论》和叔本华《颜色与视觉》。这些书虽然有点过时,但依然有趣。关于视觉的一般特征,见 Jeffries《色盲》(包括多个条目);伯恩斯坦(同前),第48—122页;亨曼(同前),第一部分,第139—234页;冯特(同前),第一卷,第410—464页;福斯特(同前),第510—551页;贝恩(同前),第222—250页;普莱尔(同前),第451页。关于颜色与声音的联合感觉,参见 Bleuler 和 Lehmann 的《强光感觉》。

［温觉］ 亨曼(同前),第二部分,第415—439页;和唐纳森:《心智》,第十卷,第399页,以及其中提供的书目。

［一般感觉］ 大多数有关机体感觉的参考文献都可以在前面的文

献中找到。此外,还可以参考普莱尔(同前),第 103—128 页;霍维茨(同前),第一卷,第 185—191 页和第 337—340 页;默里(同前),第 60—71 页。

关于感觉,参阅拉德《生理心理学原理》,第二部分,第三至第五章。关于用光作为各种感觉的质的联系的实验、支持光学主义的实验和显示光学主义被过度夸张了的实验,都可以在 Pfluger 的《档案》第 154 页中找到。Sanford 在《美国心理学通讯》1891 年 4 月刊提供了极为有用的实验摘要。

第四章 知识的形成过程

I 问题的实质

感觉不是知识

我们前面已经讨论过的内容，并不构成我们的认识过程或知识。获得热、触摸、颜色或声音等感受并不能构成我们的认识过程，因为我们所知晓的世界并不是众多杂乱的、转瞬即逝的感觉的堆砌。我们接下来将要揭示的是感觉的精致化过程。经过这种加工，感觉元素在心智中构成了被感知的对象，同时还构成了主观的知识。研究这个问题的最佳途径是：先弄清已知的世界和认知本身的一般特征，然后用它们与相应的感觉特征进行比较，进而发现它们之间的差异。这种差异是加工过程必须跨越的一道鸿沟，也是加工过程的实际工作内容。首先，我们简短地介绍这一过程本身，以及它在人的心理生活中的功能。

1. 已知的世界的性质

① 知识是对客观世界的反映，客观世界是指那些在时间和空间顺序中展开的事物和事件。所谓客体，应该具有这样的特征：1) 它有一定的永久性；2) 它是存在着的，而不仅仅是发生在感觉中的一种现象；3) 它能够被正常的心灵所表征。我们需要进一步讨论的问题包括：我们如何认识到了感觉，而不仅仅是感受到它，以及这种感觉如何被有意识地区别于被感觉的事实。感觉的发生本身也是一个事件，它只是一个特定心灵在特定时刻的感受。而客观世界并不是一堆互不相干、零散的对象的

堆砌,而是在时间与空间上相互渗透的存在的组合。我们不可能体验到时间与空间的分离与中断,我们的体验总是从一种状态过渡到另一种状态,在这种过渡中一定存在着承前启后的线索。我们生活在一个有序的、和谐的而不是混乱的世界或宇宙中。所有的事物和事件都被看作一个系统的组成部分,它们构成了一个统一的世界,在这个世界中,秩序、联系是普遍的法则。

② 知识是对联系的反映。我们并不是单一地、孤立地认识事物或事件。科学向我们揭示了各种关系的领域,并且用一个统一的法则将各种现象彼此联系起来,因此科学就具有了普遍性。科学总是以某一个具体的对象为目标的,如一个具体的苹果、一朵特定的玫瑰花、一只确定的猫或水母。对具体对象的观察就是为了发现同一类事物共同具有的典型特征,这就是所谓的普遍联系。如前所说,这种联系不是一个具体的对象或事件,它们是事物之间固定的联结,使不同的事物被结合在一起,就像刚才提到的一样。我们所认识的事物都是相互联系的,只是在通常情况下,我们并没有注意到这种联系,我们只是观察到了一些个别的存在。是科学引领人们去发现事物或现象之间的联系,并通过这种联系把它们联结成一个和谐的整体。

科学的实质

换句话说,科学知识与一般的知识不同。这种区别表现在科学知识是一种有组织的、系统化的知识体系,它与相关知识的联系也与一般知识不同。科学不满足于发现客体在时间与空间中存在的联系,而且努力去揭示造成这种联系的继时性与同时性存在的关系。它从许多散乱的事实中归纳出整体性的法则,从看似繁杂而无联系的事实中发现共同的形式或齐一性。科学的终极目标是把所有的事实和事件统一起来,使它们看上去不仅仅像是一个系统的组成成员,而且真正认识到它们的系统整体性。很明显,那些本源性的、稍纵即逝的、主观的印象即感觉,只有经过进一步的转换,才能构成我们称为科学的知识。

③ 现实知识与理念元素相联系。荷马史诗、斯芬克斯的悲剧、菲狄亚斯(Phidias)的雕像、贝多芬的交响乐都可以被称为作品(creation)。它们虽然都有一个真实的存在作为原型,但它们都不是现实的翻版。它们为我们的世界增加了精神财富,它们就是理念。这种作品既不局限于艺术作品的范畴,它也没有脱离我们的现实生活。什么时候我们能"看见"公正?谁曾经触摸到过正义?那些关于国家或教堂的观念;关于人的发展的观念;关于上帝的观念;以及那些驱动或阻碍我们努力的观念,这些都不是通过感觉或感觉的联合而获得的。但是当理念的元素被抽掉了以后,生命将变得多么的贫乏啊!在这样的世界里,我们只会看到:家仅仅是四面墙与一个屋顶,遮风避雨而已;桌子则是供一群动物用餐的场所;墓穴不过是地上的一个洞而已。

如果仅仅依据每一个事件呈现在我们的感官面前的方式来理解世界,那么我们在这样的世界上生存将变得毫无意义。我们将要研究能够将感觉转换成理念的这个过程,正是因为这个过程,才使我们生活的世界如此丰富多彩。

2. 自知的性质

在感觉被转换成为世界中的客体、关系和理念时,还同时被转换成认知自我和理想自我。一个成年人与儿童的区别不仅仅是他认识的事情比儿童多,这种区别还在于他本身是一个成年人而不是儿童,他不仅仅知道得"更多",他本身就是"更多"。这种差别不是指生理表现如身材高矮或年龄的大小,也不是指头发颜色、皮肤质地等差异。在所有差异中真正重要的是那些显示出心理特征差异的内容,是自我意识发展程度的差异。因此,接下来我们要研究的心理过程必须是那些使我们能够把握自我成长的内容。

心理过程

从根本上讲，心理过程可以分为两类：其中一类主要指一个客体世界的建构，即被认识的客体和由基本感觉中获得的关系一起构成的客体世界；而另一类则是关于一个人的自我认识的形成。这两个过程可以分别被命名为统觉（*apperception*）和保持（*retention*）。首先，统觉可以这样定义：心智在呈现给它的感觉素材的基础上形成了它的组织化结构，根据这种结构，心智做出的反应就是统觉。保持则是在心智组织化结构的基础上对统觉内容的反应。统觉通过把自我投射到知识世界中而使知识组织化；保持则把对客体的认识投射到自我中而使自我组织化。这两个过程，实际上是你中有我、我中有你。我们的研究将从统觉开始。

II 统觉

1. 统觉的问题

通常，知识的存在作为一个事实是毋庸置疑的；同样可以确信的是，我们不但拥有感觉，还拥有智力活动和可理解的经验。无论智力活动探究的对象是什么，都是它的活动素材；无论智力活动产生了什么样的结果，我们都视之为有意义的（*significant*）或者是具有意义（*meaning*）。心理生活的主题特征，在于它总是有意义的。任何无意义的东西都不能与心智的智力活动或统觉活动形成联系。我们总是或多或少地意识到事物是有意义的，这是人的认知经验的主要内容。

意义和关系

如果考察在什么条件下对象或事件才会作为某种意义而进入人的

心智活动，我们就会发现，只有当它与我们的其他经验有规律地相联系时，它才是有意义的。当一个对象与其他元素不和谐、没有联系时，它就是无意义的。为了获得某种意义，一个事实必须与其他事实建立联系。单纯的、孤立的东西，永远不可能成为知识的对象。如果感觉素材无法被联结，不能够使意识自然地从一个对象转移到另一个对象，则它们就不可能成为构成知识的原材料。意义即符号，它指代了某种超出它自身的并且与它有联系的存在。任何事物，如果它的意义是它自己赋予的，而不是与其他事物相联系的结果，那么实际上它是没有意义的。联系才是意义的本质。

两种不同的联系

从通常意义上研究这个问题时，我们发现，正是构成它的元素的联系方式，使我们的心理生活获得了意义。这些元素是以两种方式联系的：1)它们是同时性联合的；2)它们是顺序性联合的。也就是说，所有的认知元素，当它们同时发生时，会被联合成一个整体，而所有在不同时间形成的联合体，又被联结为一个有序的连续体。我们的观念之所以有意义，是因为它们以两种方式相联：每一个观念都与那些同时存在的其他观念相联系；还与不在同一时间产生的观念相联。这两种联系方式实际上覆盖了我们所有的心智活动，但这样的联系是外在的。我们将会发现，另一些内在的联系，如同一性和差异性，才是更本质的联系。同样是因为联系，我们的心理生活被赋予了意义。

说明

我们可以用一个简单的例子来说明这个问题。比如，当我们考虑关于橘子的统觉包含了什么内容时，视觉、触觉、味觉和嗅觉都是它的构成元素。它们提供了构成认知的素材。作为单独的感觉，这些材料之间是无联系的。它们各自独立、自足，只指向自身，所以它们是没有意义的。

它们不是一个关于橘子的观念,只是一堆零散的元素,诸如重量、颜色、香味等等。如前所述,这些元素必须被联合。它们必须相互形成联系,成为一个整体,只有这样,它们才能以意义的形式出现在心智中。但这种联合并不能给我们提供关于橘子的知识。这意味着,要知道"这是橘子",我们还需要更多的信息。我们到现在为止还不认识这个"东西"。我们认识一个对象,事实上是我们识别了它。如果它与我们先前的经验没有任何联系,我们则不能识别它。识别是将它与某些过去经验相联系,同时与另一些经验相区别。简而言之,我们相互联系的一系列观念形成了经验。新认识的对象必须在其中找到一个立足点,才能被认识到。

第一种反对意见

首先,反对这种假说的研究者用了一个判别对象的事例来支持他们的观点。他们反驳的理由是:我们必须能够对从未经验过的事物产生认识,否则就无法学到新知识。例如,我们拿到一个陌生的水果时,比如说一个番石榴,通过对它的"尝试",我们可以发现几乎所有关于它的知识。但是,在这个例证里,如果我们考察一下,我们所指的发现"关于它的知识"是指什么,我们会发现反驳者用这个例证恰恰是支持而不是驳斥了早先的假设。首先,我们要确认这是一个水果。要得到这样的结论,我们必须认定它与我们早先获得的关于水果的经验具有同一性,这就是一种联系。然后,我们会发现它是可食用的。得出这样的结论是根据它闻起来的气味和尝起来的味道等,与我们已有的关于可食用的物品的经验是统一的。所以,简而言之,我们认识一个番石榴,实际上是对它与我们先前经验之间的相似性的认识。正是因为我们当前面临的事物与既有经验之间具有某种相似性,我们能够将新经验与既有经验联系起来,我们才能获得知识。这种联系的程度越高,我们知识的广博度与精确度就越高。绝对陌生的对象也是绝对没有意义的。当然,这种情况是不可能发生的。因为至少我们能把它当作一个物体、一个东西，或一个存在来加以认识。

第二种反对意见

第二种反对意见则指出，人的认识活动总有一个起点，在此之前，任何东西对我们来说都是完全陌生的。当婴儿面对他的第一个认识对象时，他没有可以与之相联系的既有知识。这种观点过于强调了这样一个事实，即婴儿获得知识不是一个一次性事件，而是一个渐进的过程。婴儿出生后的头几年里，他的主要任务不是认识事物，而是获得经验。这些经验是他在以后的生活中用来产生联系的基础，有了这些经验他才具有了认识的能力。婴儿一生下来就和成年人一样具有所有的感觉，但这并不意味着他们具有知识。其原因就是婴儿没有既有经验，不能把当前的事物与之相联系，使它获得意义。儿童生命的最初几年主要用来"学习"认识。知识是一种获得性的产物，它的获得源于当前事物与过去经验产生联系的可能性。

小结

无论是在整体的还是在部分的意义上，心智生活的特征就是它是有意义的。意义意味着次序和联系。联系有两种：同时性的和顺序性的。相应地，对统觉的研究，或者对使得心理生活具有智力的心智活动的研究，其实就是对我们获得意义的过程的研究。这个过程是对在同一时刻发生的事件的感觉元素进行整合的过程，也是从在不同时间发生的事件中发现共同意义的过程。我们现在将把研究重点转向对这一过程具体的实现方式的研究上。

2. 统觉的种类

统觉是一种心智活动。在其中，心理事件之间的关系被明确地意识到了,因而它们的意义被显现出来。正是通过对它的理智性或者性质等特征的统觉,稍纵即逝的经验因此而获得了永恒的价值。在我们的研究中,将从下列三个层次来讨论统觉:1)联合;2)分解;3)注意。

三个层次

统觉的三个层次并不意味着存在三种不同的统觉,而是统觉活动发展的三个不同程度。划分的基础是过程的相对简单性(simplicity),以及心智活动的相对活跃性(activity)。联合是其中最简单的一个过程,它只针对初始的感觉形态,把它们合并成相对不复杂的一个整体。注意则以这个已经形成的整体为起点,注意过程的结果是智力活动最高阶段的、最复杂的产物。

相对活跃性

当然,心智活动在任何过程中都是活跃的,但在联合过程中,这种活跃性的体现需要外在条件的激发和引导。心智活动在感觉的联合过程中是活跃的,但感觉的联合活动却是机械地跟随在感觉发生之后,并且,它的活动方向也依赖于感觉的指引。而在注意中,心智的活动不再受制于呈现的某种观念,而是取决于心智自身的兴趣与目标取向。心智将提供给它的一切素材联合成整体;却只注意到它所关注的对象。所以,注意的方向不是取决于感觉对象的特征,而是由心智自己追求的最终目标来指导的。这两种活动,一种是外源性的,而另一种是自源性的。分解活动则处于两者之间,它使心智从联合所带来的机械束缚中解放出来,给予它自由选择的空间,使它可以选择自己的注意对象。统觉的每一个层次,都是从它的前一个层次中发展起来的;同时,我们还发现心智活动是具有情感性的,即兴趣是激发心智活动的自主性发展的积极因素。

III 联合

1. ①

对联合法则的一般表述是：心智活动从来不孤立地接受感觉元素，而是把它们联合成较大的整体。我们将从主动的与被动的两个方面来讨论联合的发生条件。

（1）主动条件

主动条件有：1) 感觉元素的呈现；2) 心智处于我们称之为觉醒的适宜状态。显然，一方面，如果一开始就没有感觉元素的呈现，就没有统觉活动可以进行合并的素材，也就没有刺激它发生活动的条件。尽管心智具有活动的倾向，但是如果没有感觉呈现来激活它的程序，它将仍然保持未发展的空白状态。如果一个人已经丧失了他除听觉以外的所有感觉，那么只要塞上耳朵就可以使他昏昏欲睡。另一方面，如果心智没有处于一种适宜的准备状态——我们称之为觉醒状态，那么无论呈现的感觉刺激是多么强烈，也不会引起它的联合反应。仅有感觉刺激并不足以维持心智的觉醒，同时，没有感觉刺激，心智就不可能维持其觉醒状态。持续的刺激会使人的心理产生疲劳，最终导致不对它产生反应。如果觉醒状态无法再维持了，自我的联合活动也就无法继续。然而，必须要记住的是，心智在梦中依然会保持部分的觉醒。

（2）被动条件

前面提到的是对各种心理活动都产生同样影响的条件。为了区分

---

① 原书即如此。下同。——译者

联合与其他高级的心理活动,有必要介绍一些被动的条件。正如前面已经谈到(第 90 页),联合是一种相对被动的心理活动,是感觉过程中相对简单的活动。被动性并不意味着心理是完全被动的,任由感觉元素在上面盖上印记。在联合过程中,心智的活动更多是由刺激引起并受刺激的引导,而不是由心智自己的意识导向或兴趣来决定的。这一过程十分类似于我们讨论过的感觉的一些过程(第 50 页)。在感觉过程中,大脑中的神经组织把刺激转换成心理的感觉活动,而后者只是对感觉刺激的机械的反应。在联合过程中,感觉活动本身成了引起统觉的刺激;它也只是对刺激做出机械的反应,并把它们逐一联合起来。

简单性

被统觉活动联合的刺激,必须具有相似的特征。这并不是一定要求它们都来自同一感官,而只是要求它们之间不应该有明显的不相容或对立。它们之间不能够相互对立并因而在统觉活动中形成竞争,如果是这样,统觉会把它们区别开来识别。每一个观念,无论它的复杂程度如何,一定包含有不和谐的因素。所以,只有那些极其简单的元素,才能满足上述条件。这些简单的元素可能是初始的感觉,或者是那些同质性远远超过异质性的观念。

向更高级形式的转变

在更高级的形式上,联合活动不知不觉转变成了分解活动。如果没有对异质性的辨别,要认识到同质性是不可能的。例如,在我们的思想中可能把鲸和熊划分为同一类,这种划分显然是基于某种基本的同一性,即它们都是哺乳动物;这种同一性的获得又是基于我们对它们之间异质性的识别,筛选并最终忽略了这些异质性。联合与分解之间的差异不是体现在两种活动的模式差异中,而是体现在它们分别对感觉素材的加工方式上。联合强调相似的素材;分解则强调差异的素材;前者的结果是联合,而后者的结果是分离。它们几乎可以被看成同一种活动的两极。我们只需要在智力的选择性活动开始变得更显著的地方划一道线,就可以把两者区分开来。

2. 联合活动的形式

我们现在考察联合活动的几种不同形式或模式。心智将各种当前的感觉素材联合成为整体的经验,这叫表象的(*presentative*)联合。它还将过去经验与能联想到过去经验的新经验加以联合,形成再表象的(*representative*)联合。这两者一起构成了一般的观念系列。

表象的法则

心智总是将各种感觉联结成为一个尽可能丰富的经验。比如,我们的眼睛看到一个小棍在某个特定的时间区间内敲击一个物体的表面,同时,我们的耳朵听到一个声音,这两个事件将会被联结成为一个观念,无论它们事实上是不是同源的。仅仅是因为两个事件同时发生,比如一场暴风雨和一个特定的月相,它们就有可能被联合。避免孤立地接受感觉素材,因此要把它们人为地联系在一起,这可能就是心理活动的一个基本法则。

联合法则的重要性

联合法则使心理活动更趋于经济化。十个元素被组织成一个观念后,对它的认知与操作就和对待任意一个单独的元素一样简单容易。更重要的是,通过这种联系的倾向,心智使它自己最大限度地获得了意义;它获得了尽可能丰富的经验;在感觉这个词最宽泛的意义上,它获得了最完全、最丰富的感觉。当然,心智的这种联合本能常常让它误入歧途,但也是它取得成功的秘诀。心智活动有一种如饥饿般的强烈追求,它追求着用尽可能少的代价获得尽可能丰富的经验,正是因为这种追求,心智发现了该法则,对事物进行分类,建立起了统一的心理世界。

法则举例

让我们观察一下小孩子玩球的行为。首先,他可能会用眼睛侦察,获得色彩的感觉。这种孤立的感觉并不能满足他的求知欲。他必须把球抓在手里,摆弄它,抓挠它,挤压它,摔打它。他所做的这一切都是为了最大限度地获得关于球的各种感觉。也许他还要把它放进嘴里尝尝味道。当把它扔出去时,他听到了它撞击地面的声音。他不断做出各种尝试直到穷尽了关于这个物体的所有感觉。而一个成年人之所以不以同样的方式来获得关于一个对象的感觉,部分地因为人具有了一种习得的自我克制能力,另外还因为对成年人来说,一种感觉可以象征性地代表另一些感觉。艺术作品中的象征符号——当然棍子或雨伞之类除外——显示出这种探索的本能依然持久地存在。人总是不断地把各种感觉联结成一个整体,这种联结的整体构成了表象联合,有时又叫同时性联合。

融合或统一

如果我们把每一种单独的感觉都用一个符号来代表,A 代表视觉,B 代表触觉,C 代表肌觉,D 代表味觉,如此等等,但是它们联合的结果却不能用"A + B + C + D"来表示。表象并不是每个独立的感觉元素像马赛克一样拼接而成的。视觉在融合了触觉以后则成了 aB;加入肌觉,则变成了 abC′;味觉的加入,又变成 a′βcD′;再加入听觉,则转变成 a″β′γdE′,诸如此类。我们必须认识到,感觉是一个连续统一体,它总是不断地被修正、被扩展,但始终不会分裂。这个过程可以被称为融合或统一,意指这样一个过程:各种感觉元素被陆续地纳入一个整体之中,在其中它们不再是独立的存在。詹姆斯教授用柠檬水的例子来比喻这种紧密的联合。加了糖的柠檬水不再是糖的味道或柠檬的味道,而是这两种味道的感觉组合成的一种新感觉。用术语来表述就是：这种联合不是一种松散的、可分离的集合，而是结合成了一个全新的经验。

转变为再表象

联合过程向我们提供了一系列的表象。因为同一种感觉可能反复地接受刺激，所以一些先前的经验可能常常被重复。例如，一个孩子昨天玩过一个球，今天可能又玩另一个球。这种同类感觉元素的重复活动毫无疑问使表象有一种似曾相识的感觉。一些新的感觉可能原来已经具有了，因而表象被进一步扩展了。但这种重复并不会造成再表象。被认识的对象仍然是当前的事物。假设，昨天玩的是一个黑色的、硬的球，而今天拿在手上的却是一个红色的、软的球。我们在两次的经验中都有一些同一性的核心。现在，这种同一性努力地将各种因素联系在一起以完善自己。这种同一性的核心——"球"——只是联系的一个局部，而更多的部分，诸如黑色、硬的等特征也必须被加进来，使得被体验到的观念的意义更丰富。这样，关于黑色的、硬的球的观念就形成了。但是关于红色的、软的感觉会继续与"球"的观念融合。那些由当前作用于感觉器官的外周刺激引起的感觉素材在兴奋强度上超过了黑色与硬的感觉。因此，红色软球的表象取代了黑色硬球的观念。当然，后者并没有被消灭，而只是不再处于当前表象的位置。它形成了再表象（*representation*），正如我们把感觉元素联合成整体的过程称为整合（*integration*）一样，我们也可以把这个当前感觉与再现的先前的感觉素材区分开来而使得当前感觉得到扩展的过程叫作再整合（*redintegration*）。

经验的序列

心理活动总是倾向于形成统一的整体，这是它的一个基本原则。再表象的联合就是在这一原则上的进一步发展。表象的整体性是针对当时确实体验到的所有元素。而在再表象中，心智丰富了它自己的内容。

再表象用先前经验的结果来支持当前的经验。如果过去经验与当前经验之间没有冲突，过去经验毫无疑问会被直接吸收入当前的经验中，增加它的意义。如果两个素材之间有冲突，比如前面例子中提到的红和黑、软和硬，直接的接纳就是不可能的。不一致的元素会被送入独立的意识中，并被减弱，成为再表象。我们再造了先前的表象，通过表象的再造，我们的经验被扩展了，扩展了的经验形成了一个观念的序列。这是由表象与再表象共同构成的一个经验序列。在这个序列中，表象和再表象按比例被增强或减弱。以后的研究会说明这个序列在原则上和分解与注意并无区别，它们仅仅是在被观念或目标控制的程度上有差异。

再整合的形式

所有的再整合（redintegration）都是建立在当前活动与某些过去活动的同一性（identity）基础上的。这种同一性可以是相对外在的因素，如发生的时间或地点；也可以是一些内在的条件，如性质与内容的相似性。前者通过邻近性（contiguity）而引起联合，后者则因为相似性（similarity）而联合。用一个例子可以说明这两者的区别。曾经，我在邮局遇到过一个熟人；这两个元素——邻近性和相似性——因为被卷入同一个统觉的活动中，从而成为一个整体观念的构成部分。今天，当我再次走进这家邮局，那个人虽然不在眼前，但关于他的观念会立刻出现在我的头脑中，这显然是由于空间的邻近性引起的再整合。走进邮局也许并不会引起我关于某个在邮局遇到过的人的观念，而是引起了关于另一个城市的另一家邮局的印象。这就是由相似性引起的再整合。

外在的与内在的联合

在前面的例子中，前一种情况是外在的联合，而后一种情况是内在的联合。一个人与一家邮局在观念上不存在内在的联系，它们的关系是偶然的，而碰巧其中一个可以使人联想到另一个，这只是一种由情境引发的联想。在另一种情况下,两个观念的联系则是本质性的,它们之间的联系是因为它们具有内在一致的意义。它们在头脑中能互相引起对方的观念。这两种联合都遵循了同一性原则,但在邻近性联合中,同一性只是指时间或空间上的一致。在第一种情况下,同一性并不是必要的。但在另一种情况下,同一性则显得非常必要;它包含在观念的同一存在之中。我们接下来要考察在所有相似性联合的例子中,一些局部的、内在意义的同一性。

我们将从这样几个方面来讨论有关联合的问题:1)由邻近性引起的再整合;2)由相似性引起的再整合;以及在每种情况下相关的法则和亚法则。

(1)由邻近性引起的联合

由邻近性引起的联合的法则是,不同的感觉元素,甚至观念,只要它们在时间上或空间上邻近,就会被联合成一个整体活动,每一个元素都作为联合整体的一个局部而和整体一起被再现。此外,还有三条与之相关的补充说明:1)感觉元素的初始联合只需要一个活动就可以实现;2)对一个感觉元素的再表象不是感觉性的表象;3)有两种邻近性联合,即空间的和时间的。

① 初学者必须要注意,要避免在一个观念与它自己分解成的元素之间寻求同一性。忽略这一点,可能导致一些不必要的争论:究竟有多少观念可以同时出现在头脑中?一种观点认为,每一个时刻只能有一个观念出现在头脑中;而另一种观点则认为,头脑可以同时容纳大量观念。事实是,在一个时刻只能有一个观念被呈现于头脑中,但这个观念可以包含无数的与之共存的次级观念。因为联合活动必须把在一个时间呈现给它的所有元素联合成一个整体,所以在一个时间,头脑中只能有一个观念。

例证

当我进入一间充满了人的房间时,环顾四周,此时,房间里的人及事物不可能在我头脑中——形成观念,所有的人和事物在我的头脑中都被拼接成一个观念。各种各样的感觉元素都被联合成一个单一的统觉;联合是一个先在的过程,是统觉形成的前提。而将整体分裂成构成它的元素则是后继的活动。两者的共同之处是它们都保留了元素的实际顺序。当我听到一句话时,我并不是接收到一些零碎的声音,然后再把它们拼接成一体。我一开始就直接获得了关于整个句子的观念。而后才分别识别它的独立元素。所以,在心理活动的程序上,综合处于分析之前。

② 再表象。了解这个事实,对理解邻近性引起的再整合是非常必要的。如果观念是以单独的、零散的原子似的方式被保存,那么除非发生奇迹,否则它们永远不能被回忆起来。我们可以假设,这些观念是以某种方式保存在我们头脑中的一个寓所里。它们毗邻而居,当其中一个观念活跃起来时,它也能将与它邻近的其他观念一同带入意识。但我们的确没有存在这样一个观念的寓所的证据,也不能证实观念确实是以这种方式被唤醒的。这种假设,也不能对经验的再表象过程做出很好的解释。

对再表象的解释

如果我们能认出一个观念曾经在过去的心智活动中出现过,是它的元素,我们就不难了解它们是如何被唤醒的了。无论何时,只要心智以同样的方式活动,这种"活动"(*activity*)就会被重新激活。作为这一活动的构成成员,所有的元素都会被激活。我们把一根棍子的一端拉向我们,另一端也会朝向我们而来;用马刺刺激马腹部的一侧,我们会看到另一侧也会有相应的反应。只有同一根棍子、同一匹马才会有上述现象。所以,在只有一个观念的条件下,激发其中任意一部分,其他部分也会相应地活跃起来。如果看见花使我想起采摘它的地点,那是因为花和地点都是同一个观念的局部,它们都被整合到了同一个统觉之中。在心理上,它们的存在是相互依赖的。所以,真正令人费解的,不是为什么有时会发生再整合,而是为什么它总是不发生。这一问题将在有关分解的章节中讨论。

③ 邻近性联合的形式。过去的元素,因为在时间或空间上与当前元素邻近而被再整合。

i. 空间的联合。空间的联合使我们可以由看见一幢建筑而联想到整条街区,甚至联想起整个城市。也是通过这种联合,当我们看见演讲厅时会联想到一次演讲或做演讲的人。它包括了所有由空间属性引起的联合,即其中一个元素会激发起那些所有在空间上与它共存的元素。这是一种重要的联合模式。一方面是因为它易于实现,另一方面则是因为它在心理生活中所产生的效果非常显著。它容易实现,是由于我们绝大多数的观念都是源于视觉,而视觉在空间感受方面具有无与伦比的优势。"看"一个事物,就等于获得它的清晰的知识。现代教育学的原理要求:教授儿童知识时,应当先呈现整体,然后再导入局部辨识;同时,儿童还应当看见他们所学习的对象。这就是联合规则的实际运用。

语言中的空间联合

指称精神和观念过程的词语,是从那些指代空间中存在着的物质的词语发端的。这一事实又进一步说明了联合的重要性。在人类历史的早期阶段,生理过程被视为心理过程的附属物或是它的具体化身。它们之间的联系是如此紧密,以至于被混淆在一起。灵魂就是呼吸,理解等同于用手抓握,等等。这种合并,还在对物质对象的命名过程中得到了清楚的证实。这些名称中几乎总是包含着一些视觉的性质特征,因此它具有了空间联合的能力。比如,月亮是一种测量工具,大地是被犁过的,面粉是白色的。作为个体的原始人,他的生活一开始就在外在联合的笼罩之下,而经过了一个漫长的过程,心智才从外在联合的藩篱中解放出来,学会了把握观念,即内在的意义。精神状态及观念与空间事件联合的本质被诗人展现出来了。他们颠倒了前面提到的联合过程,把它移植到自然对象中,或者从自然对象的隐喻中去探索这种联合;他们把对象人格化,把渴望、同情、脾性等特征赋予自然,这些创作手法大都源于空间联合。

ii. 时间的邻近性。关于这种联合模式,最简单的例证就是背诵字母表,a的发音会激发起b,b又引起c,如此等等。在时间联合中,按顺序产生联系是一个非常重要的规则,a能引起b,但b不能往回激发a。究其原因,可以这样来解释:这种顺序是由同一种活动被重复的频率而不是联合本身的特性来决定的。如果a和b仅仅只有一次联合,那么b可能引发a,就像b引发c一样。一个固定的次序被重复多次以后,它就成了活动本身的一部分,因而只能有一个固定的因子被激发。另外一个事实是:句子中的词序只需要叙述一次,就会形成特定的次序而不会颠倒。这是因为对段落的辨识形成了一种联合,它加强了句子的次序性。事实上,正是在形成特定次序的过程中,时间性联合也形成了。

例证

听觉是按时间性形成联合的感觉,就像视觉是空间性的一样。说话、音乐等,它们的存在都有赖于其时间上有序联结的形成。简单地说,儿童"学说话"就是学习形成一连串的联合,使一个声音可以引起下一个声音。而一个名称与一个物体的联合却是一种空间的联合。视觉,因具有与肌肉活动相联系的特点,在形成时间性联合中起着重要作用,比如阅读就是一种时间性联合。

复合联合

大多数联合是复合的,涉及空间与时间联结以及两种联结的融合。一些人们十分熟悉的联合,比如走路、说话、演奏乐器,都可以说明这一点。学走路首先要形成一种时间性联合,儿童不必把意识分别指向每一个肌肉群,而只要建立一个依次激发的肌肉活动的顺序。同时,空间的联合也被包含进来，因为单独一块肌肉的动作并不产生身体的移动。一块肌肉开始收缩，必须立刻有序地激发起其他肌肉的活动，有的增强它的活动，而有的则消减之，这样才能保持身体的平衡。这两种联合被紧密地粘在一起并互相融合。

说话

言语过程至少包括三种联合。要发出语音必须经历一系列联合，首先声音必须与呈现的对象联合，这通常是通过触觉或视觉来实现的；然后，它还必须实现与对象的观念联合，这样，即使对象不在面前时，声音也能传达特定的意义；最后，它还需要与反映肌肉紧张度的肌肉觉联合，这样人才能控制发音。这个过程中任何一个环节缺失，都会导致相应的言语缺陷。受过教育的人还要增加两种联合。一种是与对印刷或手写文字的视觉的联合，这种联合使人能够阅读；还有一种是与运动肌肉觉的联合，这种联合使人会书写。此外，观察也可以促进这种联合，例如学生可以通过观察而发展出他自己的与演奏乐器有关的联合。

(2) 相似性再整合

相似性联合的法则如下：如果一个活动被频繁地重复，其中的每一个元素都能不断地从不经常发生的活动那里获取再整合的能力。随着这一能力的聚集，最终这些元素能获得独立发生的能力，并按照邻近性法则去再整合其他观念。我们将用一个例子来说明这一法则的含义。让我们再次回顾那个邮局与人联合的例子。如果我们总是看见，并且只看见同一个人出现在同一家邮局，那么邻近性联合无论如何也不会过渡到相似性联合。但事实并非如此。我们会看见其他人和其他事物也出现在这家邮局。我们也会看见这个人出现在其他地方。于是乎由这家邮局引起的联合元素相互之间并没有共同之处。其中唯一稳定的元素就是邮局本身。这些元素之间的差异越大，它们被卷入这个联合的偶然性就越大，必然性越小，因此，它们在联合中会互相排斥。只有内在元素才是稳定的。在这个例子里,内在的元素只有一个,就是关于邮局的观念。它就是由外在的或邻近性的再整合向内在的、相似性的再整合的过渡。我们将从下面两个方面讨论相似性联合:1)条件;2)形式。

① 条件。有两种条件:一是变化的伴随条件;二是情绪类比。

i. 不断变化的伴随条件。这一条件对应于从邻近性向相似性过渡的过程,它的法则可以表述为:如果一个元素在不同场合分别与不同的其他元素联合,那么,它与其中任何一个元素再整合的趋向都是等同的并且互有消长,而那个最终稳定不变的元素将从它的各种伴随条件中独立出来。例如,设 abcd 在某一时间与 x 联合;而在另一时间,aefg 与 y 联合,再者,ahij 与 z 联合。在所有这些联合中,只有 a 重复地出现,除 a 之外,每一个例子中各个元素再整合的趋向平均地互相消长,只有 a 在其中被多次强调,于是它从其他元素中被独立出来。

例证

如前所述,那些不断变化的伴随性条件被淘汰了,只留下稳定的元素作为相似性特征,它因此具有了通过邻近性原则的次级联系起来再整合其他元素的能力。例如,我看见某个人的肖像,会立刻想起他本人以及我曾经在某个时间、某个地点遇到过他。根据纯粹的邻近性原则,肖像可能引起各种完全不同的联想;但这些不同的联合趋向在各个方向上互相抵消掉了,只有肖像上的脸部特征——眼睛、耳朵、嘴巴等与他本人的脸的相似性,使得它们趋向于联合。因此,它们之间形成明确的再整合形式。

另一个例证

再来看这个例子。如果有一天我从窗户看见一条圣伯纳德犬(St. Bernard dog)。这个景象让我想起我第一次看见它时的地方,或者那个经常牵着它一起散步的人。这就明显是一种纯粹的邻近性联合。看见它也可能使我回想起我曾经在其他地方见到过的另一条圣伯纳德犬。这个联合过程的第一步是要排除与前面看到过的那条圣伯纳德犬相关的各种外在联合，如看到它时的环境、时间、地点等等，只留下一个稳定的元素：一个关于圣伯纳德犬的观念。然后这个元素按照邻近性原则唤醒了一系列曾经与一条圣伯纳德犬——虽然不是当前这一条——相联合的观念，如当时的环境、地点、时间等等。

ii. 情绪类比。情绪类比遵循如下法则：无论在什么时候，只有那些与当前的心境或情绪状态相类似的情绪伴随的观念才能被唤醒。那些在心智内容上完全不同的观念也可以通过这种方式互相激活。有一系列观念与愉快的情绪状态相联系着，另外也有一系列观念和忧伤情绪状态相联系，它们之间泾渭分明。情绪的影响是如此之强，以至于它几乎控制了观念的想象过程。当前的不愉快使人黯然神伤，并因此而觉得所有过去的经历都是不愉快的，因为这种情绪状态不能唤起过去的愉快经历。而现在的愉快情绪，也会抵制对过去忧伤经验的回顾。如果我们能控制自己的情绪，也就能高效率地唤起任何一种过去的经验，只要与这些经验相应的情绪体验和当前情绪状态相一致就可以了。

情绪在联合中的重要性

情绪就像一个弥散性的基底，任何观念都是在特定情绪氛围中形成的，不同的观念因为相同的情绪基础而被联系在一起。不同观念之间没有比情绪的同一性更稳定、更持久的联系纽带了。一面旗帜何以有如此强的感召力，能激发起人们爱国的信念和决心；一个十字架何以能引发人们对宗教的冥想与虔诚，这些都是源于感情而非认知的认同纽带。同样的原因还造就了诗歌创作中的修辞技巧。在诗歌的修辞中，诗人通过愤怒、热情、激情的情绪表达，把全部的心智能量都集中到议题的中心，用紧张的情绪把与议题无关的、不和谐的观念排除，这要比直接要求人把注意集中于一个问题要有效得多。在这种情形下，通常伴随我们观念过程的一些偶然性的、零碎的细节消失了,各种观念相继联合,形成了原发性的、活跃的意义单元。这种单元所反映的思想也许是仿效的,但却充满激情。

诗歌

　　诗人比普通人对精巧的类比更敏感,他能在别人看来是混乱或完全不同的素材中发现微妙的同一性联系;同时,诗人的表达形式、语言以及他的想象等等,都被一种更深层次的统一性控制着。这种统一性就是情绪的统一性。这些客体和观念也许在理智中相去甚远,但情绪把它们融合在一起。情绪的整合使艺术家的作品被赋予了整体的感染力。缺乏情感的统一基调,就没有诗歌;这里,统一性是一种映象、目标,是一个主题;正是因为这种统一性,我们才本能地从作品中感受到诗的韵律。它是情绪的类比,是显著的、激动的情感的同一性;正是因为这种统一性,诗歌的主题和形式得到了统一,从而保证了诗歌中出现适宜的过渡转换、贴切的形象和比喻以及韵律和节奏的和谐统一。

感觉的类比

　　如果不是因为有情绪联合,那么许多感觉中的联合将变得不可思议。我们觉得声音的音调有高有低,尽管它们并不真正具备空间的质的特征;颜色可以带来柔和的感觉,尽管它并没有提供任何实质性的触压;某种接触也许是甜蜜的,它当然不是被品尝到的。我们用美味佳肴或令人作呕来表达我们的喜欢或不喜欢,这时,"味道"则成了审美判断中的一个公断人。人是正直的或卑微的,心灵可以是空虚的或坚定的,性格有黑有白,等等。在某些情况下,感觉联合走得更远,以致有的人看见某种颜色就会感受到某种声音(音幻觉),或者更普遍的现象是听见某种声音会引起某种视觉幻象(光幻觉)。

　　② 形式。相似性再整合有三种值得注意的形式:1)由类似引起的;

2)由对比引起的;3)由同化引起的。

  i. 类似性引起的联合。我们已经注意到相似性联合相比邻近性联合是一种更高级的联合。它建立在意义的相似性或内在联系的基础上，而不是以偶然的时间或地点的一致为前提。相应地，人的心智能力取决于这两类联合中哪一类占优势地位。有的人不会获得表面联合之外的认识，他只能认识特定的事实和偶然性事件。另一些人的心智则能够穿透表面现象的躯壳，认识到对象之间的基本关联和相似性。前者对一个历史事件的记忆是通过它在纪年表中的位置，或者把它和与它有关的书的页码建立联系等方式来实现的；后者则是把它与其他事件建立联系来记忆它。对一个农民来说，落下的苹果仅仅唤起某种好味道与空间的联合；而对艾萨克·牛顿爵士而言，它与所有坠落物体的相似性暗示了万有引力定律。

在心理生活中的位置

  这两种心智活动分别与心理生活的特别结构相联系，这种联系不无重要性。通过发生地点把不同的事实或事件联系起来只会加重心智活动的负荷，因为它们互相之间没有必然的本质联系。这样会产生太多的素材，需要大量心理能力的投入。但是相反，如果关于地点或时间的临时性联合被解开，心智就失去它所有的内容了。相似性的联系是一种内在的、只包含观念的本质联合。因为不同的观念或多或少都会具有一些相似的特征，这使得相似性联合得以形成。观念之间的联系是本质性的，这种联系拓展了心智活动的领域，却没有增加它的负担。这种联系自行提供了支持其运作的能量而不需要心理能量的投入。相似性联系还把记忆中的所有观念串联在一起，形成记忆链，这正是记忆保持观念的方式。两种联合形式相比，不同之处在于：它们在心理生活中分别产生了不同的影响，一种可以比喻为背在背上的食物，而另一种则是吃食、消化的行为。这个过程把食物转化为维持体格结实与平衡的骨骼和肌肉。一种活动消耗心智能量,而另一种则补充之。

两种心智活动

通过相似性形成的特定联合构成了心智活动的重要内容,即使是这一部分心智活动也可以被分为两类。其中一类仅仅依靠相似性作为纽带,实现从一个观念到另一个观念的过渡;另一类则关注于这种联系纽带本身。拥有前一种心智的人具有艺术家的气质,拥有一种敏捷而锐利的直觉能力。而拥有后一种则拥有了科学家的心智,长于反思与演绎推理能力。前者通过相似性实现观念之间的转移,但太专注于目标,以至于完全忽略了它们经由的过程。他们通过类比、直接的明喻以及快捷的隐喻来实现观念的转移。对于那些微妙而隐蔽的关系,纷繁复杂的、深深地藏于表面现象之中的内在同一性,数年的深思熟虑也未必能揭示其意义,而他们却能一言以蔽之。这种思想家是这个世界的艺术家和教师。另一类人则醉心于观念转移所经历的每一个步骤,和各个局部之间相互联结的途径,以及如何接近目标的具体方式等。他们是世界的探路者和分析者。

ii. 对立的联合。这一法则是对相似性联合法则的重要补充。不仅相似的而且相对立的事物也能在心智活动中互相唤起。由老鼠可能联想到大象;由忧伤而想到欢愉;由侏儒而巨人;由堕落而崇高,如此等等。当它和邻近性联合相结合时,这种联想会更加显著。因为邻近深谷,高山才显得更加挺拔;因为对比于吝啬,慷慨的施与才弥足彰显,这种对应关系非常牢固,因此往往形成了紧密的对立联合。对立联合并不是一种新的联合法则,它只是相似性联合的一个变式。因为在我们看来极端对立的事物,在本质属性上往往是相类似的。侏儒和巨人都具有一个共同的元素,即身高的尺寸;慷慨与吝啬同属于道德行为;黑和白是如此对立,但它们都有同样的质的特征,都是颜色。这些例子都是在形式上的明显对立,而它们在质的同一性上却得到了加强。

第四章 知识的形成过程　　105

iii. 同化。实际上,同化是一种复合的联合。它结合了邻近性联合与相似性联合的法则,它产生的结果又十分类似于同时性联合或融合。在同时性联合中,会有一些元素比其他元素更突出,它们因此成为其他元素的代表,或多或少地吸收了其他元素。比如,在听觉中,有一部分音调在基础阶段就被丢掉了。虽然它们也参与构成了声音的特征,并对最终形成的声音感受有重要的影响,但它们却不能被独立地察觉。同样,在品尝味道的过程中,触觉和嗅觉也没有被纳入味觉过程。在所有包含视觉的知觉中,视觉是最重要的内容。因为它具有最强的联合能力,当它活跃时,会将曾经与它融会的其他元素再整合,并立即把它们同化。

例证

可以用一个关于橙子的视知觉来说明这一过程。一开始人获得的唯一感觉是色彩。这一感觉在过去的每一次经验中都显得特别突出,它与相似性联合中的同一性元素具有一样独立的再整合能力,它唤起了诸如味道、形状、重量、气味等其他元素,这些元素在过去经验中都曾与它融合。与我们曾经研究过的顺序性联合不一样,在这种情况下,这些元素不能独立地存在,而是被同化为颜色感觉,最终形成一个复合的结果。所有知觉都能证明这一过程。从形成的结果来看,它与同时性联合并无区别;从过程来看,它更接近相似性联合。

3. 联合在心理生活中的功能

在讨论了联合的特征和种类之后,让我们转向对联合在建构心理生活中所扮演的角色的研究。让我们思考这样一些问题:联合服务于什么目的?它有什么效果以及它的目标是什么?通常,联合在心理生活中的功能是构建一种机制。它把心理生活的各种元素紧密地联系,在此基础上,建立起更为复杂的心理结构。它把相互孤立的感觉联合为一体。它使混乱的素材变得有序,以适应各种专门化的活动模式。在联合之前,心理状态可以被比作流体，正是联合的力量使这种流体结晶成为固体，因而具有了明确的形状和清晰的相互关系。

习惯

具体而言，所有的惯例或习惯，所有心智活动的机制都是联合活动的结果。习惯形成的过程使这个问题更有吸引力了。在习惯面前，无论是理智还是意志都显得苍白无力。习惯是一种紧密的观念或行为的联结，只要呈现其中一个刺激，其余的就会系列地、自动地发生而不需要意识或意志的干预。简而言之，习惯是一个顺序性联合；在这个联合中，元素之间可以互相激活。它与一般的联合不同的是，后者包含的元素数量巨大，并且它不能提供一个明确的线索来说明后继观念是按怎样的次序被激活的；与之不同的是，习惯性行为每次都是以同样的方式重复，以至于形成了一条明确的继发路线。

例证

习惯形成的法则是，所有的顺序性联合都持续地以同样的方式被激活，因此倾向于向同时性联合转化。我们可以用走路作为例子来说明这个过程。走路是一个真正的习惯性行为，因为只要有一个初始行动，其余的行动就会自然地被激发起来，不需要意识的参与，甚至当意识被一个完全不相干的任务占据时，也不会影响它的正常进行。首先，这种习惯形成的基础是一系列顺序性的联合。在这些系列中，任意一个行动都是激发它的后继行动的信号；每一个行动都可以再整合其他行动。儿童一开始不会走路，并不是因为他缺乏相应的肌肉运动能力，而是因为相应的联合还没有形成，所以任意一个肌肉收缩都不会自然导致一系列后继行动。肌肉按顺序地收缩还不是习惯，仅仅是一个连续性的联合。只有当这个联合被无数次重复，使意识中每一个行动不仅仅是激发下一个行动的一个信号，而且还与下一个行动融为一体时，习惯才养成了。这个过程,就像一个光点快速绕圈而形成一个发光的圆圈一样。在这个发光的圆圈上,每一点都与下一点融合,它们有序地、连续地呈现出一个圆圈。在走路习惯的形成过程中,动作的连续性是十分必要的。走路不是一系列分离的、顺序性的动作组合,事实是,每一个动作的结束就是下一个动作的开始。

作为自动化机制的习惯

习惯一旦养成,习惯性动作就会自动化地、机械性地发生。自动化的含义是指动作按照它自己的程式自动地发生,不需要意志的干预。机械化的含义是:从各种肌肉调节,到动作发生的整个过程,始终都没有意识的参与,也与方式无关。过程中每一步骤紧随前一步骤发生,就像织布机的动作一样无意识地进行着。习惯最终的发展趋势就是形成机械化,虽然从一开始有心智的介入与干预,但习惯一旦形成,就会自动地、机械化地运行下去。这一点,构成了习惯或者是联合的特别功能。

习惯的双重目标

习惯的目标有二:1)习惯形成了一个自执行机制,通过它,心智可以迅速、直接地把握那些在它的认知活动中有规律重复出现的元素。心智还用习惯来调节它的活动,以应对那些环境中长期存在的稳定需求;2)习惯使意识的理性可以专注于对那些多变元素的认识,使意志专注于对新异的、多变的事件的控制。习惯的目的,一方面是创设一个专门机制用来应对熟悉的或稳定的经验元素,另一方面是把心智的意识活动解放出来,去应对那些新异的、变化着的因素。

① 在我们周围的环境中或者我们的需要中,存在着一些相对持久、稳定的元素。它们都与常规的心理活动相关,同时又是更高级活动的基础,这些固定的元素是非常重要的。对一个孩子来说,这些元素包括:他的父母、保姆、居住的房间以及他的玩具等等。如果没有习惯力量的支

持,孩子第二次、第三次再看他的保姆或食物等对象时,就会与他第一次看见他们时一样,感到完全的陌生;或者,如果他不能把每次抓在手中的玩具从观念上予以整合,如果他不能把穿衣服时的动作经过重复而融合成一个连贯的行为,那么,显而易见,这个孩子将不能获得知识,不能体验情绪,也不能掌握生活技能。

序列的延伸

随着年龄的增长,那些已经被心智活动认可了的事或物联系成的序列渐渐地丰富起来。在这个过程中有一些特定的客体,它们与其他客体不同,它们支持着这种联结,并构成了这种联结的熟悉而重要的环境。正是在这个稳定不变的环境中,个体的兴趣被聚集起来,心理生活的活动联合成群,从而形成了心灵世界凝聚力的中心。它们一方面是由一些简单的事实构成,诸如家庭、工作、教堂,以及社会生活,等等;另一方面,它们还包含一些有规律地呈现的客体,这些客体对不同的人如公务员、艺术家、科学家而言所指不同。在以上所有情况中,最重要的是,个体对这种稳定的环境的反应不是建立在意识的反映或仔细推理的基础上的,而是一种自动化的、机械化的反应。它果断、迅速、高效而且稳定,是一种习惯。通过习惯,人本能地与周围世界联系在一起,这里的世界同时包括社会意义上的和物理意义上的世界。通过这种联系,个体被构建成为一个有组织的、整合的整体,同属于自然世界与社会世界。这个整体是思维与行为的联合,是个人意志和公共良知的统一。

② 但是,另一方面也同样重要。如果生存依赖于对永久元素的适应,那么发展则依赖于与变化中的因素建立正确的关系。人并不希望过一种完全程式化的生活——一切皆由习惯决定,每一个反应都快速而准确,所面临的都是熟悉的环境。我们希望变化、多样性以及发展。当我们已经熟悉了周围的事物后,就会去寻求新奇的对象。在习惯的基础上,我们还要建立针对多样性活动的上层建筑,这就是对心理生活的丰

富、变革与发展。我们要注意的重点是：这种适应新环境的能力、成长的能力的获得，都要求理智的有意识的努力和意志的主动指导，而要实现这一点，就要求心智有一套自动化的机制去处理其他任务。如果不是习惯用自动化的活动去应付那些陈旧的、熟悉的任务，使意识和有目的的活动被解放出来，那么人就没有机会去学习新的知识，掌握新的活动。

心理生活中的无意识

如前所述，习惯一经形成，行动就变成自动化的和机械化的了，其结果是，原来处于意识中的观念被降低为无意识。它们被其他观念吸收或被遗忘。这种自动化究竟达到了什么样的程度仍然是有争议的问题，但至少我们公认的诸如走路、谈话、书写、演奏乐器等都属于这类活动。这类活动被称为次级自动化活动，因为它们与自动化活动十分接近。自动化活动是指那些完全无需意识参与的活动，比如心脏的跳动。值得注意的是，当一个活动被降低为无意识活动，就意味着它仅仅在身体的层面上发生，意识只是在激发它开始时才介入，而它的整个过程是无须意识监控的。

其他例子

由于高度习惯化，原本是心理的活动转化为在大脑或身体的层次上发生了，再表象就是这样的例子。有理论认为，每一个再表象都对应着大脑某一些部位的活动，这些部位在获得表象时是初始活跃部位，而感觉，同样是神经组织初始兴奋的结果，其兴奋水平却要弱一些（见第41页）。在特定的情况下，大脑的兴奋是如此之强，以至于与外在的原始刺激一样鲜活，个体可能因此而混淆了这种内在的兴奋性的映象与客观现实。这种状态即是幻觉。

无意识的思考

另外，一种观点认为，神经系统的活动代替心智活动是因为这些行为被频繁地重复,以至于它们对心智来说已经是无意识的了。这种替代可能延伸到了更高级的心理过程中,诸如思考一个复杂问题、设定计划、艺术创作等等。这种观点把这些现象叫作无意识的思考。这种现象在多大程度上存在仍然是有争议的,但毋庸置疑的是,要解释这种现象,必须基于这样一个原理:所有的联合,当它被重复多次以后,就会倾向于转变为同时性联合,并成为无意识的。没有更多的理由怀疑这种联合会在大脑的两个部位之间形成自动的联络。同样可以肯定的是,这种联络还会在两组肌肉之间形成联系,正如我们在诸如运动、乐器演奏等一些行为中观察到的那样。

IV 分解

分解问题的讨论涉及如下几个方面:1)与联合的关系;2)发生条件;3)在心理活动中的功能。

1.

用最通俗的方式来说,分解的法则是:在联合在一起的感觉元素中,心智并不是等同地对待每一个元素,而是强调了其中一些,忽略另一些。这一法则显示了分解总是以联合为先决条件,但到现阶段,总览整个过程时,我们发现分解不是联合的一部分,它与联合有根本上的区别。因此,我们将讨论联合与分解之间的联系,以及到现阶段为止,两者表现出来的区别。

(1)相似性联系

之所以关注这个问题,因为它只是一个常规的思路,无须更多说明。

只有原先已经被联合或联系在一起的元素,才能被分解或去联合。分析以综合为前提(第 97 页)。只有那些本来是整体的对象才能被分离。只有当这两者被联系在一起时,我们才把关于人的观念与关于邮局的观念分离开来,我们把苹果的味道与颜色分开,是因为它们曾经互相融合为一体。简而言之,分解不是绝对地分裂,而是如定义所说,是使联合中的某些元素从其他元素中凸显出来。被凸显出来的元素因而获得了相对独立的位置出现在其他元素之前,相应地,其他元素则退居为背景。这使得它们可以独立地显现在意识中,与原来的联合体具有同样的价值。

空间形式的联合中的例子

分解与联合没有时间上的先后顺序,它们同时发生。联合致力于把每一个元素联合成一个整体,而分解则积极地从联合的元素中强调某一些,使它们相对于其他元素获得在意识中的独立地位。为了显现出这一因素——我们在有关联合的讨论中已经谈到过了——我们需要简要地回顾一下两种形式的联合,即同时性联合与顺序性联合。

① 同时性联合。在同时性联合之中,并不是所有感觉元素都均质地凝聚在一起。在联合统一体中(第 93 页),一些元素比其他元素更突出,是其他元素的支撑或代表。其他元素则附属于它。通常,视觉元素会比较突出,而肌肉觉总是被同化,除了在极度疲劳的时候,我们很少会注意到肌肉觉。这个突出的感觉元素凸显于其他内容之前,它更清晰地呈现于意识之中,其他内容则退隐为背景。这会在一定程度上损害它们之间的联系,使它们相对地分离了。如果这种凸显和忽略作为一个过程确实发生了,且分离达到了一定程度,原本牢固的联合也会被破坏,因此,一些元素可能会独立地呈现于意识之中。

② 顺序性联合。顺序性联合中包含的分解比同时性联合中更多。例如,在邻近性联合中,不是每一个与初始观念相邻近的元素出现时都会被均等地再表象,也不会具有同样的活跃度,其中有的元素可能根本

就不会被再表象。每一个情境都包含了几乎是无穷多的细节,它们每一个都被再整合是不可能的。如果是这样,心智将完全被迷惑,因为每一个元素都会与无数个其他元素相联系,如果每一个元素都被再整合,心智反而失去清晰的对象了。心智会因此而陷入简单枯燥的对具体内容的回忆中。它完全被过去经验所束缚,被一个又一个的经验元素奴役。如果最微小的细节也会与最重要的因素一样分享同样多的心智资源,或者,根本就不存在细微与重要的区别,那么心理生活中将不再有透视和布局,因为没有了前景与背景的区别。但事实上,不是所有的元素都占有同样重要的意义。在联合中,一些元素被忽略,而另一些则被强调。在相似性联合中,这一方式也是一样明确的,其中那些支持同一性的元素才被强调。实际上,相似性联合形成了向分解的自然转化,因为它需要将相似的元素与不同的元素区分开来。

(2) 联合与分解的对立立场

归纳起来,这种对立有两个方面:1)分解要求元素中的一些因子表现出彼此的差异用来作对比;2)另外,它还要求通过心智活动的努力,选择性地忽略某一些因子,强调另一些因子,由此看来,分解过程比联合过程更复杂,更少一些被动性。分解过程不是把呈现在面前的元素合并起来,而是分别予以比较后确定其中某一个比其他的更有意义。它的任务是寻找差异,进行区分。它的活动力指向是多方面的。它对元素的探求超越了元素的存在状态,而且根据元素在心理生活中的价值,无意识地对它们进行检测分类。在分解中,心智积极地联络有关元素。它的活动方向不是机械化地决定了的,而是按照它自己的目标、兴趣来选择元素。这个过程把我们的研究导向对分解条件的研究。

2. 分解的条件

在一般意义上,如我们已经看到的,要在表象中对比或区分元素,必须伴以心智的主动选择活动。我们现在要揭示这样一些问题:表象的哪些特征导致了它们互相区别;是它们的什么属性使心智选择了其中之一而排斥其他。我们不得不承认:心理活动的意义在很大程度上决定于它的构成元素拥有的不同价值。这种价值的区别不是源于它们作为材料的存在,因为就存在而言,每一个对象的价值都是等同的;这种区别源于它们与心智的关系,也就是自我对它们所表现出来的兴趣差异。由于自我的兴趣因素的介入,心理生活才变得富于弹性,有主次轻重之别,这就打破了联合原则统治下的那种严格拘谨的状态。要研究分解的条件,我们必须揭示出,究竟是材料的什么特征使得其中一些比另一些更有趣,使它们对心智更有吸引力。传统的观点把这种吸引力的特征分为两类:1)自然的属性,这是一种表象对心智的自发性的吸引力,它区别于意识中的其他内容;2)获得性属性,这种吸引力来自它与经验中其他因子的联系。

（1）自然的属性

引起心智关注的原因,是表象自身属性中的两个特征:强度（$quantity$）和基调（$tone$）。

① 强度。在其他条件相同的情况下,刺激的强度越大,对心智的吸引力就越大。在一系列顺序呈现的刺激中,比如两个声音,一个微弱,一个响亮,或两个色彩,一个晦暗,一个亮丽,如果没有其他特别的原因,那么对心智而言,其活动会指向强者而忽略弱者,并通过这种方式把两种刺激分解开。强度包括这样一些特征:刺激的饱和度、持续时间以及反复。一个音量较小的声音,如果它反复的频率比一个较大的声音更高,那么它可能具有更强的刺激强度。运动也是增加感觉强度的最佳途径。众所周知,与处于静止状态的物体相比,运动的物体更能吸引心智的注意。

② 基调。每一种感觉,由于属性特质不同,会具有一些令人感到愉快或不愉快的属性,这叫基调。它的功能就是引起心智自然而然的兴趣,它表现为吸引,或者拒斥。开始时,儿童的生活几乎都是单一的机体

感觉,如饥饿、口渴、舒适、疲乏等等。这些感觉最大限度地与自然情感反应相伴。开始时,它们同化了所有的心理活动。逐渐地,与嗅觉相伴的味觉使意识关注于物体的味道特征。与此同时,肌肉活动渗透到各个方面,由于自由的无拘束的运动使儿童能够抓握、触摸特定对象,与这种活动相伴的愉快感唤起了心智对这些对象属性的关注。然后,那些特别优美的声音、艳丽的色彩进入人的感官,物体的听觉和视觉的属性显现出来;发展到这一步,质的特征就表现出比量的特征具有更强有力的吸引力。

转变为获得性兴趣

　　心理生活的发展在很大程度上依赖于它的兴趣能力从自然属性向获得性属性的发展。自然性兴趣是受客体元素激发的,那些自发地吸引了心智的元素积极地同化心智,它们牢牢地吸引着心智,不使心智将他们与其他元素产生联系。通过这种方式,这些元素自身获得了意义。在另一方面,获得性兴趣使心智的活动并不局限于呈现给它的对象,它给予心智更广泛的经验,而正是这些经验使被呈现的对象具有了吸引力。动物的心理活动只能维持在一个较低的水平上,是因为它只能在感觉水平上产生兴趣,并且不会把各个单独的感觉赋予意义并联系起来。

感觉的评价标准

　　评判感觉的理智价值的标准是它的可融合性(readiness),通过这种可融合性,感觉使自己具有了吸引力。如果感觉的意义一开始就被预设为仅仅是一种感觉,那么它就不可能具有更大的价值而上升为知识。视觉和听觉都具有强烈的吸引心智兴趣的能力,这使它们在认知活动中占有极其重要的地位。相应地,渴感、饥饿感则很弱,它们勉强能挤入意识,却远不能成为意识的中心。无论用纯感觉兴趣(purely sensuous interest)吸引心智的倾向如何,它都会大大地削减心智的理智兴趣的可能性。所以,防止诸如食欲、激情的泛滥是必须的,如此才能促进心智对良知和理智的追求。

(2) 获得性价值

任何一个表象所具有的兴趣,不仅仅取决于它作为一个感觉事实的特征,还决定于它的获得性价值(acquired value),这是一种它与过去经验相联系的特征。一旦我们的过去经验与当前经验的联系被排列成序列,获得性价值事实上就依赖于观念之间的关系了。如果我们说当前经验与过去经验有某种联系,这也就是说它与自我有某种联系,这种与自我的关系就是所谓兴趣,它是在自我经验的基础上形成的,所以是获得性兴趣。观念之间的序列联系是每一个观念的获得性兴趣的前提。新的经验总是与一些既有经验相和谐,而同时与另一些相冲突。一方面,和谐的感受或满意感会让心智满足于两者之间的联系,而另一方面,由冲突引起的不安的感受会激发心智对两者之间关系进行考察。在这两种情况下,和谐与否的感受使得那些与先前经验相似或极不相似的元素被强调,因此使它们被分解。获得性兴趣引起分解活动的原因有两种,一种是熟悉的相似的联系;另一种是新异的不相似的联系。

① 熟悉性兴趣。这种兴趣包含两方面的因素:1)重复,或频繁;2)时间上的邻近。

i. 重复。我们的兴趣自然地集中于那些不断重复的元素。反复发生的事件与单次事件不同,并且更有吸引力。这一原理对儿童的早期生活经验尤为重要。除了前面已经提到过的对量的特征和对质的特征的区别之外,所有的经验在起源上都是同一水平的。儿童对多样化的重要性没有洞察经验,没有再认经验。每一个元素都具有相同的价值就等于都缺乏价值。到后来,仅仅依靠重复的力量,心理活动中前景与背景的区分产生了。一些客体——如摇篮、保姆、奶瓶——反复出现,打破了智力活动的单调性。区分开始出现,这些熟悉的对象从环境中被分解出来,凸显于前。心智从自己的兴趣出发,重复一些元素,使它们从其他印象中被区分出来。

更多的重复之重要性

　　重复原则的效果不仅仅局限于儿童时期。在各种学习中，我们都会自发地重复学习活动，使它逐渐从众多其他活动构成的背景中分离出来，在意识中占据显著地位。在各种情况下，熟悉的对象才能激发心智活动，吸引意识。通过经验，每个人都形成了一套固定的意识活动的惯例性的路径，沿着这条路径，意识会在刺激要求的即时的活动或思想反应还没有出现的时候，率先活跃起来。这种意识的路径（plexus）极大地决定了一个人智力活动的特征。每一个人面前都有一个整体的宇宙，他总是以自己的方式去探索它，但大多数人都只能把这种探索局限于他自己的兴趣领域内，因为那些被不断重复的元素太突出了。同样，我们也必须记得，这种明确的界定和限制对于心理活动中观念的创造，也是非常必要的。

统觉组织

　　熟悉性不仅决定了什么观念统治我们的心理活动，还决定了统觉活动对新观念的态度。下面的例子可以说明这个原理。一个人在国外，他听不懂当地的语言，也不会留意别人讲了什么，但如果他偶然听到一个本国语言的词，他立刻会注意倾听。我们的过去经验限定了我们当前心智活动的方向。职业或专业取向是一种解释表象的倾向，它们形成了我们的统觉组织（apperceptive organs）。我们看见的是我们曾经看见过的。艺术家以一种符合他的审美取向的方式来解释新的经验；在同样的对象中，科学家则能发现某些科学原理的例证；而道德家则把它看成一个极好的教育素材。为我们所熟知的普通教育的做法是：通过某些特定对象、事件和过程的重复，使学生形成统觉组织，因为经过训练的统觉能迅速地在当前对象与训练内容之间建立联系。相应地，专业教育则强调特殊统觉组织的形成。

ii. 时间的邻近。最近（recently）呈现在意识中的元素较久远的元素更鲜活，因而得到更多强调，这也是它们相互区分并被分解的依据。时间的流逝会使印象变得晦暗模糊，难以辨别；而新近发生的事件则因为清晰，便从中脱颖而出。最近的印象似乎比其他印象更容易被唤起，得到更多关注，并且更加致力于使心智摆脱频繁重复的束缚。最近原则和熟悉性在作用方式上一样，都是强调特定的元素，同时，它也与熟悉性部分相对立，它使心智从关注经常重复的经验的倾向中摆脱出来。

② 新异性。新异性（novelty）原则也与熟悉性倾向截然相反。熟悉性也可以用来说明，在什么情况下熟悉的元素不再吸引心智的关注。一个普遍的现象是我们常常意识不到时钟的连续不断的滴答声，只有在它发生变化时，比如停了，我们才会注意到。那些居住在大瀑布边上的人，或在磨房中嘈杂的机械之间工作的人，都会有类似的体验。在这种情况下，新的、不熟悉的对象才会吸引人的注意，并受到意识的特别重视。在我们自己的语言中出现一个外语单词和在外语中出现一个我们认识的单词一样，都能引起心智的注意。一个突然的停顿是引起注意最有效的方法。在一套固定的程序中出现的反常规事件也格外醒目。在两种状态之间的对比越强，越能强烈地引起注意，也越能有效地将它们彼此分解。这样，心理活动的多样性与可变性就体现出来了。

两种原则的相互关系

熟悉性原则和新异性原则互相制约，这是一个值得关注的问题。严格地说，它们是同一种活动的两个侧面。其实，真正吸引心智兴趣的，既不是完全的熟悉，也不是绝对的新异，而是包含在新里的旧、熟悉里的新异，这才是真正的吸引力所在。只有在新的、变化的对象中包含了旧的、稳定的因素，心智才能接受这些对象。当前经验与过去经验之间的同一点对于理解前者是必须的。另一方面,没有新元素的加入,就不会有变化,不会有发展,不会有成长。新异元素是发展的源泉。缺乏对新鲜元素的兴趣就会流于淤滞,而没有熟悉元素的支持,就不会有意义。当婴儿的注意停止在各个刺激之间的随意游走,他的心理活动才真正开始了。他开始把兴趣指向他熟悉的对象,同时放弃其他;同时,当他的心智开始关注新异对象,发展才开始。新异的对象引导着他以一种新的视角去看待原本熟悉的事物,因而发展了心智。

同一性与差异性的关系

对熟悉的兴趣使我们努力在当前经验与过去经验之间寻求同一性;而新异性则努力引入新元素,使两者相区别。同一性与差异性的关系是互相渗透的。我们不会去探求两粒豌豆或两个一分硬币之间的相似性。而豌豆花与黄豆花之间的相似性才是值得研究的,尽管它们不同。同样,我们不会去比较大象与关于正义的观念之间的区别。而鲸和海豚之间的区别对心智才有吸引力,因为它们看起来很相似。简而言之,智力活动就是在表面差异的元素之间寻求同一性,而在表面相似的元素之间寻求差异性。正是通过同一性关系,我们才能理解当前的经验,而通过元素之间的区分,过去经验才变得更加丰富。这两种关系对智力活动来说都是必不可少的。

例证

在各种知识活动中都包含了这两种关系,我们用一个植物学家识别一种未知植物的过程为例。植物学家开始考察它,是因为被它的一些熟悉的特征所吸引,这些特征使它从其他植物中凸显出来;并且通过熟悉性中包含的同一性关系,他把它界定为某一种特定的亚类、纲、目等等。另一方面,这种植物所具有的新异特征迫使他对原有知识进行修正。他也许必须承认这是他的植物分类学中的一个新物种,或者他重新修订原来的分类,使某一个项目可以接受这个新成员的属性。这两种情况都显示了区分使原有知识得到了发展。

3. 分解在心理生活中的功能

在前面,我们已经预先谈到了分解的功能。但如果我们换一个角度看问题,会发现强调一些元素,使它们从其他元素中突出出来,这样的做法会带来两方面的结果:一方面是消极的,一方面是积极的。分解的消极功能是,在没有联合活动的情况下,分解会破坏联合活动创设的联合机制,并且使心智与客体材料的统一被解散;这种统一对心智活动是一种限制,使心智不能随自己的兴趣任意漂移。当心智被纯粹的机械原则管束着,它的活动完全受外在因素的控制时,联合活动才能达到完美状态。分解的消极功能就是打破这种控制和管束。

积极功能

相应地,分解的积极功能使心智或自我从隶属于客观影响的状态下解放出来,使它能按照自己的意愿行动,即为了它自己的观念或内在目标而行动。总之,分解铺设了通向注意的道路,这仅仅是这种心理活动实现自我管理的目标。自由的心智的本质意义就是它有了自己的兴趣。兴趣作为一个因素出现在心理生活中,意味着每种素材不是以相同水平呈现在心智面前,它们与自我的联系有疏有密,它们引起自我的或愉快或冲突的不同体验。正是在这种主观的、情绪性动机的推动下,心理生活中才出现了价值分布的轻重缓急的区分。其结果是使目标(ends)进入意识;而注意,作为心智活动的一种内在的激发条件,以目标为自我导向。目标可分为两类:一般性目标和特殊目标。

(1)一般性目标

一般性目标存在于这种情况下:自我作为一个整体,能为实现自己的目标而自由行动。在联合过程中,自我的活动受到外在因素的管束;而在注意状态下,这些活动指向了自我的目标;分解就是一个使自我从外在影响中独立出来的中介过程,它使自我能为自己的目标而行动。例如,在婴儿阶段,他的认知活动完全受外部世界的左右,每一个事件都与其他事件一样具有同样的价值。感觉中的量与质的区分是生命中第一次因素分辨。很快,孩子了解到,并不是叫得最响的声音就是最紧要的。只有母亲或保姆的嗓音,才是他的兴趣中心,因为这种声音与他自身的感受紧密相联。在他感到不适的时候,这种声音意味着抚慰;当他饥饿时,它意味着喂食;当他疲倦了,它是催眠曲。利用自我作为参照,儿童开始了区分活动,自我参照是区分活动的动机。从这时起,自我的行为就成为儿童智力活动中的本质特征。

(2) 特殊目标

分解的功能不仅仅是使自我被解放出来,使它能够以自己的参照掌握行为。它还致力于把包含于自我的一般性福祉中的特殊目标分析出来。在认知过程中,兴趣集中于某一些元素,使它们成为重点,成为认识的目标,而其他元素则被忽略。这样的目标从数量上说几乎是无限的,随着人的发展阶段的变化,随着他的主要追求或职业等条件的变化,这些目标也相应地变化着;但所有这些目标都可以简缩为两类——与差异性的关系和与同一性的关系;也就是说,心智在认识中的特殊目标就是发现同一性关系和差异性关系。分解的特殊目标也就是注意,这是我们正在考察的心理活动。它与有意识的价值认识或联合或分离,而正是通过这个过程,心智获得了知识。在联合中,观念发生的先后顺序无意识地受到这些关系的支配;在分解中,这些关系从它们相伴的有条件的联合中被释放出来;在注意状态下,观念列车的行进方向是由与观念相关的意识掌控的。

V 注意

意识和注意

从广义上理解，每一个认识活动都可以被看成是源于注意的，因为作为心智活动，它们都要求意识的参与。任何对象，如果意识没有关注到它，它就不可能进入意识。意识是一个活动过程。心智——如前定义（第29页）——在普遍性内容与个体之间预设了某种关系。一般来讲，注意存在于所有的认识活动中，它是认识的主体与客体之间的某种联系。它主动地把个体与普遍现象联结起来。因为没有这种联系就没有意识，所以，正如两者的定义一样，意识和注意是统一的。这种主动联系的发生可以是从无到有的，也可能是基于某种原本已存在的内在联系。我们发现，注意并不是在心智的每一种活动中都出现，最好给注意做一个限定：它只能从原来的内在联系的基础上发生，而不是适用于心智的每种活动。

注意与联合

如前所述，注意也许可以用主动的联合来定义，而联合又可以被看成是被动的注意。对后者而言，被激发而活跃起来的原动力是外在的，源于感觉或者感觉元素的呈现方式；而前者的原动力却是内在的，是以心智自己的目标兴趣为导向的。在分解过程中，心智活动在某种意义上仍然是机械的，因为心智在这种情况下并不能意识到它自己和自己的兴趣是这一过程的基础。分解导致自我清晰地从联合的多样性中分离出来，并且把一个明确的目标，也是它的兴趣所在摆在自我面前；这时，注意从这里开始了,也正是到这里,分解活动结束了。因此,联合、分解和注意都是同一个过程中的不同阶段。

注意的定义

注意可以被定义为:注意是自我的一种活动,它把呈现给自我的各个元素联结成一个整体,并反映了它们所期望的意义;也就是说,注意反映了这些元素与某种理智目标之间的关系。注意的本质特征是主动地指向某一个目标。归根到底,这个目标就是自我。注意的各种活动都是基于自我的兴趣,指向那些能满足这些兴趣需求、能令自我满意的对象。它的活动具有明确的方向,即目标。起点、目标以及实现目标的路径都在自我中呈现。注意就是这样一个自我发展的过程。在学习注意的过程中,我们所学习的是心智的发展或如何实现自己的活动。我们把注意过程作为一种活动,区分为以下几个方面进行讨论:1)选择;2)适应;3)关联。

1. 注意的选择性活动

心智主动地注意并指导着观念的序列,而不是被动地屈服于观念的影响。注意对表象进行加工时,心智主动地关注某些观念,并决定观念受关注水平的排列顺序,总是选择其中一些同时忽略另一些。由此看来,注意是分解的高级形式,它相对地强调或忽略一些元素。两者的区别在于,分解的特点是,元素具有的直接吸引力是引发这一活动的关键,而注意是源于心智的主动兴趣。一种兴趣是表象对心智的吸引,而另一种则是心智对表象的关注。

与分解的区别

分解中的选择起源于与过去经验的对照。新异性或熟悉性决定了元素的吸引力。注意的选择则对应于未来。前面讨论的兴趣只能让心智关注于过去相关的事物;而决定注意方向的兴趣则对应着将来的经验,那是心智将要努力去争取的对象。注意总是有一个目标,它通过目标的选择而表达了一种意图。心智的注意即是这样一种倾向,一种指向某种对象的张力。注意被称为"对未来的疑问",它选择那些似乎能够解答这个疑问的材料。

注意的本质

我们可以用眼睛的活动来比喻注意。当我们想清晰地看到一个东西时,我们把眼睛转向它,使它的影像正好落在黄斑上,形成视野中最清晰的影像,而周边的影像则十分模糊。注意也是这样,我们把要注意的心理内容置于心理活动的中心,而其他的则变得暗淡模糊。当我们注意时,我们集中心智,就像凸透镜聚集光线一样,把平均分配到各方向的光和热汇聚到一点。心智也是一样,不是把意识平均地分配给所有呈现于它的元素,而是将意识集中到它所选择的某一点,使这一元素格外显著,格外清晰。

选择的种类

心智所关注的那一点,也就是注意的选择,反映了心智的某种目标,例如需要解决的难题、等待解答的问题、需要获得的观念,或者是要制定的计划等等。心智有多少种目标,就可能有多少种选择。当一个特定的感觉元素,比如一朵花,呈现给一个农民、一个植物学家或一个艺术家时,这个元素本身是一样的,但第一个人只会把心智指向那些能说明这株植物是否有用的元素,那些能使他分辨这株植物是杂草还是谷物的特征。植物学家会将选择指向那些能使他对这株植物做出正确分类的特征,而艺术家对它是否有用以及它的科学属性并不感兴趣,他只注意它的审美意象。这三个人对同一朵花形成的统觉大相径庭。一个人看到的,也就是他选择的对象,往往被另外一个人忽视。

恒定的选择的目的

每种兴趣都会引起特定的选择,除去这些各种各样的兴趣和各种各样的选择,有一些恒定的目标对所有心智都具有同等的效力。这种恒定的、普遍的元素就是自我。如果有一种元素必然地出现在自我的所有活动中,那么它对于所有的个体,以及同一个体的不同时候而言,都将是一个被注意的目标。现在,有一个因素对心智的存在而言是必须的,那就是知识。心智有知故心智存在。对知识的兴趣,对所有心智而言都是一样的;而对同一个心智,求知欲影响了它的所有活动,所以,这是一个恒定的目标。下面我们将简要介绍这种对知识的普遍兴趣,揭示智力的选择活动的重要性和它的运作方式。

选择的法则

那些不能成为某种事物的符号的感觉性表象将被心智忽略,只有能够指称它自身之外的对象的元素才能被心智选择。否则,陈述、感觉等内容永远不可能进入我们的知识领域。知识总是包含了被诠释的感觉:一个元素通过与其他元素相联系而获得了意义,它因此成了其他元素的符号。因此,个体的经验或者认知的客体领域并不是真实存在的单调的复制,或者仅仅简单地保存了真实存在的印记;它是心智主动加工的结果,心智根据自我的兴趣对感觉材料进行了解释。

来自肌肉感觉的例证

正如我们已经看到的那样,这些具有指称功能的元素在我们的心理生活中占有最重要的地位,但我们通常意识不到它们的存在。我们之所以忽略了它们的存在,是因为它们在心理生活中的特别位置。它们指代了对象的各种质的特征,当它们被解释为它们指代的客观对象时,它们自己作为感觉存在的意义却丧失了。它们成了客观对象或某种特征的象征,而不再是一种主观的状态了。例如,当我们的手臂在空中划过一道弧线,我们并不能意识到其中的肌肉感觉,因为它们直接被解释为手臂划过的空间。我们舍弃了它们作为感觉的存在,而选择了它们的观念性的意义。意义总是让我们超越空洞的表象本身而去认识它自身的联系,以及它与其他经验的联系或关系。我们选择的不是对象本身,而是它所指代的内容。

来自"主观感觉"的例证

我们已经了解到,即使没有外部器官刺激,仅仅在神经组织或神经中枢的影响下,人也会产生出"感觉"。虽然在严格意义上,所有的感觉都是主观的,但我们还是把这种感觉称为"主观感觉"。通常这种感觉不会被注意到,因为它们不是某个对象的标志。这样一些现象都被称为内视(entoptic)现象,例如我们的感觉中存在的内激发色彩(internally-initiated colors)、后像(在看着一个明亮的物体然后转过头去之后,仍然还持续着的映象)等现象都属于这一类。无论如何,一旦感觉被注意到,它们就被对象化并设定为空间印象。我们对意义的兴趣是如此强烈,以致我们总是强迫性地把感觉认定为某个对象的记号,无论这个对象事实上是否存在。这就是诸如幻觉、梦等现象的心理学基础。

进一步的例证

通常情况下,我们不会察觉到倍音。我们根据它们的起源,把它们理解为某种乐器的标志——如钢琴、小提琴,甚至人的嗓音等等,并完全忽略了它们作为感觉的存在。我们注意到它们,是因为它们理智的价值;它们能增加我们关于声音理论的认识。在视觉中也有同样的体验,我们已经习惯并忽略双眼视觉这个事实。对任何一个对象,我们都能形成两个视觉映象,分别来自两只眼睛,但我们只察觉到一个对象。这是因为就感觉的存在而言,无论它是一个、两个或五十个,都不会产生任何意义,除非它能指代某个对象。我们为了获得感觉所指代的对象而忽略了感觉本身。这样的例证还有更多,但现有的例证已足以证明这一原则了。

观念化的知识

这些研究说明了智力活动对知识进行选择的必要性,这些发现使我们认识到知识的获得是一个观念化的过程。感觉本身永远不可能成为知识。知识是通过对感觉的理解而形成的,即是感觉的观念化。感觉提供了原始材料,这些材料要成为知识,先要经过自我的加工,舍弃一些,选择一些。这一过程被称为观念化(*idealization*),因为它超越了实际呈现的感觉的存在本身,这些呈现的材料因与自我相联系而具有了意义,这是原始的感觉存在所不具备的。总的来说,意义就是联系,是关系,是超越了表象本身的对其他事物的指称。这样的元素只能在自我或心智中产生,这就是观念。观念产生的过程也是我们要研究的主题之一。

2. 作为适应性活动的注意

前面已经指出,注意总是指向未来的,因为它关系着某个目标的达成,或自我的兴趣的实现。我们已经研究过心智为了实现目标,选择恰当素材的过程;接下来,我们要考察这些经过选择的素材是如何实现、促成目标愿望的。在前面我们已经看到,感觉材料的选择总是和它的观念或理智的意义性相对照的。而现在我们要揭示它如何获得意义。这个过程叫适应(*adjustment*),这是一个理智的活动过程。经由这个过程,组织化的、整体的自我被投射到已经呈现的、选择过的元素之中,并赋予它们意义,而自我通过这种方式辨识了自己。

适应需要预见能力

相应地,适应是心智及其内容对表象的积极关联过程,以把表象塑造成为所追求的理智形式。适应过程只有在这样的情况下才可能发生,即心智活动达到这样的程度:心智能意识到自己的目标,以及达到这一目标必须经历的每一个步骤。如果目标观念是清晰的,自我就能明确地了解如何发挥自己的效能、如何指导自己的活动。如果目标是模糊的,虽然这一状态极可能只是暂时的,心智也会感到左右为难,难以定夺,适应过程因此会遭遇到极大的困难,甚至无法进行。然而,如果对目标有一个清晰性的预期,即对实现心理经验的手段的预期,心智不仅仅能为之而做好准备,通常它还会调动那些最适合于迅速而完全地激发统觉的活动和统觉组织。一个完美的智力活动有赖于目标的清晰与完整,在这样的条件下,适应才会发生,而目标清晰与完整的前提是心智对于即将发生事件的预期。

例证

下面的例子可以说明心理活动的这个特点:假设一个人在一间黑屋子里,对屋内的一切一无所知,他只能利用极短暂的电闪光来照明;在第一次闪光时,他可能什么都看不清,只能有一些很模糊的印象;在第二次闪光时,在模糊印象基础上的目标期望开始发挥作用了,他可能因而获得一些更完整的统觉印象。这个整体的统觉使他对未来的目标有了更充分的预期,因此他可以更准确地调整他的心智活动。通过预期而形成统觉,在统觉内容的基础上又完善了预期,两者的互动过程一直持续到下一次闪光发生。这次,他会获得一个非常清晰的印象。虽然每次闪光持续的时间并没有变化,整个过程中呈现的感觉材料也没有增加,其中唯一的变化是心智的适应性在每次闪光时都得到了加强,这正是它的预期能力的结果。

过去经验的必要性

这个例子还显示了适应性的表现能力依赖于过去经验。我们对未来的预期能力取决于我们已经获得了什么样的先前经验。在这个例子中,每次闪光都向心智呈现了一些关于周围环境——这间黑屋子——的观念,正是在这些既有观念的基础上,新获得的经验才能被理解。在各种认识活动中,我们都是这样来组织对未来的认识的;通过这样的方式来适应未来。对于呈现在我们面前的、有待认识的世界,成年人与儿童的表现各不相同;不仅是感觉的不同,更重要的是,儿童没有足够的过去经验用来支持对当前感觉的理解,而成年人则能够运用过去经验,有组织、有目的地去适应新环境。

实验的证据

一些实验也证实前述假设,即心智面对即将发生的新经验时,它的准备越充分,适应程度越高,形成的统觉就越完善、越清晰。实验方法中的具体细节不必在这里赘述,其结果显示:形成一个来自单一感觉通道刺激的统觉,平均时间介于 1/8 秒到 1/5 秒之间。例如识别闪光,这个时间就是个体领会这个刺激所需要的时间,这样一个过程包括了个体认识到这个刺激并把它和其他刺激区分开,并把它识别为光等步骤。如果前面有一个信号,提示心智提前为之做好准备,则这个时间会缩减到 1/13 秒。如果刺激一个接一个以规则的间隔相继出现,心智能够形成一个简单适应的连续序列,其反应时间会缩减到几乎为 0。因为心智已经具有了预期能力,它能准确地推测接下来将会发生什么,所以能够很好地适应新刺激,其反应就会非常及时。

其他证据

另外,我们发现有许多其他条件也在制约着这个适应过程,它们会使统觉变得困难或反应时间延迟。如果刺激发生时,心智并没有意识到,或刺激强度没有引起心智的察觉,这个时间将会极大地延长。如果心智期待着一个响亮的声音,但实际发生的却是一个较弱的声音,那么反应时间也会加倍。在一个有规律呈现的刺激的序列中,其中一个刺激提前或推迟发生,也会使反应时间大大延长,甚至完全不能引起统觉。如果心智不能预知刺激的性质,比如,不知道它将是声音刺激还是光刺激,反应时间也一样会延长。如果有多种刺激一起发生,每一种刺激的统觉形成时间也会延长,因为心智必须选择它自己将针对哪一种刺激做出适应性调节。通过这些研究,我们已经能总结出这样的法则:迅速、清晰和完整的统觉取决于心智的活动状态,心智必须对注意指向的目标形成清晰的观念,并使自己适应这个目标。

观念化的过程

我们看到,在"选择"的范围内,感觉的观念化对认识来说是必须的。我们现在来考察,这种观念化是如何发生的。我们对感觉形成统觉或对它进行解释的方式是让心智适应于它;这种适应是利用原有经验对当前经验进行重组。我们只有通过已经认识到的知识才能认识新知识。通过适应,心智超越了自我的限制而进入对感觉的观念元素的解读之中。通过这种解读,感觉被转化成为构成知识的一部分。适应把意义投射给新的对象,同时也将心智投射给了新的对象。同样的一个物体,对未开化的原始人来说,它可能仅仅引起一些并不强烈的惊诧,但对另一些人则可能引发对物体运动定律的思考。一头猪从苹果中读到的只是它的好味道;而艾萨克·牛顿爵士却把它视为关于自由落体定律的一个例证。他们都把自我投射到了感觉中,尽管对象是一样的,其结果却有天壤之别。所有的认识都包含了这种将自我投入到由感觉提供的材料中的过程。

意义源于与自我的参照

如前所述,心智将自己投射到感觉之中,感觉因此而获得了意义,而它自己则成了过去经验的符号($sign$)。适应是这样一个过程:自我与呈现的素材紧密地联系,以至于使这个元素成了一个符号、一个象征,它指代了超越它自己的某种存在并因此获得了意义。我们所认识的事实并不是单纯的事实，而是观念化的事实，是结构性智力活动所造就的存在；单纯的存在本身，并不能支持理智的结构性活动。那些没有经过心智的观念化的事实，不能成为智力活动中的存在。因此，从某种意义上说，所有的知识都是自我的知识。认识不是外在客体把自己印刻在心智中的过程，而是自我通过把自己投射到感觉之中而激发起感觉的意义的过程。

3. 作为关联活动的注意

我们已经看到，因为注意，总有一个目标出现在心智面前。为了实现这一目标，大多数感觉素材必须被淘汰，存留部分是依照目标的需求而选择的；这些被选中的材料通过智力的适应活动而获得了意义。这是一个用过去经验来诠释新经验的过程。现在的问题是：这种适应的内容是什么，或者，过去经验是如何被用来解释当前经验的。我们接下来要讨论的是，这种适应是通过关联的（relating）过程来实现的，也可以称之为比较。

两种类型的关联

把心理内容联络在一起的关系有两种：同一性和区别。比较是一种心智活动，它考察各种认知之间的关系，如果发现它们有相似的地方，就引起合并；如果发现它们不相似，就做区分。注意作为关联活动的一种功能而被引入了心理活动的合并与区分过程中。因为注意，各种心理内容同时出现在心智面前，此时，它们仍然是相互分离的，并未融合。在联合过程中，如果两个元素同时出现，它们就会融合；或者，如果元素没有互相融合，它们就顺序性地呈现于心智之前。只有注意能够同时既合并又分离地把握内容。在同一个活动中既进行合并又做区分是必须的。合并与区分并不是两个活动，而是注意活动的两个不同侧面；正因如此，对它们的研究才显得有意义。

(1)同一性或合并

我们必须区分由注意产生的统一体和由融合产生的统一体。在后一种情况下,各种统一体的元素自己独立的存在消失了,它们被吸收为同一的结果。注意活动中的合并总是与分辨相伴,而这是融合所没有的。这种统一体只是一种观念上的统一,也就是各个元素之间依靠某种关系相联结,而不是形成了某种同一的实体。这是一种意义的同一性,而不是存在的同一性。因此,当植物学家在比较玫瑰花与苹果花时,当他把这两个对象统一为同一类时,他必须要这两个事件都出现在他面前。合并是一种心智活动,存在于对两个对象意义的观念元素的识别过程中。同一性和合并都代表或指示了同一种法则或关系。合并总是存在这样一种倾向:从明显不同的两个对象中寻求意义的同一性。

在知识中的重要性

表象作为一种存在,其本身是独立的,如果我们不能够从这些各自独立的表象中发现意义的同一性,我们就不可能拥有知识。知识总是存在于这样的过程中,首先,我们的认识必须超越现有的感觉本身,然后把意义相同的感觉彼此联结;共同的意义也就是它们都指代了同样的心理经验。不能在一个感觉与其他感觉之间建立观念的联系,知识就不可能形成,而如果心理生活中只有一系列暂时变幻莫测的感觉映象,它们也不可能构成一个具体对象或指代一个对象。知识的发展在于不断发现越来越多的基本的统一体,因此而促进观念的统一,这些统一体就是事实和关系。知识只有在一个由所有事实构成的极度和谐、完美的系统中才能实现其目的。它的目的是,在任何地点的任何事实都与其他的每一个事实相依存,或者,它们都是构成一个有机统一体的成员。

注意的发展

持续的合并倾向使观念不断被联合为更大的整体,使心智在一次活动中能处理的内容越来越丰富,从而使心理资源的利用更经济。注意的合并是指在不同事实中发现意义的相似性或同样的目标,并以此将事实联合成一个单元。心智把握一千个事实聚合成的一个单元(unity)与把握十个事实聚合成的一个单元,所需要的心理能量是一样的,它并不需要消耗更多的心理能量。一些注意规则声称:目标越多,看到的越少(*pluribus intentus,minor est ad singula sensuso*),即注意分配越广泛,对细节的把握就越少。这种观点忽略了这样一个事实:注意的转移总是指向发现同一性这一目标的,如果所有对象都拥有这种意义的同一性,那么注意对所有这些对象的把握只需要一个思维活动。注意能够使心智在同一瞬间领会更多内容,同样也能使对细节的把握更清晰、准确。

(2) 区分或辨别

同一性分辨并不是比较过程的唯一内容。我们不会比较两个完全一样的事物;只有它们分别具有一些不同的元素时,我们才进行比较。区分统觉与合并统觉一定是同时并列地发生的。我们之所以能从不同的事实中获得同一性,是因为我们能够排除事实的不同属性。心理内容并没有被不可分辨地融合成一体;即使当它们互相联系时,它们仍然保持着各自的独立性,这是因为存在区分的缘故。如果注意没有区分活动,心理生活将是一片混乱,没有任何意义,因为它不能将一个对象与其他对象区别开来。我们因为能区分不同的对象,所以才能够用其中一个指示另一个,或者把一个元素或一种经验与其他内容联系起来。

区分与意识

还没有被区分或辨别的内容不可能出现在意识之中,它只能包含在其他元素中,或者根本不会被注意到。要把任何内容带入意识,都需要注意的分辨活动将它与其他元素相分离。士兵在战斗中会兴奋得不知道自己已经受伤了。而一个被疾病痛苦折磨的演讲者,在激动的演讲中会暂时忘了他的病痛。类似的事实，都可以被最平常的意识活动所解释。每时每刻都有大量的刺激如潮水一般，涌向我们的感觉器官——眼睛、耳朵，特别是皮肤——但通常我们只能察觉到其中极少的一部分，诸如衣服对身体的接触、身体姿态产生的压迫感、周围物品的接触，以及我们不感兴趣的某种声音等等。这些刺激都根本无法进入我们的意识，它们因为没有被分辨而消退了。相反，持续地注意任意一个元素或任何一种经验，会使它变得极其显著。偏执狂、抑郁症患者就是这样的例子，他们都具有某种不正常的注意。

显著性与强度

我们必须区分心理内容的显著性与强度这两个概念。强度是指一个对象占据意识的多少，或者它挤入意识的力量（$force$）的大小。显著性总是相对的，它代表了相对比的两个对象之间或同一个对象的两个部分之间的差异，这些差异是区分它们的依据。对太阳的知觉极强烈，却是不清晰的。同样，一个水果的味道可能非常强烈，但如果它是从未被体验过的，就一样是不清晰的，因为它与其他味道的关系并不明确。总之，显著性总是暗示了智力中的分辨活动。当我说我对某一件特定事件的记忆不清晰时，我所指的并不一定是我的记忆印象本身模糊了，而是我不能十分确定地把它与同时发生的其他事件区分开来，或者不能把它与在不同时候发生的类似事件相区分。它没有被区分，因而就无法确定。确定性是差异关系的标志。

注意的特征

前面我们看到：感觉性的表象通过把自己与过去经验相联系而获得了意义，心智将自己投射于感觉中而形成了所谓的过去经验。现在我们看到，这种联系是双重性的。适应存在于这个过程中：过去经验被用来解释当前经验，使与它相似的观念元素合并，同时使与它不相似的元素区别。这两种过程总是相伴相随的，所以，如果知识的目标是形成完全的统一体，在这个统一体中，每一个事件都与其他事件完美和谐地相关联，那么这种统一体必须包含了最大限度的特殊性，或者叫显著性。关联也必须同时包含联合与分离两方面。它具有联合功能是因为它使我们看到事件具有的共同特征，拥有共同的意义；它具有分离功能是因为两个事件并没有被融合成为一个存在；相反，它们分别拥有相区分的特征，因而能够比从前更清晰地被分辨了。最后，我们对注意的认识是，注意是一种关联活动，并且，既然没有任何一项知识可以离开关联，那么也不能离开注意。只有当所有的关系都已经趋于完善了，注意才会停止这样一种状态。所有的事件、对象以及次级关系都被清晰地界定为最终的统一体，并且都被认定为一个整体，即自我。自我即是所有关系的终极统一体。所以，终点又回到了起点，我们又回到开始的那个陈述：注意是自我发展活动。

VI 保持

保持完全地与统觉紧密相联。统觉已讨论过多次，所以关于保持只需要简短地阐述一下即可。统觉是自我根据过去经验赋予感觉表象的特征，而对其做出的反应；相应地，保持则是依据内容而对自我的统觉。统觉把特征赋予理解的材料。保持则把特征赋予自我。统觉的内容并不是机械地被心智把握，而是反作用于心智而改变它的特征。统觉内容因此成为自我的组成部分。我们将从以下三个方面来讨论保持：1) 保持在统觉中的含义；2) 保持中包含的统觉；3) 保持的功能。

1. 保持在统觉中的含义

没有过去经验作为基础,就不会有统觉;联合、分解或注意等都不例外。心智实际上是一个联结活动,它把所有的事件、例证和关系联结在一起。没有任何对象可以保持独立。由统觉活动形成的显著性或意义相互联结,通过这种联结,其中一个成为另一个的象征,或它们两个都同时指代了同一个观念。要形成这种联结,前提是过去经验并没有被完全丢失,它们仍然以某种方式保存在自我之中。如果它们没有被保留,那么当前的表象与过去经验之间的所有关系都不存在了,统觉也不可能存在。也就是说,任何事物对我们都没有意义了。这在以前的研究中已经被证实了,所以无须在此赘述。我们这样来理解观念化:通过观念化的过程,自我以过去经验为基础对当前的感觉进行解释。

2. 统觉对保持的必要性

只有通过统觉,心智才能有组织,才能获得明确的特征。当然,没有组织化的心智,就不会有统觉;而没有统觉就没有组织化。心智只保留那些已经经验到的内容,使它们成为自己组织化的部分。如果没有这种经验,心智仅仅是一种可能性。婴儿初来到这个世界时,除了一些与生俱来的本能,没有明确的能力趋向。他们通过本能来获取经验,一旦经验获得,就立刻反作用于心智,使它得到发展。于是,婴儿的心智在某个特定的方向上形成了组织。一旦婴儿的心智对他的保姆形成了统觉,它与原来就不一样了;他在心智中构建起了一套组织,为将来的统觉活动搭好了舞台。

注意和联合中的例证

在联合与注意中都可以发现保持离不开统觉的证据。我们发现,联合的结果是一个心理机制的形成,是一种固定的习惯,是一个自动化的行为和统觉方式。这种机制实际上就是我们所指的自我的组织;那是自我保留（retained）经验，并把它们组织成为自我的构成成分的方式。在注意中，心智作用于感觉，把自己投射到感觉中而赋予感觉以意义。一旦这个过程开始，统觉的内容就成为一种条件，它制约心智未来的活动。每一个元素都被理解并吸收为心智中的观念存在，并获得了意义，正因为这种意义的存在，未来的观念化——也就是注意——才得以实现。总之，是注意形成了统觉组织（apperceptive organs）。

3. 保持的特征

初学者必须要注意，不能把保持当作一种机械过程。保持并不意味着心智将许多分离的、作为过去经验的存在都收入囊中，就像将谷粒装入篮子一样。我们的过去经验并不是实际的存在。它们在时间中展开，也随时间而流逝。因此它们只是观念的存在，是作为自我活动的个性而存在，作为自我特征的具体化而存在，这就是我们所说的保持的含义。心智不是一个储藏室，也没有为过去经验分割出独立的小格子。它并不是像抽屉或鸽子笼一样，把每个因素分隔开储存，分别贴上标签。

组织过程的隐喻

我们可以用生命现象来比喻组织过程。它可以被类比为生命体对物质的吸收、消化，并转化为身体器官的过程。比如一棵树，它并不是被动地接受环境因素的影响，诸如土地中的物质、环境中的水汽等等，它并不是接受了这些内容并原原本本地置于自身体内。它要对这些内容进行加工，使它们转化为生命组织，成为它的树干、枝叶等等。只有这样，树才会长高长粗。这些物质转化为树的生命结构以后，就开始以生命形式吸收、转化新物质，使树能持续地生长。心智对它的经验加工也是同样的，那些被心智吸收的因素转化成了心智结构。它们以同样的方式继续吸收新的经验，因而促使了心智统觉能力的发展。但是这种类比并不能完全表现心智的高级活动。为了完善这个隐喻，我们不得不进一步假设。树知道它应该吸收什么,以及它为什么这样做,因此,它会根据自己的发展线索,选择并调整自己所需的营养成分。在保持中,心智不仅仅形成自己的结构,同时它还能意识到并能指导它自己的结构形成过程。

组织性

前面例子的隐喻可以说明为什么组织这个名词被如此频繁地使用。保持按照特定的方向组织了心智,也就是说,它使这个组织具有了特定的行为。如果我们假设,心智一开始只是一种未分化的可能性,那么正是每一次经验使这种可能性成为现实,使它分化并具有了明确的方向,或者具有了实际的效能。最后的结果是组织的形成,无论呈现给它什么内容,这个组织都能迅速、明确、充分地实现统觉。然而,保持必须与记忆相区分。记忆使人能够回顾过去经验,并且使它们在观念的列链上与其他内容相联系;记忆是这样一种结构,通过它,心理因素相互关联;它是统觉的一种模式。保持则与之不同,它是心智自己的成长与发展,是记忆或其他形式的统觉发生的必要条件。

保持不是观念的拷贝

观念并不是被整体地保持的。另外还有一种理论的看法是这样的:观念离开了意识,它作为观念的存在也就停止了,但这些观念的"痕迹"(traces)或"印记"(residua)会持续地存在,这种痕迹或印记的持续就是保持。一种观点认为,观念是完整地被保持的,与之相比,并没有更多的证据支持观念是黯淡地、支离破碎地被保持的。这种理论基于一种机械的和空间的类比,它是不成立的。首先,观念从来就不是独立的、分离的存在;它是心智的功能;也就是说,它是心智的一种特定的行为模式或者思考方式。当心智转移到一种新的行为模式中,这种观念的存在相应地就停止了。其次,如果"痕迹"意指原始观念残留的或减弱了的复制,那么既然观念不是独立的事物,它就不可能在其后留下一个分离的"痕迹"。相反,如果这个词并不是用来代表观念转移时留下的任何见证它曾经存在过的证据,那么我们就没有理由反对它的使用。

保持的同义词

所谓保留,就是观念在心智中产生的效果($effect$)。观念不是一个虚无的存在,它给予心智在一定方向上特定的预设或倾向。有多个词条被用来描述这一效果的特征。其中一个就是"素质"($disposition$),这是一种倾向,在未来产生出相同内容的倾向。这个名词的功能是用来描述:保持存在于心智结构的变化之中,而这种变化影响着心智功能行使的方式。一些心理学家用"动力性联合"($dynamical\ association$)这个词来表达同样的意思,寓指任何观念的结果不是静态地存在于心智之中,而是心智沿着特定的轨迹运行时表现出来的一种积极倾向。无论使用什么词汇,所有的词条都描述了同样的一件事,那就是,对那些存在于无意识之中的、晦暗的先前经验的复制保存并不能实现心智的成长。心智的发展是这样一个过程:心智在每一次经验中都同化一些内容,通过这种方式,心智发展了自己;在以后的行为中,它才能拥有一个更清晰的行为模式可以利用,这个模式可以支持更多内容的要求。这是心理学对保持的解释。必须要说明的是,我们不应该在分子水平上来解释保持,即保持不是对某种早先的分子运动方式的模拟;保持是神经系统中的结构变化,这种变化是为了应对未来刺激的反应要求。通过这种变化,心智获得更复杂的方式活动,而其中所包含的元素是来源于先前的运动。

第4章注释

关于观念联合的文献很多。这一理论从休谟、哈特莱时代起,就已经成为英国经院心理学的基础;另一方面,德国心理学则遵循赫尔巴特的理论。以下提及的参考文献可以作为研究这一主题的线索:布朗:《心灵哲学》,第二卷,第211—325页;汉密尔顿:《形而上学》,第三十一和三十二讲;波特:《人类的智力》,第269—299页;贝恩:《感觉和智力》各处,特别是第355—369、463—498和第559—623页;萨利:《心理学》,第233—275页;斯宾塞:《心理学原理》,第一卷,第228—271页;罗伯逊:《大不列颠百科全书》第九版;布拉德利:《逻辑学原理》,第273—321页(批评和建议都很有价值);默里:《心理学手册》,第75—104页;霍奇森:《反映的哲学》,第一卷,第273—287页,关于再统合的部分见他的《时间与空间》第256—295页;关于对比,可参见詹姆斯极有价值的文章:《大众科学月刊》中的《观念的联合》,以及《思想哲学通讯》中的《动物与人的智力》。一般理论论述见Ferri:《联合心理学》。关于赫尔巴特的理论,见赫尔巴特的《心理学教程》,第一部分,第三章;福尔克曼:《心理学教科书》,第一卷,第338—371页;德罗比施:《数学心理学》、《实验心理学》第82—133页;席林:《心理学》,第二十二节及以后内容;施泰因塔尔:《心理语言学导论》,第115—163页;其他来自德国的观点有,洛采:《微观世界》(译文),第193—219页,《心理学提纲》(译文),第28—39页,《形而上学》(译文),第456—470页;乌尔里齐:《身体与心灵》,第二卷,第二部分,第232—269页;霍维茨:《心理分析》,第一卷,第315—331页;Glogau:《心理学概要》,第三部分。有关实验研究可参阅高尔顿的《人类的才智》;冯特:《生理心理学原理》,第二卷,第291—317页,《逻辑》,第一卷,第11—23页,《哲学研究》,第一卷,第213页及其后内容;斯特里克:《联合概念研究》。关于习惯的文献多见于前面的参考文献,另外还有墨菲的《习惯与智力》;拉德斯托克的《教育中的习惯》;霍维茨(同前),第一卷,第357—368页;以及罗森克兰茨的《心理学》第157—163页。

注意及其相关活动可参考汉密尔顿(同前),第十四讲;萨利(同前),第四章;萨利的《心智》第五卷,第489页中的"对比";默里(同前),第105—108页;卡朋特:《精神心理学》,第三章;费里尔:《大脑的功能》,第284—288页(关于可能的生理基础);莫兹利:《心理生理学》,第312—

321页;冯特:《生理心理学原理》,第二卷,第205—212页;洛采:《医学心理学》第506页及其后内容,《心理学纲要》第40—46页和《形而上学》第470—480页;施奈德,在《分辨》中有关注意的分辨活动的专题讨论;霍维茨(同前),第一卷,第226—234页;乌尔里齐(同前),第一卷,第二部分,第15—44页;还可参阅布拉德利在《心智》1886年7月号上的文章。

关于作为一个整体的统觉特征的特别讨论,参考 Staude 在《哲学研究》第一卷,第149页中的"心理交换中的统觉概念";福尔克曼(同前),第二卷,第175—211页;冯特(同前),第二卷,第219—290页,以及《逻辑》第一卷,第30—65页;拉扎勒斯:《身体与心灵》第二卷,第41—58页、第251—275页和其他地方;施泰因塔尔(同前),第166—262页。关于在时间关系中的统觉研究,可以在 Friedrch、Tchisch、Cattell 及其他人的文献中找到,包括冯特的《哲学研究》。

关于这个问题的教育学方面的意义,参阅兰格:《统觉》;沃斯曼:《兴趣》;Ziller:《普通教育学》(简单统觉,第212—243页;复杂,第243—266页;无意注意,第266—289页;有意注意,第290—314页);德金姆帕斯:《教育》,第101—118页;Thring:《教学的理论与实践》,第165—176页;佩雷:《儿童期的头三年》(注意,第110—120页;联合,第131—146页);Frohlich:《科学教育学》,第87—128页;贝内克:《教育学原理》,第86—118页;拉德斯托克(同前);以及 Lederer 的《习惯方法》。

第四章 知识的形成过程

第五章 知识的发展阶段：知觉

I 作为自我发展的知识

我们已经完成了原始材料以及知识形成过程的讨论,接下来我们将继续讨论一些具体的事实——原始材料被加工后形成的结果。这些事实可以用两种方式来进行排序:按照心理学的意义排序,或者按照时间顺序排序。后一种方式是以婴儿最早出现的心理活动为起点,其他内容按照年龄或者成熟水平依次排序。前一种方式则考察每一种心理事实所包含的规则,并按照所涉及规则的复杂程度对事实进行排序。这两种方式并不互相抵触。事实上,智力活动的发展顺序大体上与其中包含的规则的复杂程度相对应。然而,完全按照时间进行排序会造成不必要的混乱与重复。所以,我们将按照内在的心理学的依据来排序。

心理学的序列

对这个问题的陈述可以有多种方式。我们可以说智力开始于外在的、极少表征的状态,向着内在的(*internal*)和最大限度象征性的(*symbolic*)方向发展。也就是说,可能存在这样一个阶段,在其中,感觉几乎没有经过任何转换;与其他阶段相比,它们的存在几乎只能代表它们自己。在这个维度上的另一个极端,也存在一个阶段,感觉的实际存在与它们所代表的或所表征的对象相比,它们自己的价值已经显得微不足道。增加了象征性就增加了意义;这是由于观念化的过程使然。我们也可以说,知识的发展就是观念化(*idealization*)的意义从少到多的增加过程。既然意义存在于关系之中,我们还可以说,知识的增长可以用关系涉及的范围的大小来衡量。每一次阶段性的发展都是关系发展到了一个新的、更广阔的领域。这三种描述模式可以这样总结:智力是一个实现其自身的过程;当新的关系被发展起来,新的意义被赋予了它的产物时,智力自己也就形成了。

知识是一个进步的过程

如前所述,知识的形成过程包括多个阶段。个体并不是一生下来就具有了一个现成的自我,他的心理存在是一个逐步实现的过程。因此,知识形成过程的各种形式要通过智力所达到的普遍性或实现性程度来界定。这就是所谓知识的门类(faculty),它不是指心智的不同能力,而是显示了心智发展的不同层次。这些"门类"分别是知觉(Perception)、记忆(Memory)、想象(Imagination)、思维(Thinking)、直觉(Intuition)或者叫自我意识(Self-Consciousness)。

知觉与其他阶段的关系

在心理学中已经形成了一种理论,即每一个独立的客体都是以完整的形式印刻到心智中,而无需心智的组织化加工。正是这个过程,即知觉,使我们获得关于实在的知识。从这一理论出发,心智的活动只在于对这些整体印象的组合与分离,其结果或多或少地是对自然本性的人为改造,这与我们在知觉中已经了解的明显的现实产生了分歧。这一理论陷入了一个双重错误之中。首先,知觉或对特定事物的认识不是一个被动的被印刻的行为,它包含对各种经验的主动的整合。它是一个尽可能丰富、尽可能充分的经验之后的延伸过程。科学观察就是这样一种例证。心智并不是被动地等待感觉作用于它,而是主动地去搜寻感觉,并修正原有的内容。各种可能条件下的科学实验都是为了获得新感觉。其次,诸如想象、思维等过程都不是对知觉的机械加工,它们是知觉的转化和丰富,这个过程中,它们都遵循了同样的法则:最大限度地满足意义整合的需求。思维发掘出知觉中的潜在元素,用这种方式,思维实现了知觉的转化,从而完善了知觉。

II 知觉

定义

知识最初始的和发展水平最低的形式,也是最特殊的形式,就是知觉。知觉因此可以定义为:关于真实呈现的特定事物或事件的知识。在平常的表述方式中,心智的理解活动的对象是"感觉的世界"。这是知识中最低级的一个阶段,它只包含了对感觉的最简单的初级转化,由看见的、听见的、接触到的、尝到的等内容构成。在解释知觉过程之前,我们应该先分析知觉领域的主要特征,目的是明确我们要解释的这个问题到底是什么。

1. 知觉的问题

知觉对象的世界具有如下特征:1)它是一种非我的存在(not ourselves);2)它由特殊的、独立的事或物构成;3)凡是被知觉的对象,都是存在于空间中的。

① 知觉的对象世界,以及所有构成它的事物都是与自我相对立的。这个世界独立于心智之外;心智仅仅是打开它的感觉器官,让这个世界的信息进入意识。它是一个外在的世界,而心智则是纯粹内在的。观念的系列在心智中如走马灯一样轮流变换,但这并不会导致对象本身的变化。所有在对象世界中的存在和变化都遵循物理的规律,它们独立于心

智之外。知觉与思维相反。后者是主观的,它的存在依赖于智力。前者是客观的,其存在与智力无关。被知觉到的世界和自我之间的关系也是如此,两者泾渭分明。在知觉过程中,非我与自我是完全分离的。

② 与自我相对的知觉的对象世界由独特的、具体的事物构成。当我睁开眼睛,便察觉到了房间,在房间里有椅子、桌子、书本、图画等等。这些都是相互独立的事物。当我们的知觉覆盖了所有这些对象,我们便拥有了整个世界。每一个对象都是独立地呈现在我们面前的,它们彼此之间没有必然的联系,其中一个对象可能会包含别的对象,比如桌子在房间里;或者它们彼此靠近,比如椅子在桌子旁边;但这种联系纯粹是偶然性的。即使这张桌子是在室外,在一棵树下,它仍然只是一张桌子。

③ 知觉的对象世界是当前的(*present*)世界;也就是说它们存在于空间之中。这个特征使它与记忆相区别,它们对自我都具有同样的意义,并且同样是由独特的元素构成。但记忆是过去的世界,或者说,它是存在于时间之中的。每一个知觉对象都以空间关系与其他对象相联系,这种联系或者是两个相互独立的整体之间的关系,或者是一个整体的不同构成部分之间的关系。

2. 问题的解决

如前所述,心理学必须回答这样一个问题:感觉元素以及构成知识的其他原始素材等内容是如何通过统觉和保持过程被转化成空间世界中相互独立的事物的。在对这个问题作出正确的回答之前,我们应该排除一些不正确的假设。

不正确的解释

这个问题不能仅仅从外部世界的存在的角度来解释。外部世界的存在是独立的,个体心智对它的认识绝不会左右它的独立性,相反,心智却受它的影响。但经知觉而获得的世界又不仅仅是一个存在的世界,它因为个体的意识而存在,它是一个被认识到的世界;而知识是一个智力过程,不是存在的事物。需要被解释的事实是关于知识的,仅仅用对象的存在不能满足这种要求。但也许可以假设对象作用于心智的影响,也就是感觉可以用来解释知识。这依然是一个误解。感觉仅仅是意识的一种主观状态,它们并不会超出它们自身的领域。它们并不能告诉我们任何关于自我与非我、对象与空间的信息。总之,感觉必须经过智力的解释和转换。

正确的解释

世界以知觉的形式呈现于心智之前,这种呈现只能从认识过程的角度来解释。认识过程植根于心智活动,心智活动不单单拥有感觉,它还控制着它们,指导着感觉的方向。心智通过联想和注意主动地与感觉产生联系。心智的统觉活动把感觉素材转换成为:1)具体的独立对象;2)在空间中的存在;3)外在于我们而存在。我们现在就从以上这几个方面来研究这种转换的意义。

(1) 具体的独立对象

这个问题已经被多次讨论过,我们可以很快地略过。我们以形成一棵树的知觉为例,人实际上获得的初始素材是对光的感觉,以及眼球转动的肌肉感觉。这些感觉首先必须通过同时性联合被叠加起来,或者被融合,才能反映一个对象。这些感觉还必须再整合过去的关于一棵树的知觉中的其他感觉元素,诸如视觉,触觉,或者其他可能的感觉,过去的感觉内容必须被吸收到当前的内容之中。但这时还未形成关于树的知觉;这时形成的只是一些叠加在一起的感觉。注意必须介入这一过程,对它们进行解释、辨别和合并,使这些感觉转换成为关于树的清晰的意义。

知觉的对象

知觉对象的特征来源于智力活动的合并与区分,即是说,是智力活动使它成为独特的、明确的对象。知觉可以被定义为这样一种活动,在所有从同一个对象上可能获得的经验中,当前的感觉素材被当作另一些感觉的象征或符号;它们都与某一个完整的意义相联系而被合并,并且因此被赋予了意义;同时也因为与具有不同意义的所有其他心理内容相区分而具有了明确性。知觉对象的统一揭示了这样一个事实,即知觉对象是被心智作为一个整体而把握的;而它独特的特征也反映了另一个事实:同样是心智的活动,却是与其他的心智活动有区别的。总之,所谓客体就是智力的客观化的解释性活动。

(2)在空间中的存在

所有被知觉的对象都是存在于空间之中的,都具有特定的位置。在触觉与视觉中,这一关系体现得尤为显著,形成空间知觉的线索主要来源于触觉和视觉。其原因有二:一是因为这两种感觉器官都拥有非常广泛的神经末梢分布,能够接受同时性刺激;第二,这两种感觉器官与肌肉感觉有最密切的联系。当然,仅仅表现出同时性感觉并不一定代表着是对空间共存的知觉。心智必须能认识到它们之间的区分,并对其中的空间关系进行解释。"部位记号"(第58页)的功能就是避免这种混淆,智力通过把它与肌肉感觉相联系,把位置感转换成空间序列。

肌肉感觉的重要性

不能活动的感觉器官对空间知觉的形成不会有帮助,它们只产生感觉。只有能够活动的感觉器官才能形成完整而准确的空间知觉。因此,通常的感觉,比如嗅觉和听觉,只能提供相对较少的空间知识,而视觉和触觉在空间感中则异常重要。所以,分辨力最强的触觉器官是指尖和舌头,也是活动能力最强的部分。可以这么说,关于空间关系的知觉是这样形成的:肌肉感觉与其他感觉联合,再经历了心智的统觉活动的转化。要解释这种联合,有两个关键必须要考虑到:第一,与运动相伴的肌肉感觉对触觉和视觉的限制过程;第二,触觉和视觉等感觉成为肌肉感觉的象征的过程,经过这个过程,即使没有真实的运动,也能形成明确的知觉。

接触知觉

当一个成年人把手放在一个物体的表面,他只能获得非常模糊的关于空间关系的知觉,他必须四处摸索才能获得对象的清晰的轮廓印象。而对于婴儿来说,他们甚至获得模糊的知觉的能力都没有。所以触觉成为运动的象征经历了一个发展的过程。一开始,儿童在摸索特定对象时,分别获得了肌肉感觉和触觉感觉。正是局部信号的元素,将每种触觉与所有其他感觉相区分,这些元素也是我们特别关注的内容;问题的关键在于从运动和局部感觉联合的角度了解关于大小、形式、方向和距离等的空间知觉是如何形成的。

运动和局部元素的联合

对一个婴儿来说,当他的手接触到一个物体时,他会同时接收到大量的感觉信息,每一种都有它自己独特的局部信号,因而互相区分。因此,他所获得的只是一系列不同性质的感觉的组合,而不是关于某一对象的知觉。这种状态甚至不是针对某一个独立的局部的知觉,因为对某一局部形成知觉的前提是明确它的位置,并把它与其他部位作对照,从而获得它们之间的关系。随着手的移动,这些感觉会产生一些固定的联合。所以,需要足够的运动,才能产生足够的肌肉感觉,这些肌肉感觉最终将转化成为身体上的局部信号,比如说,从拇指到小指的局部信号。在任意两个局部信号之间,肌肉感觉的距离与方向都不一样。刺激从小指移动到拇指,与从拇指移动到手腕,分别有不同的感觉。因此,肌肉感觉把一个个孤立的局部信号联系起来,形成距离和方向的标记。在手上,实际上是全身的每一个点都与其他点相对应,并因此而具有了清晰的定位或序列。它们之间的对应关系是以肌肉感觉的变化为中介的,从一个局部信号转移到另一个。肌肉感觉会相应地发生变化,这种变化确定了两点之间的联系。

没有运动的知觉

运动感和局部信号之间的联合是如此紧密和强烈，正如其他形式的联合一样，其中一个元素能够代表另一个，呈现其中一个就能唤起另一个。这种联合的结果是，手可能完全没有移动，心智只获得一些孤立的触觉，这些触觉就能激发起在过去经验中与之相联合的肌肉感觉，因此心智仅仅通过象征性表征就获得了对各接触点之间的距离与方向关系的认识。

视知觉

关于视知觉，有两个问题是我们必须要讨论的：视觉是如何成为触觉的代表的，以及同时性视觉元素之间是如何通过象征彼此而形成空间关系的标志的。

从根本上说，视知觉是基于触觉的，至少在一定形式中，空间视知觉是表征性的，并根植于心智中的触知觉结果。当我们意识到一个物体与我们之间的距离时，其真实的意义是，我们要能接触到它相应的肌肉感觉有多少；而物体的轮廓实际上是，当我们的手抚摸它表面时，会有什么样的肌肉感觉和局部感觉，如此等等。最早提出这一理论的人是贝克莱主教（Bishop Berkeley）。根据这一理论，空间关系并不是直接由眼睛感受到的，而是视觉与先前经验中的肌肉感觉和触觉联合的结果。肌肉感觉与触觉已经形成了空间关系的标志，其过程已经在前面介绍过了。当它们与视觉联合时，这种标志性也相应地转变为视觉法则，在没有真实的肌肉感觉和触觉时，视觉也能和它们形成再统觉。因此，成年人不用手也能"看"到触摸的感觉。视觉几乎可以同时唤起与它相联系的触知觉。正因为这样，个体才能够从他所有过去的经验中获得知觉的便利，而不需每次都去重复同一些探索。比如在这个例子中，他不需要实际地去触摸那个对象。

支持该理论的证据

关于空间的视知觉是获得性的,这一理论的证据来源于对婴儿的观察以及对恢复视觉后的先天盲人的观察。儿童企图伸手去抓月亮,因为抓不到而郁闷地哭泣,这说明了这时儿童的空间视知觉是不完善的,因为它还没有和肌肉感觉联合,他不能正确地判断距离。先天的盲人,当他刚刚恢复视力时,对物体距离、形状、大小等都不能形成正确的观念,他必须靠近它,摸到它,才能对它形成准确的认识。他们以触摸的方式来看物体,有人甚至报告,当他看到一个物体时,仿佛它接触到了自己的眼睛,就像触摸到一个对象时,在自己皮肤上留下的感受一样。他们不认为绘画是真实的空间关系的写照,而只是一个平面上的一些色彩而已。当这些人最终能够理解绘画的透视意义之后,他们仍然要用手去触摸它,并希望能触摸到实际投射的前景。也就是说,他们通过学习最终认识到了这样一个事实:他们看到的物体并不是真正地触摸到了他们的眼睛;他们会认为他们所看到的所有对象,比如人脸上的五官,都是处在同一个平面上的,而当他们摸到眼睛是陷入的、鼻子是凸出的时候,会感到诧异。仅仅依靠眼睛看,他们不能区分棍子与球、猫与狗。因此,我们可以下这样的结论:单单由视觉形成的空间辨识知觉,实际上是过去经验中视觉与触觉联合的结果,这种经常的联合使得视觉最终完全地代表了触觉,替代了触觉的空间知觉功能。然而,我们也不能否认,视觉本身也能形成一个整体的却是模糊的、原始的空间知觉,只有它与其他知觉联合,这个模糊的空间知觉才趋于清晰。

视知觉的特点

我们现在假设这种视知觉与触知觉的联合已经形成,需要继续探讨的是,各种视感觉是如何被联结起来,从而形成了空间识别的象征。

我们将从这样几个方面来讨论这个问题：1) 方向；2) 距离；3) 尺度。

① 方向。在过去的一段时间里，方向被认为是感觉自身的构成元素之一。视网膜的兴奋总是由具有特定方向性的光线引起的，所以视觉无意识地反映了刺激的方向性特征。现在看来，把方向性元素看作是心智活动的结果是明智的，心智通过对感觉的解释而产生了方向感。这些感觉首先告诉我们头的位置以及眼睛在头上的位置。每一个对象都通过与我们身体的相对位置而获得了稳定的位置。其次，我们还具有了关于头和眼睛移动的感觉，这种移动可以保证被观察对象始终处于视野中最清晰的那一点。眼球上下左右的转动伴随着肌肉感觉，这些肌肉感觉形成了在与身体平面垂直的方向上观察物体时的方向变化的标志（这些肌肉感觉形成了观察不同方向的物体时的方向感，这是与身体平面垂直的方向相对照而产生的）。

方向知觉的规律

肌肉感觉与方向感之间的联合被固定下来以后，就不必再转动眼球去探索物体的方向了。由于这种过去已经形成的联合，使得产生感觉的部位在视网膜上的位置被换算成将影像移动到黄斑所必须的运动量，而这种运动量反映了对象的方向。通过这种方式，即使在没有实际发生运动的情况下，我们也获得了方向感。所以，方向知觉的法则是：物体的方向感觉是由接受光刺激的视网膜的部分决定的，而不是由物体的实际位置决定。因此，如果我们人为地让光线不通过瞳孔而从侧面刺激到视网膜的中心，那么在视觉中，我们看到的将是物体在我们正前方而不是在侧面。这就是方向感的一般规律。这是因为在过去经验中，我们已经形成了方向感与视网膜上的感受部分之间的联合。这个规则还能解释为什么在视网膜上的影像是倒立的，但我们看到的物体却是正立的。单纯的感觉位置只有通过过去已经形成的联合才能形成知觉，否则它并不包含任何意义。在这个例子中，视网膜上部的感觉与视野中物体的下部联合了,所以我们能把颠倒的影像纠正过来。这种联合显然是通过触觉形成的。

② 距离。距离的含义包括:一个物体作为一个完整的对象到人的眼睛之间的距离,以及一个物体的一部分到另一部分之间的相对距离。比如,深度或几何尺寸等。我们的研究首先从单眼视觉开始。由一只眼睛提供的距离感是很有限的,并且非常不准确,除了运动之外,还有数条提供距离感的线索。第一,视网膜上的影像或模糊或清晰是距离远近的标志之一。来自较远的物体的光线较少地到达眼睛,所以它在视网膜上形成的影像也比较模糊。任何提高感觉强度的事或物,比如空气非常清澈,都会使人估计的距离比实际的短。眼睛调节肌的紧张度是另一个距离感线索,当看近距离对象时,眼肌紧张,产生的肌肉觉强烈。物体之间的遮挡关系是距离估计的第三个线索,近距离的物体会遮挡住远距离的物体。所谓的平行移动是第四条线索。当我们自己在移动时,不同距离的物体看起来都在做不同速度的相对运动,越近的物体,它的相对运动速度越快。如果一个物体的绝对尺寸是已知的,它看起来的尺寸大小是估计距离的又一个依据。如果我们看到一个人像一个黑点一般大小,我们知道距离一定很远。望远镜因为放大了影像,所以似乎缩短了距离。

眼睛的移动

以上所有的线索结合起来形成的距离知觉,也是不完全的。要获得完全的距离知觉,眼睛的移动是非常必要的。特别是,我们在这里要谈到的双眼的协同运动尤为重要。仅仅通过一只眼睛来判断距离是很困难的。我们只要尝试一下闭上一只眼睛来穿针,就可以了解这一点。单眼视觉在识别立体时常常被欺骗,同样在针对浮雕的知觉,甚至对于绘画的知觉中也是一样。同样,一只眼睛对距离的判断不是即时性的,我们必须前后左右地移动视点,把以上各个零碎的线索组合起来才能形成距离知觉。而双眼视觉形成三维空间知觉却是准确、详细且是瞬间完成的。就像在闪光的例子中看到的那样,在瞬时性的闪光中,我们也能形成立体知觉。

双眼视觉优越性的原因

双眼视觉的优越性根本上缘于这样一个事实:使两眼汇聚于一个物体的肌肉感觉是估计距离的主要线索。物体的距离越远,两眼的汇聚程度越低,相应的肌肉感觉越弱。当距离非常远时,两眼的视线接近于平行。两眼的汇聚程度不同,标志着观察物体的不同距离。如果我们注视物体的不同部位时,两眼的汇聚程度相应地变化,那么我们会把这个物体识别为三维立体的物体;如果我们注视物体表面不同的点时,汇聚的肌肉感觉始终是不变的,说明我们看到的物体是一个平面。

即时性知觉

这并不是指我们只需要一个动作就可以知觉到不同的距离或产生立体知觉。要产生三维知觉,两眼不断汇聚于不同的点是必须的。即时性知觉的形成是由于先前的肌肉感觉与纯粹的视觉之间的联合,当这种联合形成后,视觉因而变得强有力,因而有能力代替肌肉感觉。当双眼注视着一个三维立体的物体时,两眼分别接收到的影像是不同的;右眼看到的物体的右侧更多一些,左眼看到物体的左侧更多一些;如果对象是一个平面物体,两眼中的影像就不会不同。正是由于两眼视野的差别使我们能产生立体感,这时这种立体感并不需要以两眼的不同汇聚程度来作为依据。以下的事实可以说明这一现象,比如我们观察月亮,由于它距我们太远,它在我们两只眼中形成的影像都是一样的,所以看起来它是平坦的;而一个近处的物体,一个较小的球体,比如灯泡,我们却能知觉到它弯曲的表面。

直接的证据

深度知觉依赖于两眼视网膜形成的感觉的差异,立体镜实验是证明这一事实的直接证据。立体镜中有两幅略有差别的图画,它们分别是由两台相机拍摄的画面,分别对应于从两个不同的位置观察同一个物体时的视觉效果。通过一组折光镜片,使我们每只眼睛分别看见一幅画面,于是,我们创造了与通常我们形成立体知觉完全一样的条件,其结果奇迹般地证实了我们的理论。通过立体镜看起来,画面上的景物不再是一个平面,而是凸显成立体的了。这是支持我们的理论的最充分的证据:深度知觉依赖于两眼视网膜上影像的差异。

视野

当一个空间领域被当作一个整体而被知觉到时,其中的距离关系的来源有二:一是来源于对象与自己身体之间的相对位置;二是来源于对象之间的互相参照。实际上,正是对象之间的这种相互参照使知觉趋于完善并更加精确。在这种互相参照的关系中,尺寸、方向、光的分布以及阴影等特征是决定性因素。一个物体出现在视野中,如果没有这些因素伴随,它就显得非常不完整,即使前面提到的那些线索都存在也是这样。下面这样一个现象可以说明这一点,比如,在一片浓郁的黑暗中,一列火车向我们驶来,我们仅仅能看到机车的头灯,而四周却是一片漆黑。这时,你会发现,你根本无法判断列车的距离,以及它与其他事物的相对位置。如果有一点光线把周围的景物照亮一点,机车的位置立刻就准确地显现出来了。所有的空间知觉都是相对的。我们只有把一个对象与其他对象相联系,才能对它进行定位。

③ 尺度。原则上,决定尺度的原始素材是感觉的数量。物体尺度越大,它刺激视网膜的范围也越大。当然,这个比例的前提是距离相等的情况。一个近处的别针刺激视网膜的范围可能要比远处一棵树刺激的范围更大。只有在物体的距离已知的条件下,感觉的数量才能有效地

反映物体的大小。因此,任何影响我们判断距离的因素都会影响我们对大小的知觉。一个人的身形在雾中看起来会显得更大一些,因为雾使得他的形象模糊不清,因此会使我们倾向于过高地估计他的距离;当他在我们的视网膜上形成的影像大小不变时,我们对他的身材的估计就被夸大了。许多大小错觉都是由类似原因引起的。所有对大小尺度判断的偏差都是因为没有恰当的参照物。形状(form)知觉与大小知觉相伴随,形状就是大小范围的轮廓。

(3) 外在于我们而存在

前面我们已经解释了在空间关系中特定对象的知觉的形成过程,接下来我们要说明的事实是,这种知觉与自我形成对照并且以与自我相对的形式存在。实际上,我们在前面的内容中已经涉及了这个问题。感觉是从空间中突现出来的。它们被合并、被客观化,通过这种方式,它们成为非我的存在。空间是外在于自我的,因此空间中的所有存在都被认为是外在于自我的。然而,为什么我们要对外在于我们的、存在于空间中的对象形成知觉,这个问题依然没有得到解答。我们只是说明了是以什么感觉作为基础来形成空间关系的知觉。而没有触及这样的问题:为什么知觉让它自己以外在的空间形式的方式存在。这个问题等价于另一个问题:为什么智力活动要在自我与非我之间作出区分?

作为辨别的知觉

为了回答这个问题,可以这么说,把空间中的对象与自我进行分离,对于普遍性的心智活动而言,和辨别性(distinguishing)活动一样,都是心智活动进行自我调节的一种基本形式。在知觉过程中,这种辨识因素的重要性超过了合并。心智的合并功能体现在这样一些事实中:特别的对象总是被这样那样地同一化;所有的对象都被看作是一元世界的构成,而与它们相对应的观念都指向一元的自我。然而,辨别功能的优势则体现在另一些事实中,即每一个对象都与其他对象相区分,它们都和自我相区分。空间的存在显示了这一点。空间中每一部位都外在于其他任一点,而空间本身作为一个整体,也是完全外在于、独立于心智的。正是智力区分活动的极端形式导致了在知觉中完全的自我外在化(*self-externalization*)。自我与非我在知觉中的对立,正是这样一些阶段之一。在这些阶段中,构成所有知识的本质的元素,即关系显现出来了。

作为分辨力的意志

原则上在客体与自我之间做出分离的主体是意志。前面已经指出,关于空间关系的知觉的形成离不开肌肉感觉;而肌肉感觉从根本上是起源于意志指导下的运动。非自主肌肉与空间知觉没有联系。此外,还要注意的是,正是肌肉感觉和视觉以及触觉之间的联系,被我们用来进行这样的判断:是否任何感觉都是主观的,或者都指向一个对象的。无论何时,肌肉感觉都不能与其他感觉分解,我们不把这种感觉指向某个具体事物,也就是说,它是不能被具体化的,否则,我们一定会把它具体化。例如,如果我似乎看见墙上有一个红点,但我不能确定墙上是不是真有一个红点,或者它只是我的一种机体效应。如果我想要判断这个感受的真伪,我可以转动我的头和眼睛。如果这个"点"随着我的肌肉感觉的变化而变化,那么我们可以断定这个点只是一个幻觉。如果这个点的位置在墙上保持稳定,它的位置与肌肉感觉的变化没有联系,那么它就是一个客观对象。如果没有意志来引发这些运动,就没有理由让我们相信,我们会在指向对象的客观感觉与指向器官的主观感觉之间做出区分。正是在意志指导下的主动尝试过程使婴儿开始区分自我与非我。

知觉的本质

知觉作为一个整体,是知识中的一个阶段。它的区分或辨别功能,更强于同一化或合并功能。知识的目标是实现完全区分的或独立的元素的彻底统一,所以,知觉不是知识的最后阶段。同一性关系是被吸收到并包裹于知觉之中的,它把对象相互联结起来,把对象与自我联结起来。它经过进一步发展,最终进入了意识。在下一阶段,也就是记忆中,同一性关系的发展更加显著;在记忆中,关系把对象相互联结成序列,在对象与自我之间形成稳定的连接,因而使它在意识中拥有了清晰的存在。也就是说,正是通过把事件相互联结起来,把事件与自我联系起来,时间关系才得到了发展。

第 5 章注释

我们的参考文献从关于知觉的一般主题开始,然后过渡到关于空间知觉的特别讨论。至少从心理学的角度来看,这里的文献是丰富而有价值的。沃德:《大不列颠百科全书》之"心理学"条目;汉密尔顿:《形而上学》,第二十一讲和第二十六讲;波特:《人类的智力》,第 119—247 页;莫雷尔:《心理学原理》,第 124—166 页;萨利:《心理学》,第六章;贝恩:《感觉与智力》,第 369—402 页;贾丁(Jardine):《认知心理学原理》,第 17—148 页;斯宾塞:《心理学原理》,第二卷,第 131—177 页;赫尔姆霍茨:《知觉中的现象》;斯坦(Von Stein):《知觉》;赛吉(Sergi):《知觉的生理基础》。

视知觉值得我们做最详尽的研究,因为心理学和实验心理学关于它的研究远远比对其他问题的研究要多;因为它与空间知觉有如此密切的联系,还因为许多广义的心理学问题,甚至哲学问题都把它视为中心问题。毫无疑问,它是目前心理学中最重要的研究主题。我们的参考文献比通常的更丰富。贝克莱:《视觉新论》;米尔:《专题讨论》,第二卷,第 162 页及其后内容;布朗:《心灵哲学》,第二卷,第 96—121 页;阿波特:《视觉和触觉》;莫克:《空间与视觉》;孔德(Le Conte):《视觉》;克拉克:《视觉》(视幻觉);卡朋特:《精神心理学》,第 176—209 页;福斯特:《心理学教材》,第 552—571 页;伯恩斯坦:《人的五种感觉》,第 137—163 页;萨利:《心智》,第三卷,第 1 页和第 167 页;赫尔姆霍茨:《光学心理学》

(一般理论,第 561—594 页;单眼视觉,第 681—876 页;双眼视觉,第 877—963 页),和《科学研究论文》第二卷,第 299—500 页;冯特:《视知觉书稿》,第 1—65 页和第 145—170 页;《总论》第一卷,第 234 页及其后内容,以及《生理心理学大纲》第二卷,第 61—160 页;亨曼:《视觉心理学手册》,第一部分,第 343—600 页;利普斯:《心理学研究》(前三篇);于贝霍斯特(Uberhorst):《相貌知觉发生史》;克拉森(Classen):《外貌感觉心理学》和《视觉障碍的最终处理方法》;内格尔(Nagel):《双眼视觉》;科尼利厄斯(Cornelius):《视觉理论》;帕努姆(Panum):《视觉》;施莱顿:《外貌识别理论》;赫林(Hering):《生理学文稿》(反驳赫尔姆霍茨的观点)。

大多数前面的内容都已经包含了空间知觉,更多的资料还有:汉密尔顿(同前),第二十八讲;米尔:《验证汉密尔顿》,第十三章;霍尔:《心智》,第三卷第 433 页中的"肌肉的空间知觉";蒙哥马利(Montgomery):《心智》,第十卷,第 227、377 和 512 页的"空间与触觉";里博:《当代德国心理学》,第五章;赫尔姆霍茨:《光学心理学》,第 999—1028 页;洛采:《哲学周刊》,第四卷(关于部位记号);萨利:《心理学》,第 173—194 页;默里:《心理学手册》,第 159—182 页;斯宾塞(同前),第二卷,第 178—206 页;马哈菲(Mahaffy):《凯尔德的哲学批判》,第一卷,第四章;詹姆斯和卡波特:《思维哲学通讯》,第十三卷,第 64 和 199 页;赫尔巴特:《行为》,第六卷,第 114 页及其后内容;福尔克曼:《心理学教科书》,第二卷,第 36—117 页;施特伦贝尔:《心理学大纲》,第 219—233 页;普莱尔:《儿童的心灵》附录 C;冯特(同前),第二卷,第 4—33 页和第 161—178 页,以及《哲学周刊》第六卷(关于洛采对部位记号理论的批判);韦伯,"空间感";以及关于整个主题的历史性的和批判性的讨论,见斯顿夫(Stumpf)的《原始空间表象的心理学研究》。

关于知觉教育,可以查阅大量的德国"教育类"文献。此外,还可以参阅佩雷:《儿童期的头三年》,第 32—43 页;扬雅恩:《心理学》,第 20—30 页;施内尔(Schnell):《观念》;Treuge:《观念教学》。

第六章 知识的发展阶段：记忆

记忆的定义

记忆是知识过程中比知觉更高一级的阶段,它可以被定义为:记忆是关于过去曾经出现过但当前不在面前的特定事物或事件的知识。在知觉中,知识局限于当前的(present)呈现对象,记忆则使知识超越了这一局限。严格意义上的知觉是没有过去或未来的。知觉仅仅局限于那些当下呈现在它面前的对象。那些过去曾经存在过的或将要出现的东西对它不会产生影响。记忆使知识的领域超越了当前。记忆中的知识领域是由过去曾经发生过的事实,或曾经存在过的事实构成的。总而言之,知觉的特征是空间关系,而记忆的特征则是时间关系。在这两个阶段中,知识仍然局限于在特定时间或特定地点的个别的事件或事物的存在。

1. 记忆的一般问题

心理学家一直在研究的问题是:我们的知识如何能够超越当前的即时经验,去反映那些曾经存在过的,也就是过去的经验。让我们首先排除一些不能解决这个问题的错误思路:1)这个问题不能仅仅理解为我们已经具有了某些过去经验,当需要的时候就把它们召回意识之中;2)观念联想的法则也不是解释这个问题的有效策略。

(1)

对记忆过程的理解可以类比于知觉过程。我们已经了解到,关于当前存在的对象的知识不能仅仅用它们自身的存在来解释。这种知识的形成是心智的建构性活动的结果;同样,关于过去存在的对象的知识不能仅仅用我们过去的经验来解释。记忆并不是一个被动的过程,过去经验不是自己原原本本地进入心智的。同样,在知觉过程中,当前经验也不是把它自己印刻于心智中。记忆是一个建构过程。实际上,记忆中包含的建构性活动比知觉过程中更多。在知觉过程中,在每一种情况下,对象总是存在于知觉之前,先有存在,后有对存在的理解。而在记忆中却不是这样,我们的过去经验已随时间而逝。直到心智重建它们,它们才拥有自己的存在。

记忆的对象是纯粹观念性的

记忆的对象是完全精神性的存在。因此记忆对象不是一个存在于空间中的物体,而只是一个心理的映象。我们知觉到的桌子是确实在空间中某个位置的存在。而我记忆中的桌子只是以映象的形式存在于心智之中。被知觉到的桌子是具体而真实的,而记忆中的桌子却不具备桌子的物理属性。关于红色的记忆不是红色本身,同样关于一朵玫瑰花的芬芳的记忆也不是花香本身。如前所述,虽然在所有的知识过程中都包含了观念化活动,但很显然,记忆中的观念化活动远远要比知觉中的更充分。记忆中的经验实际上是纯粹观念性的,它们仅仅作为智力的建构性活动的结果而存在。

错误的隐喻

许多关于记忆的隐喻,造成了对记忆的完全错误的理解。例如:记忆被比作为一个受伤后留下的疤痕。也就是说,每一次经历都会在心智中留下一道印记,而在以后仅仅因为触及这个印记,就会引起相应的记忆。这种疤痕的特征是:它是真实的。它是一个具体的存在,而不是观念的存在,不是意识中的存在。而另一方面,被回忆起来的那些体验本身已经不存在了。在记忆中留下疤痕的那把刀,并不实际存在于记忆中,而在知觉中。这个物体会作为一个真实的对象而存在。它可能一直存在,但这仅仅意味着它能被知觉,而不等同于它就是记忆。再者,回忆中的经验作为观念而存在。它自己存在于意识中。记忆的本质特征就是已经不再实际出现的物体或事件的观念化显现;但仅仅有过去的对象或事件曾经出现过这一事实,还不足以解释新的观念化的显现,尽管没有前者的出现就一定不会有后者的产生。

(2)

通常的看法是观念的联想法则加上过去经验,就可以解释关于记忆的诸多事实。我们曾经有过一些经验,这些经验以我们还不能解释的方式被存储到心智中,当另外一些经验发生时,会唤起那些被存储的经验,因而形成记忆。这些充当唤起功能的经验与先前存储的经验之间可能有某些相似之处,或者它们曾经在时间或空间上邻近。这种观点最多只能解释这个问题的一半。观念的联想只能解释事或物是如何呈现(presence)的。问题的另一半是当前的映象是如何反映过去的真实的。在记忆中,我们再认(re-cognize)过去的真实;即是说,我们知道它曾经是我们先前的经验元素。我们把映象置于过去经验的序列中,我们赋予它一种时间的关系;我们用它指称某些曾经被知觉到的对象。任何观念,无论它是如何进入心智的,都不能证实它自己过去曾经被经验过,或者在什么环境下它曾经被经验过。心智必须主动地去把握这些观念,并把它投射于时间之中,就像在知觉中,心智把握感觉并把它投射于空间之中一样。如果没有心智的这种投射活动,所有的一切观念都将一闪而过,智慧的范围就不可能延伸到过去的世界里。

(3)对这个问题的正确解答

记忆和知觉一样,是心智用特定的材料进行的一种主动的建构。记忆与知觉唯一的区别在于,两者都具有的转换过程在记忆中得到更进一步发展。在知觉中,感觉仅仅被转换为呈现对象的信号,我们是通过实际地将各种感觉彼此关联起来而体验到呈现的对象的。在记忆中,感觉被转换成经验的信号,这些经验是我们曾经拥有过的,并且如果我们能准确地再现有关条件,则有可能再度拥有这些经验。如果我知觉到美国总统,一些特定的视觉就能代表(represent)其他感觉器官可能提供(could present)给我的所有感觉,并且象征着一些我曾经拥有过的特定的过去经验,这一切使我能把当前获得的视觉信息理解为一个人,并且是一个特殊的人。如果我记住这些知觉,特定的观念就会显现出来成为材料(就像知觉中的某些感觉材料一样),代表着那些我曾经拥有的经验,而不是我现在通过尝试去拥有的经验。

包含在知觉中的记忆

因此,记忆是知觉的自然的衍生,过去的经验曾经真实地出现在知觉中而记忆把它们重新唤回,并让它们清晰地呈现于意识中。我们把过去经验映射到当前经验中,对当前经验进行解释,因此产生了知觉;在已形成的知觉中,过去经验完全被当前经验吸收而失去了它自己的呈现。当我们看见一个不认识的人时,这个知觉实际上包括了过去我们曾经看见过的所有人的经验,正是这些过去经验在当前的呈现材料中的呈现,使当前的呈现向我们指称了一个特定的人。实际上记忆所做的工作是:1)把被束缚在知觉中的某种经验解放出来,使它成为一种独立的观念存在;2)同时,记忆以它所代表或象征某种时间联系的方式来解释这种经验;3)并且,在经验的过程中,或者在被当作一个整体的观念的系列中让这种经验适得其所。

2. 记忆问题的元素

很明显地,和知觉问题一样,记忆问题中也有三个主要的元素:1)第一个元素与一个特定对象的存在相对应,它是心智中的一种观念化表象——或者是映象或者是观念——而不是一种真实的存在;2)第二个元素是这种映象对某种过去的现实的反映,是映象在时间中的投射,与知觉中的空间关系相对应;3)第三个元素则对应于自我与非我之间的区分。当前的自我与经验的序列,也就是观念的系列之间是有区别的,这种区别被我们当成一个整体元素。它表达了这样的关系:作为一个空间的世界,即一个知觉经验的世界,它与自我相对立;与之对应地,作为一个时间的世界,即呈现在记忆中的经验世界,无论它的存在是暂时性的还是永久性的,它都与当前的自我相区别。

(1)心智中记忆映象的显现

联想法则实际上能解释这个问题。任何内容,如果它与心智中现存的映象没有一点联系,它就不能被记起来。无论映象的列车驶出多远,在根本上,它总是离不开知觉的轨迹。知觉基于过去经验,通过观念化而获得了意义;通过这种方式,知觉观念性地($ideally$)把过去经验囊括进来。例如,在我关于一本书的知觉中,包括了所有我曾经知觉到的相似的书,以及那曾经与这些过去知觉到的书相邻近的对象。一个记忆映象的独立存在仅仅是一些包含在过去知觉中的元素的分解与释放。

释放的过程

有两种方式实现这种释放,其中之一在讨论继时性联想时已经提到过(第101页)。那些先前关于书的知觉中的一些因素很有可能与当前知觉中包含的内容完全不相容。它的尺寸、颜色、主题内容,以及更重要的是那些初始的与它相邻的空间环境等,都与当前的知觉相去太远,以至于要把它吸收到当前的知觉中,使它们建立同一性是非常困难的;而这两者的本质的相似性又迫使它与这些知觉一起进入意识。

映象结果

由于这种不相容,使过去经验从知觉中被释放出来,使它成为映象或观念的存在。如果它被吸收为知觉,则它将成为当前物体的指称,因而不再是观念性的存在,即不是以精神映象的方式存在。由于它不指称任何现实对象,这使得它可以以自己的方式存在,也就是说,独立地存在于心智中，或者以映象方式存在。如前面所说，每一个知觉都趋向于唤起一系列数量不定的映象，其数量与过去的相似特征的经验多少一样多，这些映象只在一些细节上是不相容的。事实的确如此。除了进入清晰的意识的映象之外，仔细的内省还会发现大量处于萌芽状态的、初级的映象，它们因为没有被注意到而被抑制了。这给我们展示了映象的观念化的第二条途径，这是一条与被知觉吸收不同的途径。

回忆

我们已经阐述过了联想法则产生映象的方式，但映象并不总是由联想法则提供的。在众多的观念中，心智可能对某一个观念表现出特别的兴趣（interest），并自动地将自身指向这一个观念的呈现。也就是说，注意的（attentive）活动和联想一样，与记忆相关。例如，假设我模糊地记得昨天我接受了一个心理学观念，现在我希望把它清晰地回忆起来。仅仅依靠联想法则被动地将它召回是不够的，因为各个心理学观念之间彼此都非常接近，仅仅靠观念的自发性联想，可能唤起其他任何内容。同样，直接、即时地将意志指向某个对象，把它唤起也是不可能的，因为此时心智并不知道它自己需要的是什么。所以，回忆的重点会限定于已知的与需要回忆的内容联想的那些元素，沿着这条方向既定的联想线索，最终能到达要回忆的观念本身。

举一个简单的例子，假设我想回忆起昨天我遇到的一个人的名字。我不能立刻有意地把它唤起，因为我并不知道这个名字到底是什么，而如果依靠任意的自由联想，可能会延伸到另外的方向上去；所以，我必须将注意集中于与这个人相关的环境，比如我遇见他的地点、那个引荐我俩的中间人等等，通过强调这些元素，我加强了它们与其他元素联想的力度，并且依靠它们自己的联合，最终唤起我想要的那个名字。这个过程把机械的联想活动引向一个特定的方向，并使它朝着希望的目标趋近，这个过程叫回忆（recollection）。它实际上是记忆的一种形式，它同时包括了注意与联想。仅仅只有联想的表象会出现在幻想、白日梦等活动中。梦的一个原则性特征就是：注意中止了，观念的列车仅仅由机械联想原则掌控着。同样我们还注意到，记忆中的联想活动是继时性的（successive），而知觉中的联想则是同时性的融合与同化。

（2）时间关系的元素

只有当映象被投射到时间中，也就是指示了过去经验中的某一点时，才可能有真正意义上的记忆，而这些映象已经被释放出来成了独立的存在。时间关系体现在两个方面——顺序性和持续性；变化和范围。首先，我们没有理由认为儿童一开始就具有时间的连续性和持续性观念，或者儿童的时间观念的出现早于空间中的方向观念。事实上，只有在儿童把顺序性的经验相互联结起来，把它们看成是一个整体序列的构成时，才会形成时间的观念。当然，事实上精神状态总是具有一定的时间序列，每一种状态都紧随着前一种而发生，同时引发下一种状态；但这并不构成对顺序性的认识。对顺序性的理解不单单是认识到观念相续的序列，还包含了对前提和结论之间关系的认识，以及前后关系的认识。仅仅理解观念的变化是不够的，还必须包括观念之间的联系。无论过去观念与当前观念的顺序如何，心智都会将它们结合在一起，否则，顺序性即便存在，也不会被认识到。对顺序性的认识，要求心智自己具有永久性关联活动。

听觉与时间知觉

作为一个典型的整体性过程，听觉最能反映时间知觉的一般特性。视觉与同时性肌肉感觉相联合，以及它的共存性特征等，使它更适合于象征空间关系；而听觉则由于它的顺序性特征以及与顺序性肌肉感觉联合，所以适合于标示时间关系。经过训练的耳朵可以分辨出每秒132拍的节奏，而对眼睛而言，（每秒）40次以上的连续刺激就会被看成连续的发光。这一特性使听觉成为最佳的时间分辨装置。但它仅仅是一个基础,因为对这种差异的判断要求与对音色的感觉相结合,因而形成特别的节奏感。

节奏感的基本特征

无论怎么强调节奏感在心理生活中的重要性都不过分。就像周期性在物理世界中的作用一样,心灵有一种天然的倾向,即把它接触到的内容都赋予节奏感。这也是心灵对自己最内在的状态的一种表达。它是表达情感的语言。原始人的早期传统都是通过节奏来表达的。在任何地方,相对于散文而言,诗都是更早、更朴素的一种情感表达方式。散文中实际上也依然保持着它的早期形态的痕迹,只是其中理智的节奏感代替了感觉的节奏感,每个句子都有它的开始、中间和结尾。分号和逗号把它们分隔开。文章的各个部分相互平衡并互相对照。而每一部分都排列成序,承前启后,有过渡有转折。在音乐中,节奏产生了最初始、最广泛的艺术影响,与音乐相伴随的舞蹈是最原始的身体活动,在一定程度上,它甚至比走路更原始,而走路只不过是有规律的舞蹈而已。

节奏的性质

在一般意义上,节奏感是心智活动的一种倾向。这种倾向普遍存在,它统一了多样性,或者相反,把统一体解体为多样化。从最广的意义上理解,节奏感等同于心智的统觉活动。当我们听见一些有规律持续的节拍音时,比如时钟的声音或汽车引擎的轰鸣,我们会时刻从中区分出重音与弱音,于是产生了节奏感。时钟的声音听起来不是均匀的嗒、嗒、嗒……而是滴嗒、滴嗒……引擎的轰鸣声也有规律地出现强弱的交替。多样性在心智那里被转变成为单一性。另一方面,如果我们同时听见两个钟的声音,我们不会接受它们声音的无规律的组合,而是努力把它们结合为有规律的组合,形成节奏感。这个简单的例证显示了智力活动的典型特征,它总是包含着某种节奏感。

节奏与时间的关系

我们有必要讨论一下在听觉中节奏感对时间知觉的促进作用。在这里,节奏感可以被定义为声音在有规则的间隙中的强弱变化。同样性质的一个声音时而强、时而弱;正是这种有规律的起落变化使我们产生了节奏感。实际上,这是连续性的真正意义所在。如果声音完全没有规律,它们就完全不能产生联系;每一个声音都是独立的存在,因此它不会使心智获得额外的意义。另一种情况是,如果声音是连续的,它将使我们无法区分时间间隔。没有变化的同一个事物只会形成一个连续的表象(*present*)。但在节奏之中,每一个声音点在其独特的结构中,既是过去又是未来。每一个段落的声音与前一段声音会立刻形成一个连续体,两者联合形成变调,因此使它们又是相区分的。重音部分是前一个重音的重复,并指代了前一个重音,它们因此形成了一个持续性的元素。同时,重音的更替对节奏感的形成一样是必要的,它们提供了变化的元素。因此,节奏感是以对时间延续性的知觉和对变化中稳定性的知觉为基础的。

不仅仅是艺术的节奏

显然,节奏感在音乐和诗歌中的重要性是最显而易见的。诗和音乐都依赖于元素之间的有机联系,这种联系以时间为媒介,把一个元素映射于其他所有元素中使它们成为一个整体。把相继的部分联结成一个整体,可以有多种方式——音乐中用的是曲调,诗歌中用的是韵律,如此等等;这两个形式实质上都是一样的,都是基于这样一个事实:刺激在时间顺序中的强度变化。每种形式对心智活动都有承前启后的作用,这些过程在序列中展开,使序列中不同部分作为一个整体观念被保持。只有在时间关系被察觉的情况下它才成立。但这一过程并不局限于艺术表现形式之中。时间的流逝本身被划分为世纪;世纪划分为年;年分为周、日、时、分、秒等等。每一种划分都既是人为的,也是自然的,是心智倾向于形成节奏的结果。如果不是因为这种有节奏的间隔,我们对时间的知觉就会非常不准确、不清晰。对时间的划分,是人的一种本能倾向。通过这种节奏,每一件事情都获得了在时间中的准确定位。

时间知觉的起源

如前所述,时间知觉的前提是:一些事件被看作是由另一些先前事件嬗变而来的,并且它们之间仍然保持着联系。也许婴儿最开始是通过进食来认识到顺序性联结的。饥饿与满足是意识的两种最强烈的状态,它们非常紧密地联系在一起,构成了儿童生活轻重缓急的变化。它们相互之间完全不同,但相继发生。因此,它们可能形成了对相继性和持续性的知觉的基础。当孩子感到饿的时候,他的基本倾向是回忆起前一次的满足感,并且预期下一次满足,这是他认识时间的一个开端。当越来越多的经验被相互联结成为一个整体时,儿童对时间的知觉也趋于清晰与准确。每当精神生活中有一个事件与其他事件发生了联系,或者指涉了其他事件时,就有一种时间关系被分辨出来。

时间知觉的发展

前面已经谈到,在空间知觉中,自己身体所在的位置是起点,对任何空间位置的认识都是基于一个对象与其他对象的位置参照。通过这种参照,使每个对象获得了空间位置的定位。时间观念的获得,也是遵循同样的方式。精神映象总是以现在的精神生活作为参照点,并参照其他经验。如果我们不能将一个映象对应于某个时刻,则意味着我们不能用其他经验的参照来对它进行时间定位。我们只知道它是我们的过去经验,却不知道它在时间序列中处于什么位置($where$)。因此,将一个事件置于时间关系中的特定位置,取决于我们将多种经验联结起来的能力。

每个事件无一例外地都是通过与其他事件相联系来确定其时间定位的。如果作为一个单独的成员,它不能成为一系列事件构成的统一体的一部分,那么,它就不能与任何已知时间的映象形成参照。因此从严格意义上说,它就不会成为记忆。

(3) 通过记忆区分观念的系列与稳定的自我

我们说知觉涉及自我与非我的区分,也就是说,心智活动获得了感觉,并且将感觉客观化,使之成为一个完整的客体与它自己相对应。同样,记忆也涉及对稳定的自我与不断变化着的经验的区分。在记忆活动中,心智活动将观念联系成一个整体,而联系的纽带就是相互的时间关系。在观念整体与心智自身之间,心智总是处于此刻($present$),而前者则总是处于过去。通过这种方式,心智将自己与观念对立起来。因此,记忆与心智的辨别活动密切相连。如果没有这种区分,如果心智不能识别观念,不能把观念与此刻的自我区分开来,那么就不会有记忆。记忆需要对此时与彼时进行区分,也就是对过去与现在进行区分;这种区分的前提,是认识到自我与观念之间的差异。自我无论在此时、彼时都一样是稳定不变的;观念是变化的,是过去某个时候($was\ then$)的结果,而不是现在。因此,只有在这种情况下才存在记忆,即在变化的经验中始终有一个稳定的自我。如果只有经验变化和顺序,却没有认识顺序性的可能,就没有过去与现在的区分,也就没有记忆。如果只有稳定的自我,则所有的体验都只在此刻,因此也不会有记忆。

记忆中的同一化活动

因此,记忆显然意味着心智的联结、同一化活动,同时也意味着辨别、分离活动。自我把此刻的经验识别为($recognize$)与先前经验相似的或邻近的内容。这种识别意味着有意识的同一性活动。正如前面提到过的,记忆包含了稳定的自我,它是这样一种活动——自我通过记忆将其经验的多种元素加以联合,并形成一个整体,因此,就心智的同一性活动而言,记忆比知觉更向前迈进了一步。被知觉到的世界是以一个整体的形式与自我相区分的;而记忆的世界则被识别为自我曾经经验过的世界。并且,记忆还被认为是与当前的自我相区分的,它仍然是一个尚未完成的知识阶段。

同一与区分中包含的时间因素

我们把时间关系视为记忆的特征,时间关系反复地证实了在智力活动中,同时存在着同一性活动与区分活动。所有的时刻(times)都被认为是一个时间序列中的构成;如果没有与前后时刻的关联,每一个确定的时间点本身都是没有意义的。时间的意义全在于它与过去、未来之间的关系,在于它承前启后的功能。简言之,时间是连续的统一体。但我们也必须认识到,时间也是分离的。每一个时刻都是区别于、外在于其他任何时刻的。每一个确定时期的本质特点在于它不是任何其他时期。我们把一个事件指涉于一个时间而使它区别于其他,同样我们将一个物体确定于一个位置而使它具备了自己特定的空间属性。时间作为一个整体,也体现出外在于自我、与自我分离的特点。自我在记忆中保持了自己的同一性与稳定性,而时间却总是在变的,但相对于空间而言,时间具有更少的客观性,这可以从这样一个事实中找到证据:心智总是把自己的经验定位于时间之中,而从来不会意识到它们也是发生在空间之中的。事实上,时间预先假定了一定程度的内在性,这种内在性就是时间与自我的紧密联系。

第 6 章注释

汉密尔顿:《形而上学》,第十五讲;莫雷尔:《心理学原理》,第 166—204 页;波特:《人类的智力》,第 248—268 和 300—324 页;斯宾塞:《心理学原理》,第一卷,第 434—453 页;卡朋特:《精神心理学》,第十章;考尔德伍德:《心智与大脑的关系》,第九章;莫兹利:《心理生理学》,第521页及其后内容;巴特勒:《无意识记忆》(与凡·哈特曼的"无意识哲学"相对照);高尔顿:《心智》,第五卷,第301页,《人类的智力》;里博:《记忆的疾病》;乌尔里齐:《身体与心灵》,第二卷,第207—231页;乔治:《心理学教科书》,第281—321页;埃德蒙:《心理学通信录》,第十六章;霍维茨:《心理学解析》,第一卷,第266—314页;冯特:《生理心理学大纲》,第二卷,第318—326页。还可参见奥腾里特(Autenrieth)、赫林、海森和艾宾浩斯等人的《记忆》。

有关时间关系的发展,见罗曼斯在《心智》第三卷第297页中的"时间意识";斯宾塞(同前),第二卷,第207—215页;福尔克曼:《心理学教科书》,第二卷,第12—36页;西格瓦特:《逻辑》,第二卷,第77—83页;霍维茨(同前),第一卷,第129—143页;施特伦贝尔:《心理学纲要》,第207—218页;冯特(同前),第二卷,第34—60页(知觉的风格);有关实验研究,参见霍尔在《心智》1886年1月号上的文章;科勒特(Kollert)、埃斯特尔(Estel)和梅纳(Mehner)等人:《哲学研究》第一卷,第78页和第二卷,第37页;还有菲欧特(Vieordt)的《时间感觉》。

关于记忆的教育学研究,见Thring:《教学的理论与实践》,第177—186页;佩雷:《儿童期的头三年》,第121—130页;齐勒(Ziller):《普通教育学》,第314页及其后内容;贝内克:《教育学》,第91—99页;施内尔:《学习》;德普费尔德(Dorpfeld):《教育心理学文集》,第一卷;舒曼(Schumann):《幼儿丛书》,第二卷,第69页及其后内容;乔利:《教育学笔记》,第62—79页;米克尔(Miquel):《思维研究指南》;胡贝尔(Huber):《思维》;福特拉格:《心理学报告》。

第七章 知识的发展阶段：想象

想象的本质

想象可以定义为:它是以一种特殊的形式或映象将一种观念形象化的心智活动。根据这个定义,我们可以发现它与前两项心智活动既有相同之处,也有区别。想象和其他心智活动相似,是因为它们的活动产物都是特殊的(*particular*);它是一个关于特定的物体、人或事件的观念,是一个独特的存在。它和其他心智活动的不同之处在于:这种特别的精神存在并不必然地对应于某一个特定的地点或时间,固定地存在于那里。也就是说,它是一个观念,不是具体的事物。当然,它仍然是关于某些事物的观念。奥塞罗,这个由莎士比亚想象出来的人物,和裘力斯·凯撒一样,都是知觉或记忆的对象;但在剧中,他是一个特殊的个体,具有个性化的特征和行为。他与凯撒的不同之处,在于他并不具体地对应于某一个时间或空间存在。虽然,奥塞罗的存在也被赋予时间和地点的属性,但这些属性的识别纯粹是从心智内在的动机中产生的,并不受外在的客观事实的约束。

知觉中包含的想象

对心智活动发展的解释要遵循这样的步骤:从对指称事物或事件的感觉的解释过渡到对观念或映象的解释,这种解释的第一步就要回顾包含在知觉中的想象。在对一个物体——比如一个苹果——的知觉中,实际上被把握的感觉表象是有限的。而知觉中的其他元素则要靠心智来提供。心智用其他感觉信息来填补当前感觉的空缺,补充并扩展了当前感觉;它把自己的注意倾向和情感评价加入到了感觉中,对感觉进行了全面的解释。所有这些增补的素材都应当被看作想象的结果。心智把自己的想象填充到空洞、散乱的感觉中,使感觉被观念化了。

记忆中的想象成分

在知觉中,想象是隐含在表象中的,它们还没有被分辨出来,它们被包含在知觉的产物中,因此,知觉的对象只是一个单独的事件,而没有体现出观念的联结。在记忆中,从先前经验中填补进来的想象被解放出来,成为一种独立的存在。例如,关于尼亚加拉瀑布的记忆与对它的知觉之间有极大的区别。后者是一个真实地存在着的对象,而前者只是心智中的一个观念。即使在这个例子中,我们依然不会把这种关于瀑布的意念当成观念性的,它只是指称了某一个存在着的事物。这些映象并没有成为独立的、自由的存在,它们与某些实际存在的事实、真实发生的事件仍然存在联系。想象的参与仍然是暗示性的,而不是明示的。即使这样,这个过程依然强烈地暗示了记忆常常会表现为某种形式的想象。

想象的发展

想象本身作为一种具体的观念形式,它存在的前提是:包括在知觉和记忆中的观念元素从它们对应的现实存在中被解放出来,具有了独立存在的意义;也就是说,作为一种映象,它不再与某些具体事物联结在一起。这不是一种新的活动方式,它只是心智活动发展到更完善水平的一种形式。它把原本处于无意识中的内容带入意识之中。与这一发展阶段相关的因素包括分解和注意,而联想只是在知觉与记忆中占优势。分解使映象被解放出来,使之成为自由重新组合的备用材料;注意则把它们转化为新异的、从未经验过的新产物。

分解

分解的第一步是要把映象独立成为一个自在的观念存在,使它无须指称某一个实际的事物。通常我们认为儿童具有更强的想象力,然而事实是他们还没有学会做这种分辨,因此他们的每一种观念或映象都是从现实中获得的,或者是在现实中展开的。而想象力是与区分观念与现实的能力相关的。这种区分活动主要是使得某些元素与它的众多伴随物相分离,这种分解过程在前面已经讨论过了(第101页)。我们会发现一些同样的观念,比如说关于一个人的观念,在许多不同的环境中发生,这使它从一些具体的时间和空间环境中游离出来,而获得了独立的观念意义的存在。

机械化的想象

知觉中各种元素的分离使它们的再组合成为可能。一棵树从树丛中被分离出来,独立于山顶,因此显得更加高大。一幢房子可以被想象得更大更宽敞,里面陈设着漂亮的家具,如宫殿一样富丽堂皇。正是这种分割与增补两个过程构成了想象的最低级阶段。它基于现实的材料、过去经历过的事或物,它的活动只局限于形成抽象观念,并再联结成未经验过的内容。只有其形式是新的。这种主要是通过联想和分解而形成的想象,可以被称为机械化的想象。

幻想

幻想(fancy 或 fantasy)是想象的更高级的形式。在这个阶段,映象的构成与联结由极度活跃和敏锐的情绪倾向支配着。幻想如一张网,涉及各种对象,它通过情绪为媒介,把它们联结在一起。它的这种特点突出地体现在诸如比喻、隐喻、诗歌描写的形象,以及一些巧妙的类比之中。诸如《仲夏夜之梦》这样的作品是它较高级形式的杰出产品。它从根本上是浪漫的。即使它没有太多的创造性,它也包含了不同寻常的联系,这种联结以奇异的情感为基础——这恰恰是全剧的特征所在——产生了优美的和谐与协调感。幻想不是既有能力的显现,而是一种被激发起来的反应。它让人体验到心醉的快乐,其意义远胜于有组织的洞察力所能提供的。

创造性想象

想象的最高形式是一种有组织的洞察力,它揭示出事物隐藏的意义。这些意义在知觉或记忆中是不能察觉的,也不能通过思维的反省过程而获得。创造性想象可以被定义为:直接地知觉到意义——感觉形式中有价值的观念——的过程;它还可以被定义为自发性地发现那种最富于意义、最具观念化、显示出最大限度的理智性,也表现出最大限度的情感性的感觉形式。想象的最高形式的特点是创造性,创造性想象并不局限于既有经验的分离和组合;即使有敏感而鲜活的情感渗透到了这些过程中,想象也不会因此而具有了创造性。创造性想象赋予对象以新的视界,因而使它们具有了新的意义。事实上,它也进行分离和组合;但这种分离和组合并不是机械化过程的结果,也不是一个瞬间感受的结果。它充满着对细节——这种细节是对应于整体而言的——的相对价值的直接而自发的感觉。所有不能有助于这个整体的映象发展的感觉都被排除了;所有能使细节的意义趋于完美,能使它们提升为普遍性的、有永恒意义的感觉都被留下。

想象的观念化活动

总之,创造性想象只是各种认识过程中所包含的观念化活动的自由行动。知觉是对感觉的观念化,所以它是对当前现实的表征;记忆是对过去经验表征的观念化。想象则自己提供了观念化的元素,并用它自己作为其价值的参照,而不须用它来象征某一个实际的存在。在知觉和记忆中都存在一个观念的元素,它与某一个具体的事物联系在一起。创造性想象发展了这个观念元素,并使它从与琐碎的、偶然的环境联系中解放出来。知觉和记忆都因为它们的对象,即被知觉到的或被记住的事物具有某种意义而具有了存在的价值,但这种意义实际上是存在着的客体的附属内容。想象则把这个过程颠倒过来,使存在从属于意义。例如,我们知觉到一个人,是因为我们获得了关于这个人的各种感觉,而所有这些感觉都被赋予了人的意义;创造性想象则本能地抓住了这种意义,即一个关于人的观念,并且把它置于某种具体的表现形式之中。

想象的一般化活动

　　创造性想象不是不切实际的异想天开,也不是心智漫无目的的胡思乱想,它是一个一般化的活动;也就是说,它使观念从记忆或知觉中分离出来,使观念与特殊的、偶然的伴随物分离,体现出一般性的本质,这种一般性本质独立于纷繁的具体现象之外。这就是为什么亚里士多德说诗歌比历史更真实的原因,历史仅仅记录了事实的发生顺序。它仅仅告诉我们什么事件在什么时候发生了;而诗却向我们展示了永恒的激情、需要以及在历史事件背后的人的行为,而正是这些活生生的内容构成了真正的历史。济慈(Keats)这样写道:

　　　　尽管,雅典人的战船浩浩荡荡
　　　　桅杆如森林耸立
　　　　猫头鹰盘旋其间
　　　　他们的辉煌早已作古
　　　　尽管,亚历山大大帝的铁骑横扫印度
　　　　让马其顿人的战功随风消逝
　　　　而这一切
　　　　都不若朱丽叶的一声轻叹

轻轻拂过窗前的花丛
　　飘落的初雪打断了她的思绪
　　心中幽然若失
　　英雄的泪花
　　闪动着银子一样的光芒
　　伊莫金欣喜若狂
　　帕斯托雷拉身姿优美
　　却身陷囹圄
　　在激情的跃动和神往面前
　　帝国的兴衰成亡只如枯槁

当然,这种一般化的活动并不局限于诗歌与历史的关系;在任何情况下,创造性想象的功能都是把握住事件中永恒的意义,并把这种意义体现为与之一致的感觉形式,使这种形式激发起特定的情绪;同时,它还在对每个人来说都会发生的具体化过程之中唤醒有组织的洞察力。

想象与兴趣

　　应该指出,想象作为一个知识发展阶段,自我的兴趣在其中不再受到机械联合的奴役(第120页),而是被解放出来,具有了自己的目标。想象本身没有外在的目标,它的目标是让自我的各种活动自由地展开,以便满足自我的兴趣要求。简而言之,想象从情绪中产生,因此受情绪的左右比受知觉与记忆的影响更甚。想象代表了自我的自由意志的主观方面。它的表现形式丰富多样,相关的研究主题也十分繁多,它们各自的兴趣点也十分丰富。由于这样的原因,划定想象的活动规则是不可能的。它从本质上是一种自发的、自由的心理活动,仅仅受到自我的兴趣、情绪和需要等的控制。

个别兴趣和普遍兴趣

是兴趣指引了想象的创造性活动,而兴趣本身的特点可能是特殊的,也可能是一般的,它的活动可能是天马行空、无所羁绊的;或者也可能表达了人类思想的普遍性方面。例如,幻想主要受情绪的制约,而这种情绪体验在不同个体身上各有不同,甚至同一个人在不同的时间也会有不同的情绪体验。所以大多数充满诗意的幻想都是昙花一现。除非这种幻想产生于情绪之中,否则在一般情况下,这种幻想都显得不真实和勉强。想象有时也可能基于一些病态的情绪。这就是,热斯金(Ruskin)所称的"情感偏见"(*pathetic fallacy*),例如,在诗歌中,诗人将他自己独特的情感体验投射到自然活动中。热斯金在丁尼生(Tennyson)的"披肩"(Maud)中找到了例证。其中,英雄把他自己的情感投射到了玫瑰和百合之中。但是有一些兴趣是普遍的,是每个人所共同的,以这种兴趣为前提的艺术才是永恒的、经久不衰的。荷马史诗、米开朗基罗的艺术以及莎士比亚的戏剧都反映了人性普遍的一面,而不是作者个人独特的生活体验的反映。

普遍兴趣的基础

我们必须认识到,由普遍性情感引发的想象的唯一基础是人与人之间、人与自然之间的基础性的联合。尽管每个人的生活在时间与空间上彼此不同,但他们都具有一些作为人类所共同的生活内容、共同的兴趣,如果没有这些共同之处,想象就会流于荒诞离奇。更主要的是,人与自然之间必须有一个有机的联系。人必须通过某种方式在自然中确定自己的位置。并不是所有的人与自然的同一化都必须导致情感偏见,情感偏见是两者暂时的、不健全的和肤浅的同一化。我们能够从自然景色中体验到愉悦,是因为在一定程度上,我们从自然景色中发现了我们自己的映射,并且在自己的精神活动和自然之间建立同一性,描绘自然的艺术作品因为它们展示了人与自然之间的基本关系而经久不衰。例如,对华兹华斯(Wordsworth)诗歌中的自然界,我们是那么熟悉,华兹华斯并没有把人置于陌生奇异的境地,而是敏锐地直指心灵深处,去揭示人与自然的关系。这些关系只是被我们朦胧地意识到,却在他的诗歌中被清晰地刻画出来。任何创造性想象的产物都无意识地反映一种精神的联合,这种精神联合把人与人、人与自然联结成一个有机整体。

实践与理论的想象

我们已经讨论了审美兴趣下的想象,这是由对美的感受而引发的想象。这种想象仍然可以被实践的或理论的兴趣指引。所有的发明都是创造性想象的结果,它们把人在实践中产生的需求和利益的观念转变为现实。沃尔夫(Wolf)以及内伯(Niebuhr)在历史上的发现;居维叶(Cuvier)以及阿加沙(Agassiz)在科学中的发现等等,都证明了在理论领域的想象具有相当的建构力;而地质学或天文学的历史研究,则几乎完全依赖于建构性想象。随着科学的发展,它越来越依赖于想象,因为它更进一步从直接的感觉表象转移到了潜藏的、观念化的意义领域;但同时以具体的形式使这些观念得以固化(body),也是十分必要的,而这一切都需要通过想象来维持。

想象在知识中的地位

正如我们看到的,在它自己的意义上,想象显示出这样一些特征:它是心智的自由的观念化活动;它按照自己的主观兴趣来指导活动;它的目的只是自由的活动和自我需求的满足。但它一样也表现为知识的一个阶段。如已经指出的那样,它是从特殊向一般的转换。记忆和知觉针对特殊的对象,其操作也是特殊的;而思维——在这里,我们必须涉及一般性本身。想象则在特殊的现象中形成一般性,或者把特殊性当作某种观念意义的具体化,或一般元素的具体化。在现实中,观念元素已经与实际的特殊领域中的事例形成了牢固的联结,想象则使观念元素从中解离出来,使它独立地呈现于心智之前。这样,心智才可能运用它进行自由的创造。心智的这种自由创造以普遍元素为素材,经由想象而转换为一种流动性的活动。它致力于实现特定的理智目标。它构成了思维。

第7章注释

汉密尔顿:《形而上学》,第三十三讲;波特:《人类的智力》,第325—376页;卡朋特:《心理生理学》,第十二章;莫兹利:《心理生理学》,第522—533页;萨利:《心理学》,第八章;Day:《心理学原理》,第103—131页;刘易斯:《生活与心灵之问题种种》,第三辑,第二部分,第445—463页;乔治:《心理学教科书》,第274—280页;罗森克兰茨:《心理学》,第258页及其后内容;福尔克曼:《心理学教科书》,第一卷,第480页及其后内容;乌尔里齐:《身体与心灵》,第二卷,第270—300页;米舍莱:《人类学与心理学》,第284—309页;福特拉格在《心理学周刊》上的论文;弗勒沙默尔(Frohschammer):《幻想》,第73—141页;还有米沙特(Michaut)和乔利:《想象》;罗宾斯坦:《审美心理学文论》;库恩:《诗人的想象》。

教育学的参考书目有马克尔(Märkel):《想象力》;德普费尔德(Dorpfeld):《教育心理学文集》,第一卷,第87页及其后内容;格鲁贝(Grube):《青年的道德教育》,第258页及其后内容;佩雷:《儿童期的头三年》,第147—163页,和《婴儿期教育》,第73—110页。

关于梦的文献最好参阅:默里:《心理学手册》,第250—262页;莫兹利:《心理病理学》,第一章;卡朋特:《心理生理学》,第十五章;萨利:《大不列颠百科全书》,《幻觉》,第七章;科比(Cobbe):《达尔文主义》及其他;冯特:《生理心理学大纲》,第二卷,第359—370页;和以下文论:舍纳(Scherner)的《生活与梦》;宾茨(Binz):《关于梦》;施皮塔(Spitta):《睡眠状态》;施特伦贝尔:《梦的特征与发展》;弗伦斯堡(Frensberg):《睡眠与梦》;拉德斯托克(Radestock):《睡眠与梦》;德尔伯夫(Delboeuf):《睡眠与梦》。

第八章 知识的发展阶段：思维

I 定义与分类

思维是知识发展过程中又一个阶段。它可以被定义为:是关于普遍元素的知识,也就是说,是关于观念的知识或关于关系的知识。在思维中,心智的活动与在知觉或在记忆中不同,思维中的心智活动不局限于特殊的事件或客体,也不局限于现在或过去。以对人的思维活动为例,思维的对象不是某个我所看见的人,或者某个我昨天曾经见过的人,而是一个关于人的观念;这个观念不必指示某个特定时间或地点;它反映的是对象的一般性的、普遍意义的特征;它与想象有非常密切的联系。思维和想象都是用特殊的具体的意象来实现对普遍元素的操作。在想象中,强调的重点在于特殊形式;而在思维中,特殊形式被忽略了,让位于普遍性内容。我们不能想象一个大概的人,我们总是想象具有某种具体特征的人,例如奥塞罗、亚瑟王等等。然而在思维中,我们却不是思考某个具体的人;我们思维处理的是一般性的人,也就是说,是一个具有所有人共有的普遍性质的、类性质的人。

思维中的观念元素

值得注意的是,思维的对象,即普遍性元素总是观念性的($ideal$)。而事实($fact$)上这个词所指的总是特殊对象,它总是存在于特定的时间,或者以特定形式存在。但是,正如我们经常看到的那样,事实能够被理解,是因为它具有意义,即它包含了观念元素。这种观念元素不可能是特殊的,意义总是普遍性的。一个事实在某一个特定的时间和地点的意义与它在其他场合的意义并无区别。如果意义改变了,事实本身也变了。事实上,我们对事实本身的同一性或者相同性的认识,都是基于意义的同一性。正是这种意义使所有的事实具有了共同性,甚至使它们完全一致。思维正是把握这种共同性,而同时忽略了由于对应于某个具体时间而给它造成的局限。思维努力去揭示事实的普遍意义。当我们在思考关于人的概念时,我们是对构成人的普遍元素的意义进行理解,而不论他是谁或我们在什么地方遇见过他。

关系的元素

还有一个值得引起注意的概念是关系,它作为思维所理解的普遍元素的观念或意义,并不对应于某个具体的对象。关于人的普遍意义,正是每一个人都共同具有的与别人的共同之处,无论这是什么,它都反映了人与人之间的关系。植物学家对植物形态进行观察、记忆或想象并不是他的最终目标,虽然他必须这样做。他的最终目标是思考植物的生命形式,也就是要把握这种生命形式的普遍性的本质意义。具体而言,它可能显示了植物生长的规律,却不对应于某一株独特的植物的生长;例如,对玫瑰花特征的描述,无须局限于某一株特定的玫瑰花。很显然,关于植物、关于生长、关于玫瑰的目标问题是所有形态的植物都具有的关系;这种关系使植物区分于无机物和动物;这种关系是所有有生命的物质都具有的共同性,同时又使植物与其他生命形式相区别,它是一种共同特征,是一种联系的纽带。例如:正是这种关系把所有的玫瑰花联结成为一个类。总之,如果事物之间没有任何共同点,每一件事物都绝对地彼此分离,那么就不会有思维。既然每一件事物都在时间存在与空间存在上与其他事物相区别,那么,其中的共同元素就是一种意义或观念。只有事物的存在被当成一种观念的、普遍的元素时,思维才可能产生。正是这种元素构成了思维,而它总是以关系的形式表达的。

思维的分类

思维有三种形式,分别是概念、判断和推理。它们并不是三个互相区分的活动,甚至不是三个相继发生的阶段。每一种形式的产生都有赖于另外两种形式的产生。其中在发展水平上,概念是最初级的,而推理是最高级的阶段。

II 概念

(1) 概念的特征

任何一种心理状态作为一种存在,都是一个意象。知觉和概念并不是不同种类的心理存在,它们的区别不是心智状态的差别,而是这些状态的功能不同。知觉是对空间中的对象形成对应的意象;想象则对应于任何可以满足情感需要或者能够实现兴趣目标的对象,而无论这一对象是否呈现在特定的空间位置。概念是一个具有象征功能的意象,它具有某种象征性的规则或原则;按照这些规则或原则,事物形成了某种结构,按照这种简单原则结合起来的事物依类、种、属等分类形成了结构。由此,我们解决了关于"普遍性观念"的老问题。因为每一个心理形态都是特殊的,所以许多心理学家都否认一般观念的存在。例如,一个三角形的观念,一定是有一个特定大小、特定形式的对象,它不会从一开始就包含各种形态的变式。事实上,作为一种存在,每一个观念必然都是特殊的,并且或多或少地保留了一些感觉细节,它不是以我们所说的概念的方式存在的。概念是一种力量、能力或一种功能,是象征某种心理活动模式的意象或意象系列,是具有普遍性的心理活动模式。

概念是智力活动的一种形式

在一个单独的三角形的意象中,真正呈现的是其中的意义,即由三条特定的线段合围成的一个特定的空间范围。在三角形的概念中,其意义是:三条线段合围在一起,形成一个封闭的空间的过程。概念不是一个具体的事物,也不是关于具体事物的意象,它是线段的组合方式。概念的过程是一个结构化的过程,是一种一般性规则。所有可能的三角形都遵循这一规则;反之,任何以这种方式构建的图形都是三角形,因此它们属于同一类。也就是说,概念不是一种心理状态;它不是静止的。它代表着一种心理活动模式,一种心理活动的形式;这种活动,如我们将要看到的那样,包含了分解与分析,以及整合与综合。所以,一个类属并不等同于一个静止的群集;它是具有共同的产生性原则作为基础的一些对象的组合。

(2) 概念的发展

作为一种普遍性的统觉,概念出现在每一个单独的思想活动中。它不是一种新的知识形式。它与知觉不同,它是元素更完全发展的结果。正是这些元素赋予了知觉以意义,并且使知觉活动成为可能。当我们知觉到一本书时,仅仅通过知觉,我们就可以对它进行分类,把它归属于"书"的概念之下。正如我们已经反复看到的那样,知觉是观念化的感觉;只有感觉,不能构成关于特定对象的知识;感觉必须被解释,必须建立彼此的联系,形成某种关系,必须与过去经验和自我建立某种联系。知觉不是一个被动的接受过程,而是心智主动的建构过程。但是,在知觉中,观念化、关系、心智活动的元素等并不呈现于意识之中,它们被吸收了,隐含于知觉的结果中。在概念中,这些蕴含的内容被清晰地展现出来。概念是关于统觉过程的统觉(Conception is the apperception of apperceptive process)。自我形成了它自己的观念化和关联化活动,以及它自己的知识的对象;通过这些活动,自我形成了概念。简而言之,概念只是一种观念化活动的发展,这种观念化活动包含在所有的知识中。它摆脱了具体细节的羁绊,获得了清晰的、有意识的认识。

概念化的过程

① 抽象。只有在概念化的过程中,统觉阶段才能被称为注意,即心智的一种主动的目标导向活动。统觉在知觉和记忆中体现为某种优先性联合活动,在想象中则表现为分解活动。注意的选择性活动是它最显著的特点。知觉或想象呈现了无数的细节,而心智只从中抓取了某一方面,用技术性的语言来表述,就是抽象。由于只抽取一个元素,因而导致了对客体存在的抽象。在知觉过程中,由于注意的参与,这种经过抽象的性质被吸收到对象之中,注意更进一步,使它成为意识的清晰内容,并且使它一般化;它因此不再被当成与特定对象相联系的存在,而是保持了它自己的形态。也就是说,它被当作一个观念而存在,或者对于心智而言作为一种意义而存在;而意义总是普遍性的。另一个包含了注意的概念化过程是对比。

② 对比。前面我们已经讨论过对比的问题(第131页)。对比的实质是把不同的心理内容都置于心智之前,发现它们的共同点或意义的相同性。这一过程总是与刚才着重提到的抽象活动同时发生。当任何一个元素或意象的某一方面被分离出来时,心智并不会因此而停止走捷径,即不会停止从对象中抽象出普遍性来,它会即时地将这一普遍性元素映射于其他意象之中,或从其他意象中找到普遍性元素。比如,对一个孩子而言,当他从某种对象——比如由一个盘子获得了圆形的观念,那么他会尽可能从他的其他经验中去发现同样的观念。他掌握的不是一个孤立的观念,他要把这个观念与其他对象相联结。这种联结需要通过对比过程来实现;这一过程一开始是无意识的,然后逐渐成为有目的的。

③ 观念化的完全过程。观念化包括两个过程,一个是分析,另一个

是综合。观念化的第一步是一个分析、抽象和分离的步骤,其结果是形成一个纯粹抽象的普遍性。当一个小孩子知觉到一个红苹果,他会分别强调关于红色的观念或关于可食的观念。这种观念就是抽象(abstract)观念。但心智不会就此停止,它会立刻将红色的观念与尽可能多的具体对象相联系。每一个对象都因为这种联系而显得更加丰富,这就是综合的过程。只有抽象的观念被对应于具体的对象,概念化过程才算完成了。换句话说,一个真正的概念是一个有机的统一体,其中包含了它的统一的综合联系,还有概念对象的各种变式也包含其中。

例证

让我们再来看这样一个例子,一个植物学家正在形成关于植物生命形式的概念。一开始,我们会发现是植物的生命形式中那些最突出的特征,如生长、同化、繁殖、衰老等特征,给植物学家提供了例证,但这些例证只能形成一个纯粹抽象的观念,直到他开始对比,即直到他认识到了观念元素出现在其他植物身上,这个观念才具有意义。也就是说,他必须认识到这一个元素在其他植物分类中的对应位置,才能对这种植物进行正确的分类。当他认识到该观念元素在其他植物上的体现,他的观念就少一些模糊和抽象,而多一些具体。当他认识到一种新的性质时,他必须把它纳入他的观念中;每一次当他察觉到一种新的植物,他的概念必定有所充实。随着经验的增加,他认识到越来越多的植物生命形态,这些认识元素构成了他的关于植物生命形态的概念,他的概念也随之而趋于一般化(即能够指代更多的对象)。任何其他概念的发展过程都是这样。它的发展体现在两个方面,即它所指代的对象的范围(wideness)和意义的深刻性(depth)。更多的对象被统一进一个概念之中,它所包含的变式就越多。总之,概念就是两个元素之间的统一性与区别的联合。它是用一个理性来囊括各种差异的一种认识活动。

内涵和外延

逻辑学家在概念的内涵与外延之间作了明确的区分。外延是指概念所能够指代的对象的范围的宽狭，数量的多寡；内涵是指概念的意义的深度（depth），即概念所包含的性质的多少。逻辑学家进一步指出一个概念的外延越宽，内涵就越少，反之亦然。也就是说，一个概念包含的对象数量越多，它所包含的性质就越少。这一规律在形式逻辑中成立，在心理逻辑（psychological）中却未必成立。我们已经看到，注意分配的广度并不会影响它在不同对象上的注意深度，只要不同对象都被归结为一个基本的统一体（第133页），概念化过程就会显示出同样的规律。

随着抽象分析的增加，或者是概念外延的扩大，综合性联结也随之增加了，即概念的内涵也因此而加深。如果不是这样，我们将不得不说，植物学家对植物类型的了解越多，他对其特征的了解就越少。如果概念只是对同一类对象的共同性（common）特征形成一个抽象的观念，那么每增加一个新的项目，比如每当发现了一种新的植物，就有一些限定性特征被排除掉。当这个观念可以指代这个类中的每一个对象时，也就是概念的外延足够丰富时，其内涵将会降低到最低的程度。认识的对象越丰富，观念就越贫乏。这个荒谬的结果说明，如前所述，真正的概念是一个有机的联合，它包含的变式越多，它的限定性（definite）也越多，与此同时，它也更能指代对象的相似性特征，因此更加具有一般性。

知识的发展

在这里形成一个关于知识发展的特征的一般性理论是很恰当的。知识通常被认为是一个从具体到抽象、从个别到一般的过程。而事实上，知识过程是从个别到个别的过程。个别观念在最开始时，所指示的对象通常被认为是非常模糊和具有普遍性的，或被认为是极其特别的、不同寻常的。儿童认人的过程就是一个典型的例子。最开始时，儿童认识了他的父亲，叫他爸爸；同时，他会把所有的男人都叫爸爸。这时，他的观念是非常模糊的,用"爸爸"指代一个类。在这个例子中,他的知识一开始是一般性的,然后逐渐发展为限定性的或清晰的。他学会了区分他父亲与其他男人,区分人与其他对象。

普遍性的增长

在限定性发展的同时,儿童知识的普遍性也在增长。一开始的混沌并不是真正的普遍性,因为这时儿童并没有认识到是什么样的特征构成了人的普遍意义。他只能对每一个他看见的个别的人形成单独的、特殊的观念。与此同时,他的知识开始分化,他开始区分人与其他对象,这时,儿童关于人的观念才开始趋于普遍性了,因为他开始领悟到是什么特征构成了人。他不再把所有男人都叫作爸爸,他认识到了构成父子关系的必要条件了。而对于其他每一个具体的人,他也渐渐学会了正确的称呼,因为他对这个称呼的意义了解得越来越多了,而意义本身总是普遍性的。

真实的例证

如果有人认为知识是开始于具体或特殊的观念,那么他就忽略了这样一个事实,即这种最初的特殊性实际上是极度未分化的、混沌的特殊性,而知识的发展正是这样一个过程,即不断地对这些观念进行限定和分化,使它们更加具体。如果有人说知识的发展是一个不断趋于一般化和抽象化的过程,他就忽略了这样一个事实,即抽象的观念仅仅是概念化的一部分;事实上,一般性观念总是指示着某些具体对象,正是通过把普遍性映射于具体对象,它们才因此而获得了特定的意义。真实的情况是这样的:知识以模糊的个别观念为开端,逐渐发展成为界定清晰的个别观念。这个发展过程以它与其他观念的关系为中介,或者以初始观念的普遍性为中介。一般性观念是分析性抽象化的结果,它不是漂浮在空中的,它通过综合过程而返回个别对象,使它们更丰富,富于普遍性意义。同时,普遍性观念指代了更多的变式,包含了更多的具体对象,因此它自己也更加明晰。具体而言,知觉以概念为中介而得到发展,概念则通过对知觉的综合映射而丰富了自己。

(3) 概念与语言

正是通过语言作为中介,概念的普遍性元素把它自己映射于特殊的对象中,从而使自己更加清晰。语言是一种持续性的心智活动,它不断地在一般性的概念与特殊对象之间实现转换。它把概念映射于特殊对象上,使对象普遍化;它把概念与对象联结而使概念特殊化。每一个名称(name)在它自己的本质中都是普遍性的。当我说"人"这个称呼时,我并不是指一个特别的人,这一个人或那一个人;我指的是一般的"人",也就是一个关于某种属性的观念,是关于人的意义。语言永远不能把握真实的存在,它只能把握意义。语言需要通过一些感觉来指示实际的存在,比如"这"、"那"。它们与手势相配合,形成了语言的特指功能。

特殊存在中的语言

我们还必须避免陷入一个常识性的错误之中:有时人们会认为,观念总是特殊的。比如一个人总是作为这个或那个人而存在,只有当他被称为"人"时,才具有了一般性,于是,只有名称才是这个例子中唯一的普遍性元素。事实上"人"这个称呼作为一个存在,它本质上是纯粹感觉性的或特殊的。这个称呼本身是如此强烈,以至于它需要由一个特定的人在特定时间来实现它,它的全部意义就是描述了存在(existence)。只有当它包含了某种观念时,它才变得一般化,并因此成为所有具有这一观念或意义的对象的象征或代表。如前所述,语言具有双重功能,一方面,在它所指的领域内,它是一般性的。如果没有语言,我们几乎不可能获得一般性观念,不能认识关系,不能理解不同对象之中的共同意义。但是,另一方面,就其存在而言,语言是感觉性的、特殊的。它通过把抽象观念与某些具体对象相联系,从而使得抽象的观念变得具体或清晰。

心智的两方面活动

语言并不是心智的附庸,也不是被人为地嫁接到心智之中的;它是心智活动的本质模式,是心智活动的表达方式。认识到这一种联系至关重要。概念,作为对意义普遍性元素的理解,如我们已经看到的那样,它被心智活动掌控着,是统觉过程的统觉。在想象过程中,心智把它自己所持有的意义投入表象之中,因而形成了观念。普遍化过程是心智活动的一种形式。但是如果这种心智活动没有一个名称,它将变得无以名状,会被抽象得无法认识。心智把握住这种观念以及它自己的普遍化活动,又将它特殊化;它对它的感觉进行转化,通过语言表述使之具体化。抽象的观念就这样通过语言为中介而被置于真实的存在之中。

语言和心智

我们通常认为动物没有语言,因为它们不能形成普遍性观念。这是事实,但还有一个事实通常被忽略了,动物同样缺乏智力的特殊化活动,它们的观念太抽象了——而不是缺乏抽象性。它们没有能力来使观念清晰分明,因此它们没有语言。语言显然证实了心智活动的两重性,在它的意义层面上,它是象征(*symbolism*),是观念的属性,是普遍性的;在存在层面上,它是现实的属性,是特殊性的。心智既是一个普遍化的或观念化的活动,又是特殊化的或现实化的活动。

III 判断

我们已经看到,概念既涉及将普遍性元素映射于特殊的限定的对象,也涉及将它的观念意义与现实相联系的过程。判断就是对这个联系的肯定的表达。它发展并断言了概念中包含的内容。判断可以被定义为,表达将观念的或普遍性的元素映射于现实的、特殊的元素的过程。在判断中,我们不仅仅只思考人,我们还肯定了人的存在,即这个人是欧洲人,还是美洲人;人是有大脑的,有理智的,如此等等。判断针对概念而作,它阐述了关于概念的内容,使概念得到清晰的限定。

判断的元素

  判断在语言形式中表现为命题。命题包括两个元素:主词和谓词。每个判断都包含内涵和外延两个方面,但这两个方面中,极有可能其中一个方面比另一个方面更显著。例如,当我说"狮子是一种四足动物"时,这个判断陈述了一个关于狮子的意义的元素,即有四只脚的观念,同时这个判断也阐述了狮子包含在四足动物这一类中这一观念。当我们着重考虑判断意义或内涵这方面时,我们是将作为观念的谓词映射到作为现实的主词之中;当我们着重考虑其外延或对象时,我们是将作为观念元素的主词映射到作为现实的谓词之中。例如,当我说"人是存在的",我表达了这样一种断言:人这种对象具有存在这种属性,或者,它也可以是,关于人的观念总是可以被发现的。所以,判断既可以通过陈述对象的意义使一个现实的对象观念化,也可以断言一个观念是某一个对象的一般化而使观念现实化。在大多数情况下,它两者都具备了。

典型的判断

  判断是智力活动的典型行为。当我们研究知识的过程时,我们发现统觉包含了这样一个过程:通过对知觉的解释或观念化而赋予它以某种意义。当我们考察知识的素材时,我们发现知识的基础是感觉,没有这个基础,任何观念都不可能存在。统觉使感觉观念化,而感觉使统觉现实化。在对具体的问题——如知觉、记忆、想象——的研究中,我们发现在所有这些例子中,都存在这种二重性关系,即感觉是现实基础,而统觉是观念化的转化；既是意义的元素，又是存在的元素。然而判断并不是一个新的、至今尚闻所未闻的心智活动，它只是对每一项心智活动的实质的有意识的识别，即对观念元素与现实之间的多重关联的识别。知觉是关于空间的判断，记忆是对时间的判断，想象是对观念意义的判断。

判断与概念

判断与概念的关系是一个二重性关系。判断是概念的延伸；通过判断，概念的意义得到了丰富。例如，关于金子，所有我能形成的可能的判断在一定程度上都是概念的发展。当我说黄金的原子量是197，它有很好的延展性，可溶于王水（aqua regia）等，只是陈述了这么多原本已经包含于金这个概念中的元素。但是，在另一方面，没有这些判断，我就不可能认识到黄金的概念中包含这些元素。每一个新的判断，都使我获得一些过去我所没有的关于黄金的信息。由此看来，概念只是判断的汇聚，是众多判断的组合；而另一方面，判断又是概念的结果，它们双方互为条件。

分析判断与综合判断

判断有两种形式：将概念中包含着的内容显露出来，这是分析判断；而用新的内容充实概念的意义或用概念指代它原本没有指代的新的现实对象，这是综合判断。然而，这并不意味着有两种类型的判断；它们是同一个判断的两个方面，判断有时是综合性的，而有时又是分析性的。用另一种方式来表述，就是说每一个判断都同时既肯定了同一性又肯定了差异性。

例证

如果我说，猪是一种厚皮动物，很显然，我在两个观念之间形成了同一性，我将它们形成了联系或对它们进行了综合。我同时还对它们进行了区分,但这个过程不太明显。这一过程可以通过这样一个事实显示出来:如果只有一个观念,就不可能有判断。判断一定是具有二重性的。除了形式逻辑学家外,一般人都不会去做同一性的判断。当我们说"人是人"的时候,仍然意味着区分。我们的意思是:无论社会阶层、贫富、受教育水平等方面的差异有多大,就人本身作为人的存在而言,每个人都是不一样的。我们肯定他们的区分的存在,和我们肯定他们的统一性的存在一样坚定,虽然后者通常表现得比前者更明显。在排除性判断中,则刚好相反。既然任何智力活动都蕴含了统一与区分,而判断则肯定了这种蕴含的二重性的存在,所以从另一个角度来看,判断显然是一种典型的智力活动。

判断的真伪

在某种程度上,心理学并不关心判断的真假,因为真与假的判断都具有同等的心理学过程。但是,即便在纯粹心理学的立场上,这两者之间的差别依然是存在的。心智一旦认为某个判断是不真实的,就会竭力将它纠正过来,而正确的判断却不用作任何改变。因而,心理学中的真假问题仅仅是一个条件(condition)的问题,只有在某种特定的条件下,心智才会认为判断为真或为假。首先,必须强调的是:判断是心智的活动,而对真假的区分和它紧密相联。在知觉中以及在记忆中,感觉元素总是真实的,因此,心智活动也总是真实的。更准确地说,它们是既已存在的事实,所以并不存在真假的区分问题。只有当一个元素指代了另一个元素时,才有真假问题;也就是说,只有在判断中,才有真假的问题。

例证

例如,如果有人知觉到一个鬼魂,其感觉元素是真实存在的,并且是真实存在的写照。他的心理也会依据这个知觉产生实际活动。这一过程中,每一个步骤都是事实,无所谓真假,至多它可以被称为正常或非正常。只有当一个元素与另一个元素相联系时,才体现为真实的存在;也就是说,只有当感觉的表象被心智解释为一个实际存在的鬼魂时,它才是真实的。这是将观念映射于现实的过程,或者,这是一个判断的过程。所以,只有判断才有真或假的区分。从心理学的立场出发,当一个判断与其他判断保持协调时它为真;而当它与其他判断相对立时为假。例如,假设有一个人把远处的一团云看成了山,这个判断为假,是因为它与他的其他判断不一致;他对当前的表象的认识越丰富,就会不由自主地对它做出更多的判断。如果我在暗淡的月光下,把一团黑影看成了一棵树,这个判断为真,因为它与我的关于这个对象的其他判断相协调。所以,从心理学家的立场看来,所谓判断为真,就是判断之间相互协调的关系,而假就是对立的关系。

对真的验证

前面已经提到,心智总是在验证假设的真假,心智把这个假设与已经习得的真值系统作比较来获得真假结果。当心智面临一个新异的命题时,理智活动会侦察它的已经被确认为真的内容,或者它与先前命题的关系;如果新命题与前面命题的关系协调一致,或者新命题拓展了原有命题,或者相反,是原有命题拓展了新命题,那么这个命题会被识别为真;如果两者之间有不可调和的矛盾,那么其中一个必须为假。

但是,这并不意味着心智中早已存在着一个既定的规则,心智用它来识别每一个判断的真假。并不存在一个简单的规则或法则,可以即时地识别一个判断的真假;唯一的识别规则是这个判断与整个既有知识之间的关系,或与既有的关系系统之间的关系。通过这种关系,真假才得以辨别。这种规则的识别力,实际上取决于智力已有的认识或既有的知识水平。

信念

关于真假的识别,自然地将我们引到了关于信念的讨论。信念也许只是一种情感特征，它的支持系统是人的意志决心。当然，它也离不开知识的支持。它是知识的主观方面。相信一个事物，就意味着认为它是真的。正确认识到心理学意义上的信念，最重要的一点，要认识到信念不是心智脱离于判断的孤立的状态，而是判断的必要的伴侣。每一个智力活动、每一个断言只要是反映了某种特定的关系，都会被相信是真的。智力活动必须肯定它自己的存在，以及它自己的活动，这种肯定就是信念。理智必须相信它自己，相信自己做出的每一个判断。只有基于对自己掌握真理的信念，理智活动才能尝试去作判断。

疑问

随着经验的增长，心智渐渐认识到，不是所有的判断都与普遍智力的条件统一；也就是说，心智发现它的某些判断之间存在相互冲突，因此产生了疑问；心智不能确定这个特殊的判断与自己、与整个知识系统是统一的还是矛盾的。心智认识到，也许它的绝大多数判断都必须随着经验的增长而修正，因此它学会了接受暂缓做出判断的状态。心智不再像孩子的行为一样只接受真的判断；它并不急于做出判断，而是等待证据；这些证据要显示的是联系，是被考察的关系与构成智力活动的所有关系之间的联系。

不信任

当证据显示特殊的给定关系与所有已知的真理之间没有形成一种和谐关系时，心智就表示出不信任的态度。但必须指出，不信任只是心智活动的一种特殊内容，它不具备普遍性。普遍的不信任是智力活动对智力本身的不信任，是自相矛盾的。我们不相信这个或那个特殊的判断，是因为我们相信某些判断：第一，我们相信智力的一般活动；第二，我们还相信某些判断，它们与我们不信任的那个判断相矛盾。总之，我们不相信这个判断，是因为我们相信了别的判断；不信任只是信任的一种特殊形式。否认某些内容的前提是有的内容被肯定了。

IV 推理

前面的所有讨论已经让我们认识到这样一个事实,没有纯粹的直接知识。每一个认知都是相互依存的;也就是说,每一个认知都以其他认知为条件。(在知识的过程中)知觉是最直接的活动,但是知觉也是中介性的。比如当我说这是一本书时,我的感觉提供了直接的表象,但它并不能告诉我这是一本书。只有当我将当前的感觉映射过去的经验,并对它们进行解读,我才能够认识到这是一本书。如果感觉不经过这个映射活动,它就不会具有意义,也就不可能被解读为一本书或其他任何对象。总之,所有的知识都暗示着这样一个事实,即它是一个超越当前感觉本身而将它与其他内容相联系的过程。正是这种不局限于当前的活动构成了中介因素。

推理的定义

在知觉、记忆和判断等过程中,这种中介元素都被吸收成为这些过程的结果。当我们说"这是一本书"、"雪是白的"、"哥伦布于1492年发现了美洲"、"我曾经见过格兰特将军"等等的时候,我们并没有意识到,这些心理活动中都包含了一种外在于它自身的原因,每一句话的整体的意义都依赖于它与其他某种东西的关系。我们实际上经历了这样的活动,我们所得到的结果是因为某种别的东西的原因;但我们却认识不到这个原因。所有的意义都是通过与某种别的东西之间的关系来确定的,但当我们研究意义的结果时,往往忽略了产生结果的过程,而仅仅把它看作一个结果。推理就是对包含在知识中的中介元素的清晰辨识。它是对事物质的原因、相互关系的有意识的认识,它把一个对象映射于超越其自身的存在。所以,它并不是产生新知识的活动,但是使知识得以发展的活动都依赖于它。推理可以被定义为:这是一种心智活动,它揭示了所有意识内容之间的关系,通过揭示这些关系,活动的意义得以实现,活动本身也得以实现。

内隐推理

通常这种关系可以通过一些特殊的例子来认识。我们说"这是雪",那是因为我看见的对象与我们去年冬天经验过的雪是一样的,这是我们由一个特例定义了另一个特例。所以,当儿童说"火是会燃烧的",那是因为他曾经见过其他燃烧的火。他将一个铁块掷入水中,知道它会沉入水底,因为他曾经见到其他某个重物也会沉入水底。如果他扔到水里的每一件物体都沉底了,他会认为一块棉花也会同样沉入水底。总而言之,这种推理是以相似性为中介,由一个特例推理另一个特例,但通常我们进行这种推理时,并没有认识到这种相似性的真正意义是什么。这是一种内隐(*implicit*)推理。每一个知觉,每一个记忆都是内隐推理的例子。如果儿童对特定的感觉进行解释,并说他看见一个人,这是由于他无意识地认识到了这个经验与其他经验之间的相似性。

外显推理

在另一种情况下,心智也可能有意识地认识到是什么意义在两个例子之间形成了联系,形成两个例子的同一性元素是什么;心智能够知道,这种物质为什么叫雪,以及是什么条件导致了燃烧。心智也会认识到,这种物质实际上是水,它的特定特征使它形成了雪,这是因为在某一温度下,它以某种特定的方式凝固并形成结晶。心智同样也能够认识到,燃烧是分子活动的普遍规律的一个例证。心智不仅仅是通过相似性从一个例子去断言另一个例子；它还能够认识到推理过程本身，也能够意识到是什么构成了这种同一性。这就是外显（explicit）推理。通常的推理指的都是这种形式。

推理中的普遍性元素

无论是内隐推理还是外显推理都依赖于某种关系的存在，这种关系就是支持推理的普遍性因素。当我们从一个特例推理到另一个特例时，比如我们说"这种药一定能治好你的病，因为它曾经治好了我的病"，这时，这个结论的基础仍然是一个普遍性的元素。做出这个推理的人是在自己的病与另一个人的病之间建立了同一性，并推理出一种药一次有效，就会始终有效。这种推理的问题不是因为它太特殊，而是因为它太一般。它忽略了两个人的病之间可能的差别，以及由此而造成的同一种药在两个人身上可能引起不同的反应这样的事实，它只是笼统地把它们都囊括为一般性的观念：疾病和治疗。外显推理揭示出了这种一般性元素，即同一性关系。同一性关系在内隐推理中也发挥了影响。外显推理得出这种药可以治疗这种病的结论，其理由是在这两人之间存在某种特定关系。与内隐推理相比，外显推理的优势在于：它并不是从前提直接达到结论，直接建立了前提与结论之间的同一性；它会审视前提与结论之间的关系，去发现其中的普遍性元素。

推理中的特殊元素

根据前面的内容，接下来我们会得到这样的结论：推理除了包括普遍性元素之外，还包括特殊元素。推理总是将普遍性与特殊性联系在一起；判断也是这样，比如当人说木头可以漂在水面上时，我们可以说，关于木头的普遍观念因为被赋予了特定的性质而被限定并特殊化了；或者我们还可以说，关于木头的特殊观念被引入了更宽泛、更一般的漂浮观念之中，这两种可能性取决于我们把它当成判断的内涵还是外延。在这两种情况下,它都表达了特殊属性与普遍性元素的关系;而推理所做的是发展了这种关系的基础或原因。这一块木头能浮起来,是因为它具有木头一般都具有的属性,即具有某种比重。在这里,推理把这一特殊性普遍化了,因为它发现了将特殊事件表达为普遍关系或普遍法则的理由。或者,我们说木头可浮,是因为关于木头的一般性观念被它所具有的这一属性所区分了。这里,推理将普遍性特殊化了。它发现了普遍关系与一个特殊的限定性例子之间的联系。

先验推理和后验推理

这两者的区分使我们能够了解经验思想和理性思想之间的差异。这两种思想,一种是后验的知识即经验的结果,而另一种是先验的知识,它是推理的结果。它们常常被看作两种不同类型的知识,然而实际上,它们是知识发展的两个阶段。经验知识是从特殊到特殊的联结,虽然这种联结是依靠普遍元素来实现的,但这种普遍元素的存在并没有被意识到。推理则明确地识别普遍元素,即关系,并用它在特殊事件之间形成联系。如我们看见的,所有知识都是对推理的识别,因为它是对关系的识别,推理过程就是形成关系的过程。知觉是对对象是什么的识别,因为它与某些过去经验有同样的意义;也就是说,它们在意义上同一,而不是存在的同一。作为对意义的识别,它同样也是对推理的识别,因为是意义把感觉表象与过去经验联系起来,而推理正是联系活动。后验知识只是对普遍元素、对关系、对观念意义的无意识(*unconscious*)识别;先验知识则是对它们的有意识识别。例如,如果一个人仅仅注意到一个巨大的声音伴随着爆炸而发生,这样的知识就是经验性知识,但如果一个人揭示出两个事件之间的内在联系的同一性,这样的知识就是理性的。已知的事实不再是简单的共生,而是基于某种必然的联系。在前一种情况下,知识是后验的(*a posterior*),因为它是事件发生之后获得的;而后一种情况下,知识是先验的(*a priori*),因为关系是事件发生的条件。

归纳推理与演绎推理

如前所述,所有的推理都与普遍元素和特殊元素有联系。推理过程可以同时在这两个方向上进行。一方面,它使特殊元素普遍化,将特殊元素置于某种规则之下,使之具有了一个类的特征。这一过程是将特殊对象置于普遍性之中,或者将普遍性赋予特殊对象,这一过程叫演绎推理(deduction)。它可以用以下事实来说明,这一种物质的密度比水小;所有密度比水小的物质都会漂在水面上;所以这种物质会漂在水面上。在这里,推理是通过一般关系而获得了特殊事实的过程。反之,如果心智从特殊事实开始,从中发现了普通性原理,这个过程叫归纳推理(induction)。例如,一个科学家考察了一些氧气的原子量是16,于是,他得出结论,氧气的原子量是16;不是这一些氧气,而是作为一种物质的氧气一般性地具有这一特征;他把特殊例子看作是一个类别的代表,揭示出了整体的法则。他把某些关系从复杂的整体中分离出来。这种活动构成了归纳推理,从特殊事件中揭示出了普遍性原则。

综合和分析

我们的研究已经发现,心智活动总是在揭示对象的同一性关系或者差异性关系;并且,它总是在进行联合或分解。演绎与归纳并不是新概念,不是我们从未讨论过的、新的心智活动。它们是同一性活动或区分活动的再现。它们是注意过程的较高的发展形式。演绎推理是综合性的。它将一个个特别的个例与普遍性关系相联系;它发现苹果坠落是因为万有引力定律的关系。它赋予特殊对象以新的元素、新性质和新意义,因而使对象更丰富。归纳推理是分析性的,它考察特殊对象,并从中发现规律;它将注意集中于事实的意义,从而忽略了其他内容;它略去了事件中所有分离的、特殊的元素,分离出普遍性元素,并发现其中的规律和关于对象的观念。

两种推理的影响

归纳推理,即分析推理是从事实中发现规律;演绎推理,也就是综合推理,则用规律来解读每一个具体的事实。归纳推理比演绎推理更抽象,因为它的目的只是发现一般关系,而演绎则从一般规律返回具体事实,并将这种规律赋予事实使之具有了意义,使之具体化。因此,演绎推理的最终影响是使对象的区分度或辨别力扩大了。通过演绎推理,具体的事实与一般原则相结合,因此比过去具备了更大的区分性;因为具有了新的属性,具体事实被精练化了。归纳推理则相反,它倾向于同一化。它使我们忽略了存在于具体对象之间的差异,例如,这块石头与那块石头、石头与子弹、所有的物体与地球、地球和所有的星体等等,事实上,所有这些对象都是运动着的物体,它们都遵循同样的运动法则。因此,归纳推理使它们同一化了。

相互包含了对方

在对注意的研究中,我们看到,区分与同一性不是两种不同的活动,而是心智自我发展活动的不同侧面。归纳推理与演绎推理也是这样。一方面,它们互为前提,演绎推理是综合性的,而其目标是使对象更有区分度,界定更清晰,因此它将它们分离。归纳是分析性的,它的目标是使对象趋于统一和同一,从而将它们更紧密地联系在一起。

另一方面,归纳推理与演绎推理相互包含。这是因为归纳推理不会只停留在它自己的范围内,而是立刻引起演绎推理。科学家不会满足于仅仅获得氧气的原子量是16这样一个一般性陈述,他会把这一个一般法则回馈到他的已知的化学知识中,通过这样的方式,使他的知识趋于完善。同时,演绎推理也暗示了归纳推理。通过演绎推理而变得更特殊的内容同样也更加一般化了,它不是作为一个孤立的个体而具有某种属性,而是作为一个类中的一员,具有了同类所共有的关系或法则。普遍性蕴含在特殊性之中,这个过程恰恰就是归纳推理。归纳推理和演绎推理是同一种活动的两个不同侧面,它们互为发生条件。

例证

我们可以用数学例子来证实这一点,比如几何学。几何学通常被当作经典的演绎推理或综合推理的科学,因为它是建立在几个高度一般化的公理和定律的基础之上的,通过一系列结构化过程,推导出了高度特殊化的断言,这些断言解释了特定的几何关系或特殊的空间形式,而其推导过程,每一步的结论都是通过对其前提的推论,也就是通过演绎推理而得到的。同样,这一过程很显然同时也是一个分析的过程。一开始,我们所具有的关于空间的观念只是一些完全模糊、界定不清晰的念头;几何学的发展把这些模糊的念头分离成为界定清晰的特殊的空间关系。我们因此而获得了大量比以前更多的关于特定空间的知识。我们同样逐渐地发现了在每一个被考察的空间元素,例如三角形、圆形等图形中,某些一般性的关系或法则得到了印证;而这正是归纳的本质。

物理学则刚好相反,一般我们都认为它是一门归纳的科学,因为它开始于对特定事实的考察,终结于发现了一般性的规则;它分析事实并揭示出其中的一般关系,但它同样也是一个综合的过程,因为我们不单单获得了一般性法则,还获得了无数关于事实本身的、过去我们所没有的知识。每个事实都变得更加清晰了,因为它们被看作是特定法则的例证,或者是因为它们被纳入某种特定的关系之中。这一特征,即根据一个既定法则来知觉一个特定的事实,正是演绎推理的本质。实际上,演绎推理和归纳推理都是同一过程的两个不同侧面;一个特定的推理方法会按照它在某一方面的优势而被划分为演绎推理或归纳推理。

事实与法则

事实与法则是两个不能彼此分离的元素。法则是事实的意义,是它的普遍性的一方面;法则赋予事实某种关系。法则对事实来说是必须的,因为只有在法则的约束下,对智力而言事实才可能是有意义的。它代表了某些东西或者指示了超出它自己的存在。感觉作为一种纯粹的心理存在,并不构成事实。因此,感觉永远不可能成为知识;它必须通过转换,也就是说必须要被联系起来。实际上,在知觉和记忆中,我们并没有认识到关系或普遍元素的存在;我们并不明了它所指示的对象是什么,然而在推理过程中,我们必须有意识地认识到这种意义元素,并明白它所指示的对象正是关系或原理。每一个新发现的关系或原理都极大地增加了事实的意义;这种关系或原理使事实对我们而言意味着更多。

另一方面,原理只有与某种事实相联系,才可能相对我们而存在。当原理完全不与事实相联系时,它对我们而言是没有意义的;它是纯粹抽象的概念;只有与事实相联系,它才能变得清晰,并且因此获得了存在的意义。也就是说,事实与原理都是看待相同的心理内容的抽象方法。当我们从中抽取出它特殊性的部分,它清晰界定的一方面,我们把它看作事实;而当我们从中抽取出它普遍性的一面,它的同一性关系,我们把它看成意义或原理。但是每一个具体的心理内容,每一个心理存在,都是普遍性与特殊性的统一,是同一性与差异性的统一,是事实与意义的统一、现实与观念意义的统一。这不是一种机械的联合,在机械的联合中我们可以把每一个部分分离出来;而这种统一是一种类似生命体的整体。

知识中的心智过程

因此,事实与原理并不是像某些与心智矛盾的对象一样,它们不与心智活动对立,它们都是心智活动某一种功能的结果。事实和原理只是对同一个内容的两种不同的理解方式,其中一个是心智的辨别活动的表达,另一个则对应于心智的同一性活动,而这两种活动模式亦是不能彼此分离的。当我们考察事实时,我们实际上是在考察心智的区分功能的结果;我们通过是否具有某种特殊属性而对内容进行界定。当我们考察法则时,是考察心智的同一性功能的结果。我们按照内容拥有的心理意义或观念来形成其普遍性。每一种功能都是一种抽象,在实际认识中,我们总是既区分又同一。也就是说,所有的知识实际上都是一个从个别到个别的过程。

概念、判断和推理

我们已经看到,判断与概念的关系具有二重性。一方面,判断是分析的,它基于概念,又发展了概念;另一方面,判断也是综合的,它通过把一些新元素与概念相联系,而返回到概念之中并丰富了概念。在目前看来,推理与判断,进而与概念有十分类似的关系。推理基于判断,因为它包含了两个或更多的判断;也就是说它是对关系的假定,并且通过分析判断,发现它们之间的共同的或同一性关系,把它们联系在一起。并且,它将这一过程表达为一个新的判断。因此,艾萨克·牛顿爵士做了两个判断,一个认为月亮是不受拘束的,而另一个则认为物体都有下落倾向。他对这两个判断进行了分析,因而获得了它们之间的共同关系;他把两个判断缩简为一个新的判断,即万有引力定律。但这并不是一个孤立的判断。它重新返回产生它的基础判断之中,并与它们相结合。正因如此,当我们知道了万有引力定律,我们就能够理解为什么月亮是自由的,而物体有下落的趋势。这是我们过去所不知道的。总之,推理过程的结果是它丰富了判断的意义,使它比过去更具体,更清晰。

知识的目标的个别化

由此看来,所有的知识都是个别化的。有两种元素在任何情况下,就它们自身而言,都不可能成为知识的对象:一种是孤立的特殊性对象,另一种是孤立的普遍性对象。孤立的特殊性对象与它自身之外的事物没有联系,它不能被任何关系普遍化。假设心智的区分活动可以独立地发生,它就是这种活动的结果。孤立的普遍性对象仅仅是一种关系;它不能映射相关对象,因而不能形成综合,进而不能被清晰地界定。真正能被认识到的对象总是普遍性与特殊性的联合,是法则与事实的联合;也就是说,它是个别的。个别的认识正在成为不断丰富的知识对象,这是普遍化与限定两个过程的结果。个别的认识总是趋向于普遍化,因为它与其他的共同关系或共同观念下的个别对象建立了同一性。通过这种同一性,它变得更清晰了。因为它接纳并认识了各种关系,使其成为自身内容的一部分,它的意义也因此得到拓展,区分度也更高了。形成一个完全普遍化的或关联化的个别对象正是知识的目标,这种个别对象同时在各种关系中都有着清晰具体的界定。知识的每一个特殊活动都是对个别的认识,它存在于同一性和区分性过程之中。这一点我们在注意过程中已经研究过了(第131页)。

V 系统化

终极预设

实际上,形成知识的唯一倾向和智力活动都是以关系为基础的。于是就有了这样一个预设前提:宇宙中不存在孤立的事物,所有的存在都相互联系着,它们都是一个共同整体的一员。所以,终极预设是:每一个事件都是相互有依存、有关联的,仅依靠它自己而独立存在的对象是没有的。即使有,它也是没有意义的,它不可能成为智力活动的对象。每一个对象之所以存在,都是因为它与其他对象相联系,依存于其他对象。推理正是识别这种依存关系的一种心智活动,同时它还发展了这种联系模式。但是推理本身也存在局限性,它只考察能联系事件的特殊关系,它并没有认识到这样一个事实,即这些关系本身相互联系,形成了一个和谐的整体。

系统化过程

这是推理的更高的发展水平，它不仅仅从事实中发展出依存关系，它还进一步意识到没有任何一种关系是孤立存在的，各种关系构成了一个系统，这就是系统化（systematization）。它就是我们称为"科学"或"哲学"研究的结果，它不仅仅是知识，还是以联络形式排列成的协调性知识，科学的每一个特殊分支都是形成这种和谐系统的一种尝试。哲学则试图把各种分支科学排列成序或形成有机的联系，使它们系统化。没有一种孤立的科学能够满足知识形成系统的目标，因为在科学研究中，分析活动会占主导地位，其影响超过了综合活动。科学在其完整的意义上包含了综合的功能，它就是哲学。

科学的知识和常识

科学是这样一种努力，它把世界的各个因素都看成一个公共系统的成员，通过这种方式，它把世界还原为一个统一体。它的各种次级统一都以法则的形式表现出来，但是科学并不止于形成分析性的法则或公式，这些法则不能孤立地存在，它们必须尽可能广泛地映射为更丰富的法则，进而相互联结形成一个整体。正如我们所见，前面已研究过的最高形式的知识——推理——发展了先前知识已经暗含的那些内容，也就是每一个知识事实都依赖于它与其他事实的关系这样一个事实。这个预设涉及所有的认识活动，它假定所有事件都相互联系，都是一个整体系统的构成成员。科学更加有意识地发展、清楚地阐述了这些关系。

哲学知识

哲学是科学的最高形式，其目的就是要充分地完成这种阐述。因此，哲学不是一个新的知识门类，它是将其他知识都已经无意识地涉及的观念——存在着多样化中的统一——清晰地、有意识地表达出来。它致力于发现一个真正的宇宙;这是一个统一的世界,尽管其中包括了差异,或者正是通过这种差异而建立了同一性。它试图满足所有知识的条件,把世界看作一个统一元素;也就是说,它要获得这样一种知识,这种知识是一个个别化的对象,同时又具有最高的普遍性。和科学一样,哲学的许多细节并不是心理学所要关注的。我们只是把它们都看作是关于所有知识的法则的例证,并且揭示出了它们的心理学起源或倾向性。

第8章注释

汉密尔顿:《形而上学》,第三十四到第三十七讲;波特:《人类的智力》,第 376—491 页;莫雷尔:《心理学原理》,第 204—258 页;刘易斯:《生活与心灵之问题种种》,第三辑,第二部分,第 463 页;贝恩:《感觉与智力》,第 524—538 页;萨利:《心理学》,第九章和第十章;默里:《心理学手册》,第 185—219 页;斯宾塞:《心理学原理》,第一卷,第 453—472 页,第二卷,第 6—17 页和第 521—538 页;泰尼:《智力》,第一部分,第一册,第二章和第三章;洛里:《形而上学》,第 27—34 页和第 53—83 页;布拉德利:《逻辑学原理》,第 1—39 页(判断),第 235—249 页、第 396—411 页和第 430—450 页(推理),以及第 412—429 页(分析和综合);乔治:《心理学教科书》,第 400—453 页;伯格曼:《知觉理论大纲》,第 129—154 页;赫尔巴特:《心理学教科书》,第三部分,第二小节,第二章;施特伦贝尔:《心理学纲要》,第 252—265 页;霍维茨:《心理分析》,第二卷,第一部分,第 9—55 页;冯特:《逻辑》,第一卷,第 37—131 页(概念),第 134—154 页(判断),第 270—290 页(推理);西格瓦特:《逻辑》,第二卷,第 156—176 页(概念);洛采:《逻辑》,第 14—57 页(概念),《哲学研究》,第二卷,第 161 页。

关于语言的心理学问题可以参阅:考尔德伍德:《心灵与大脑的关

系》,第十章;莫兹利:《心理病理学》,第 475—481 页;费里尔:《大脑的功能》,第 269—280 页;洛采:《微观世界》,第 601—639 页;泰尼:《心智》,第二卷,第 252 页;佩雷:《儿童期的头三年》,第 236—264 页;乔治(同前),第 331—341 页;罗森克兰茨:《心理学》,第 283—295 页;米舍莱:《人类学与心理学》,第 368—407 页;施泰因塔尔:《语言学与心理学导论》,第 44—71 页和第 359—487 页;拉扎勒斯:《精神生活》,第二卷,第 87—345 页;冯特:《生理心理学大纲》,第二卷,第 428—440 页;普莱尔:《儿童的心灵》,第 259—391 页;格贝尔(Gerber):《语言和辨别》;盖格(Geiger):《人类的语言和理智的起源与发展》;库斯默(Kussmaul):《语言障碍》;施特里克尔(Stricker):《语言问题研究》。关于语言的纯粹心理学意义,拉扎勒斯和施泰因塔尔是这个领域的权威。

关于思维的教育,参考 De Guimps:《教育学》,第 264—334 页;乔利:《教育的本质》,第 80—113 页;Thring:《教学的理论与实践》,第 155—164 页;佩雷(同前),第 164—235 页;贝内克:《教育与教学》,第 122—141 页。

第九章 知识的发展阶段：直觉

STAGES OF KNOWLEDGE: INTUITION

知识的各阶段的共同涵义

知识的一般规律是：通过分析和综合功能而认识个别对象。这一规律在知识的各个阶段中都是适合的。这一规律得到了很多实际例证的支持。就像我们在这本书中所提到的那样，如果我们的认识活动从知觉开始，逐步上升到系统化，那么很显然，我们的认识是沿着分析、同一化或普遍化这一线索而发展的。但是另一方面，注意又常常被当作这样一种事实，即它是由更一般化的过程向低一级过程的返回，这种返回使低一级过程更丰富了。这个事实已经得到证实，即如果没有概念或普遍性元素的参与，知觉就不可能形成；同样，如果没有知觉来界定元素之间的差异，概念也不可能形成。

认识的两个水平

总之，每一种较高级的分析阶段都会立刻地影响到较低的过程，使它更清晰，这就是综合性联合。每一个推理过程都扩展了一个判断，而每一个判断都充实了一个概念，每一个概念都使知觉获得了更多的意义。在我们的普遍化过程中，透过普遍性的视角，我们同样会看到对象的特殊性，正是这种特殊性使对象的意义更丰富、更清晰。没有中介或推理过程，就不会有知觉，推理包含的元素越多，知觉的意义就越丰富，就越能够向我们阐述更多的关于对象的信息。每一个自我发展的阶段都能够在其他阶段中得到完全的暗示。从知觉到系统化的程度表现为普遍化发展过程中的分析过程的发展水平；而系统化的返回程度则表现为具体化发展过程中的综合过程的水平。就像实际的心理事实中的问题一样,它们之间并不存在发展的高级或低级的分离,每一个具体心智活动都是知觉和推理的结合,它们互为因果。这只是用另外一种方式表达了这个事实,即所有的知识都包含了同一性活动和区分性活动。

直觉

简单地说,每一个具体的、实际表现出来的心理性的结果都是一种直觉(intuition),或者是个别化的知识。前面我们研究了抽象活动。这种抽象活动之所以必要,是因为它能将包含在知识中的各种元素带入意识之中,并使我们对知识的本质的理解更加清晰。被我们称为知觉的活动是心智活动的一项具体内容,它同时包含了普遍化与区分性的活动;而注意则侧重于强调其中的区分功能。在推理过程中,注意特别地将普遍化功能独立出来;但是,事实上,这两者都不可能独立于对方而存在。正是它们的联合形成了个别化的知识。在推理之中,对象按照其特征被联系起来,这使得个别化越来越具有了普遍性;而知觉过程则使对象的区分性更强。知觉和推理的联合包含在每一个心智活动中,它们构成了直觉。

直觉的性质

直觉通常被理解为一种纯粹的、即时性的(immediate)活动,或者它的发生不依赖于对对象之间的依存关系的认识。根据这种定义,直觉与推理完全相反,并且排除了推理。它被认为是心智的一种整体性活动,它由心智获得的表象内容直接引起,并且不会发展至超越给定内容的范围;它不是任何一种中介性的过程。通过直觉获得的内容往往被认为是独立的存在。我们倾向于认为在以下情形下不可能存在直觉:当每一种心智活动都包括了关系时;当包含了相互依赖时;当包含了中介(mediation)时。被认识的事物的意义一方面是来自它的象征性;另一方面则是来自它所指向的超出它自身领域的东西。直觉的定义必须包含这两方面的因素。

最终的知识

然而,当我们开始认识到最终的存在时,很显然,它不能与除了自己之外的任何东西相联系,它只能代表它自己。所有的依赖、所有的中介都存在于其自身内部。直觉最彻底地被限制于这种认识活动中。因此,通过直觉,我们认识到的是一种最终的整体。这种整体与自己联系,而不是只形成外部联系。需要了解的是:区分和联系是这种整体存在的前提,对这些关系的理解都是在它自身内部进行的。分析活动,即同一性关系的发展,已经被完全实现了。这种关系又被反映到对象之中,人为地与它联系,使它具有完全的区分度,或使它获得清晰的界定。也就是说,在直觉活动中,我们把握了自我联系(self-related)。

直觉的阶段

在另一些观点中,每一种知识活动都是某种形式的自我联系,是个别化的,因为它包含了一种返回,即人为地将关系返回到已知内容之中。知觉、记忆、想象和概念等等,每一个活动都是直觉活动,都是对某一对象的自我联系的认识结果,但是它们对自我联系的认识程度各有不同。与普通人的认识相比较,植物学家对一棵树的认识的直觉性更强,因为他看到了更多的普遍联系,正是这些普遍联系构成了关于一棵树的现实生命的认识。当他认识到的关系或法则越多,他就越能够将更多的知识与对象联合,因此他关于对象的知识中就包括了比别人更多的自我联系。于是,对所有的对象而言,我们认识到的普遍性越多,这个对象就越真实地趋向于自我联系。我们又一次回到了这个结论:每一个具体的认识活动都是一种直觉。高级的认识活动也许最适合于支持这一结论;在这些活动中,我们最大限度地认识到了个别化或综合的普遍性。这些问题在下列几个方面中讨论:1)关于世界的直觉;2)关于自我的直觉;3)关于神的直觉。

1. 关于世界的直觉

在这里，我们关心的是作为一个整体的关于自然的知识。前文中已经多次讨论过了，我们没有必要再次重复。既然统一性是所有智力活动的预设前提，那么每一个关于外部世界的认识活动应该都是直觉的。世界的整体性（wholeness）、事物或事件之间的彼此联系等等，诸如此类的事实都在最简单的知觉中得到了暗示，而更进一步的认识活动只包含在这种统一体的发展以及它的外显化和清晰化的转化之中。我们将要谈及的直觉是这样一种活动：它把自然识别为一个系统；它并不是一种新的认识活动，而是知觉、记忆等过程的高度发展。知觉、记忆等也是直觉。我们应该首先讨论这个发展过程。

自然直觉的发展

自然直觉开始于对事物的认识。最初的直觉是关于*存在*和*现实*的。我们不仅意识到我们拥有感觉，我们还意识到这些感觉是客观的，它们构成了一个世界。直觉的第一阶段是：由一个对象，也就是一个世界而引起一个关于物质的概念。但是心智立刻会超越这种高度一般化的直觉，认识到大多数对象和事件作为现实的存在，它们都存在于时间和空间之中。关于空间的直觉，也就是对象的同时性条件，以及关于时间的直觉，即事件的继时性条件，它们共同构成了直觉对现实的更精确的界定。

第二阶段

直觉的第二个阶段是关于运动和力的直觉。我们认识到对象虽然在时间和空间上是相互分离的，但是它们却通过动力学关系相互联系；它们可能不断地变换空间位置，或者在不同时间互相转化。我们不仅具有关于空间和时间的直觉,还拥有关于空间变化的直觉。我们把这种变化称为运动;我们还具有关于时间变化的直觉。我们把这种变化称为力。通过这些直觉,心智形成了因果概念。

第三阶段

心智的认识继续向前发展,它从对变化的认识发展演化到对变化规律的认识、到对变化的稳定性的认识。它察觉到,所有的空间变化都伴随着时间变化——这种变化显示了力的存在——它进一步认识到这些力的显示总是相互联结的,并且其联结顺序固定不变。心智因此获得了关于顺序或关系的直觉。从这种直觉出发,心智形成了关于法则的概念。显然,直觉的每一个阶段都比前一阶段把握了更多的关于世界的整体性信息,并且对这种整体性的理解更加清晰。在关于事物或现实的直觉中,尽管我们也能够意识到其中所暗示的统一,但在表面上每个对象之间彼此分离。在关于空间与时间的直觉中,我们认识到空间与时间是合一的,然而我们却没有认识到它们与在其中存在着或发生着的对象或事件也是必然统一的。关于力与运动的直觉,使我们能进行这种统一化,使我们更倾向于把自然看成一个整体;如果我们再加入了关系直觉,则我们会发现世界的每一个局部都是相互联系的。

最后阶段

在直觉发展的最后一个阶段,我们把关于现实的直觉作为一个整体,因为这样的直觉总是特定时间或空间中的存在,我们才能对它进行限定或使之特别化;同样,也因为这样的直觉与顺序性和永久性联系,并表达了构成它的统一的规则,所以它具有了普遍性。在这里,每一个事实都被看成是依存性的、必然性的,每一个事实之间都存在联系。其目的是在每一个局部中发现整体的原则,在每个例证或事实中发现整体系统的关系。丁尼生的诗句正好表达了这种体验:

废墟上的花朵,

我摘下你——

握你在手中,连同你的根须,

可爱的花朵——如果我能懂得

你,你的根须,你的一切,

那么,

我就能懂得上帝和人类。

这种体验正是真正的直觉,窥一斑而知全貌。这正是直觉与系统化的不同之处。完全的直觉作为一种心智活动,蕴含在科学与哲学研究中。毫无疑问,这是必须的,但系统化毕竟不是直觉。系统化只是一种最高级的意义体验,它能把初始直觉转化为完全直觉;初始直觉是关于个别事物的知识,而完全直觉则是从最普遍的存在中获得个别性的知识。唯一需要补充的是:正是依据这种相互的完整性直觉,心智形成了必然性概念。

转向关于自我的直觉

必须指出,随着自然直觉的发展,当它不断趋向于完整,我们就越来越接近自我。每一个新的阶段都比前一个阶段有了更高级的发展,每一个新的阶段都在它自身之中理解了更丰富的普遍性关系,这种理解使它更趋近于对智力活动本身的认识。在关于事物的直觉中,甚至包括关于空间和时间的直觉中,我们知觉到的内容与智力活动似乎是对立的(第147页);当我们知觉到顺序时,实际上我们侦察到的是智力活动的顺序;当我们发现世界是一个相互依存的整体,其中每个局部都有序地与其他局部相联系着的时候,我们实际上发现的知觉是客观化的智力,因为这种统一正是心智活动的结果。如果用心理学专业的方式来解释就是,这种直觉是从部分认识整体,也是从局部意义认识全部意义,而意义却是被置于自我活动的事实之中的(第130—131页)。我们于是转向了关于自我的直觉。

2. 关于自我的直觉

这里,我们特别关注这样一个问题,即什么叫自我意识,或者什么是关于自我的认识,在这里自我被当成一个普遍的、稳定的活动。我们必须非常小心地避免将自我意识当成一种新的、特殊的知识。自我是直觉的对象,它不是一个已然存在的对象,它只需要意识转向它,就像针对其他客体一样,把它们都当成相互独立的认识对象。对自我的认识不是一个完整的过程,只是散乱地包含在每一个认识活动中。例如我们在关于统觉和保持的研究中看到,我们所认识的自我就是认识的整体,它反馈于心智的认识活动并使之组织化。总之,我们所认识的自我是直觉模式的观念化方面;正如我们刚刚讨论过的一样——自我是它自己的统一体中的直觉意义。同时,自我也可以被描述为完整化程度更高的直觉。因为,在自然直觉的最后阶段,我们把自我当作依存关系的整体,或者叫作自体联系。我们还必须认识到,我们并没有对产生这种关系的智力活动进行描述。总之,自我真正的存在意义是它与心智的关系。在自我意识中,我们关于心智的知觉得到了发展。

自我直觉的发展阶段

自我是一种活动。这种活动是联系,是关系。因此,自我也是一个真实的统一体,是我们所拥有的全部认识所包含的各种元素和内容统一而成的一个整体。在联合与注意中,自我就是被心智联合并注意到的活动。只有这样,我们的心理生活才能从它的产出中形成意义(第86页),其结果是自我被结合成一个统一体。如果不是因为自我的活动,我们心理生活将不会有内容,知识不会有客体。正是自我的活动,使这些对象被实现了。所有的知识都因自我而实现,因此属于自我。无论认识什么对象,我们都是对自我活动的认识。因此，所有的知识都是关于自我的直觉，正如它们也是关于世界的直觉一样。但是，在知识的第一阶段，这一结果并没有被认识到。我们只认识到意思（meaning）或意义（significance），而没有认识到它们的来源——心智。最初的直觉可以被称为是观念性的直觉，是关于世界的，却是与现实性相对立的直觉；这种对立是意义与事物的对立。基于这种对立，心智形成了统一性与普遍性的概念。

最后阶段

自我直觉蕴含在那些哪怕是最简单的认识活动中，自我直觉的发展也就是从各个认识活动中发现自我的活动。自我的活动包含在知觉过程中。比如，在记忆中，那些使元素与时间相联系的活动被再认。记忆就是我们再次知道了我们已知道的，在这个过程中，一些我们未曾意识到的因素得到了发展。我们没有必要去讨论这一过程的细节，但很显然，高级的"能力"回溯较低级的能力时，会引发一系列原本蕴含于直觉中的自我活动，直到我们获得了完全的自我意识。自我意识是对在每一个特殊的自我活动中的整体自我的认识。从对自我的直觉出发，我们形成了自由的概念，也就是说，我们认识到直觉过程是一个与自我相伴而生的过程。

转变为关于神的直觉

没有一种知识不包含特殊性的和普遍性的因素，同样，也没有一种知识不包含现实性的和观念性的元素。在两种初期的直觉中，我们把认识的这两个方面当作相互独立的存在来对待，尽管我们也看到了，关于世界的直觉作为一个独立的关系的统一体，它暗示了自我（在这些关系中的存在）。同时，我们也认识到，如果没有统觉，自我拥有的知识就没有内容，统觉不停地工作着，它的工作都被组织成自我或者保留在自我之中，通过这种途径统觉自身也得到了实现。简而言之，我们把世界观念化从而认识到了世界,我们把自我现实化从而认识到了自我。每一个知识的具体活动都必须包括这两个因素。这引导我们进入了直觉的终极阶段,即关于神的直觉。

3. 关于神的直觉

无论是世界还是认识世界的自我,都不能被称为真正的自我联系。世界作为被认识的对象而存在,仅仅是因为它与理智的认识活动之间存在联系。理智的认识活动用这种联系来解释世界,通过这种途径,它自己变成了清晰的现实。真正的自我联系必须被组织成为自我和世界的统一、观念和现实的统一,这就是我们所认识的神(God)。必须要记住的是,这种直觉在类型上与其他直觉相似,并且与其他直觉一样包含了某种中介过程。它不是一个不包含关系的统一,而是自我联系的统一。还必须记住的是:我们正在讨论的是一个完全的理智的直觉,它是理智或真理的最佳现实化。

直觉的发展

每一个具体的认识活动都包含了神的直觉,因为它包含了现实与观念的统一、主观与客观的统一。用另一种方式来说,就是每一个认识活动都是理智的现实化,是对某种构成真理的关系的获得。这种直觉的发展过程是认识到完全真理的过程,也是理智的完整统一的过程。这个发展步骤正好就是理智自身在知识中的演进步骤,正如那些我们在这本心理学书中已经讨论过的内容一样,它不需要再重复了。这里,我们只需要认识到,每一种认识活动都是一个关于真理的直觉,认识活动的目标就是完善关于真理的直觉,而这种真理包括了理智的统一活动和区分活动。所有把握真理的失败,或者一个陈述表达最终现实无法被认识,这些问题都是由于强调了这两个过程中的一个而排斥了另一个。正是神的直觉完全地实现了理智的活动,这些理智活动构成了宗教意识的认知层面。它是知识的最具体、发展水平最高的形式;但同时,它也在每一种知识中得到了暗示,包含在各种知识中。简而言之,在最简单的知识形式中暗示的真理,更多于最完整的科学或哲学所能引出的真理。后者是一个系统化的过程,它们的功能是使最初的和最终的直觉得到充实。

第 9 章注释

关于直觉和自我意识,见斯宾塞:《心理学原理》,第二卷,第454—488页;冯特:《生理心理学大纲》,第二卷,第216—218页;施特伦贝尔:《心理学纲要》,第294—309页;埃德蒙:《心理学书简》,第二章;霍维茨:《心理分析》,第二卷,第一部分,第122—129页;乌尔里齐:《身体与心灵》,第二卷,第43—66页;乔治:《心理学教科书》,第341—351页;柏格曼:《意识理论纲要》,第54—91页;里博:《人格障碍》;Jeanmaire:《人格的心理学模式》。

Schools of To-Morrow
School and Society
Human Nature and Conduct
Democracy and Education
Reconstruction in Philosophy
Psychology
The Quest for Certainty
The Public and its Problems
Art as Experience
Ethics
How We Think
Experience and Nature

PART TWO FEELING

第二部分

情 感

第十章　情感导论

情感的性质

需要记住的是,与记忆或知觉不同,情感并不是指一种具体的心理活动,而是所有心理现象的一个方面。情感并不是时不时地发生在我们心理活动中的一组特殊的心理体验;它是和心理活动共同发展的,是心理活动的内在一面。所有的认识都是以情感为媒介而发生的,这是因为在认识活动过程中,我们使得宇宙中的存在物变为内部的,或者使之属于我们的意识。在认识中,我们的确没有注意这一内在因素,而是注意那些我们获得的关于客观事物的信息。然而,我们把这种知识当作是我们的知识,我们把它归属于作为主体的我们自己。这些事实恰恰表明,它也是情感。没有哪一种意识是以完全客观化的形式而存在的,没有哪一种意识和个体没有任何联系。这也就是说,没有哪一种意识不是情感。

情感与个体自身

每一种意识都被感觉为我的意识。这就是情感。正是情感构成了我和你之间的本质差别。由于每一个自我(ego)都是如此,所以我们不能将"自我"定义为既是主体同时又是客体。自我赋予我们以自我性(selfhood)的普遍形式,但是却没有为我自己和你自己之间的差异提供任何依据。知识也未能为这一差异提供依据,这是因为,知识是关于客体的,也是普遍的。尽管知识总被认为是我的知识或者是你的知识,不过这都是由于自我存在的缘故。知识不能构成自我。然而,情感是唯一的,是独享的。

情感表达了这样的事实：所有的事物都不仅仅是客观的和普遍的，它们也以主观的和个体的形式而存在。想要详细说明情感到底是什么，这是不可能的。正是由于情感是个体的和特殊的，所以它才能被感觉到。不过情感的特征又可以被描述为：它是所有意识活动的兴趣（interest）层面；而意识又是我或你所独有的个人活动。

情感与自我的活动

因此，情感——或者说兴趣之事实——的范围与自我（self）的整个范围一样广泛，而自我的范围则是和经验的整个范围一样广泛的。为了确定情感的形式和条件，我们必须首先理解自我。正如我们经常看到的那样，自我也就是活动。自我不是指行为，而是活动。因此，所有的情感都是活动的伴随物。心灵通过自我的活动而得以存在；情感也渐渐意识到它自身的存在。心灵因情感本身而存在；情感本质上就是兴趣，而它自身则是由活动构成的。在一般意义上，关于情感我们也只能说这么多了。但是活动可以在两个方向上进行，因此可能存在两种兴趣。活动可以促进或发展自我，也可以阻碍自我。兴趣可能是某种愉悦，也可能是某种痛苦。所有的情感都在这两极之间移动。

性质化情感的来源

愉悦的情感对于心灵是非常明显的，其活动方向倾向于增加个体的幸福或自我实现；而痛苦的情感则相反。前面我们已经看到，自我不仅是一种形式化的存在——自我与它所处理的材料和产生的结果没有必然的联系——而且还是一种现实的活动，也就是说它是有内容的。各种领域的不同经验仅仅只是自我的现实本质的差别或发展而已。通过持续的活动，自我不断地以某些确定的外显形式来组织它本身。并且，只有当自我以这种方式组织它本身时，它才不仅仅是纯粹的能力。因此，不存在一般意义上所谓的痛苦和愉悦之类的东西，正如没有一般意义上所谓的颜色之类的东西。除了愉悦和痛苦这一起码的事实之外,每一种情感都拥有确切的内容,并且它们的内容是各不相同的。这就好比红色和蓝色存在质的差别,尽管它们都是颜色。换句话说,自我的每一种活动都拥有与其他活动所不同的明确内涵或性质。所以,作为自我活动的伴随物,或者说作为自我活动在意识中的直接呈现,情感肯定也是有差别的。

对情感的论述模式

所有的情感都是自我活动的个体层面。自我的活动使它自身在无限的方向上发展,并获得无限的内容。我们下面的讨论都必须基于上述这些事实。不过,所有的活动仍然可以被缩减到少数几个一般的主题上,也就是下面论述的基础。情感的性质或内容显然是由自我发展或实现的程度来决定的,而且我们可以把情感分为许多种类,就像对心灵中的自我实现活动进行区分一样。在最低意义上,自我就是一个配备有神经系统的有机体。它通过和心灵的联结,能够以感觉的形式对物理刺激做出反应。1)第一种情感就是伴随着自我的有机活动的那些情感,也叫作感觉情感。心理看起来似乎也是联想活动,或者是把个体经验的各种成分机械地结合起来,而且其中还包括注意活动——注意活动使各种经验元素变得观念化,并赋予它们以特殊的意义。按理说,下面的两种情感是符合上述两种类型的,但更便利的方法是采用交叉分类。在联想活动和注意活动中,情感可以根据活动之间相互承受的关系来进行划分。而更特别的是,情感也可以根据它们所包含的内容来进行划分。这样就产生了 2)形式化情感和 3)性质化情感。对于后者,我们将考察 1)美感,2)理智感,3)个人情感和道德感。

第十一章 感觉情感

性质

最早和最简单的精神活动,是通过有机体来完成的。情感是所有活动的内在方面或者个体层面,而在这里,情感似乎表现了有机体活动的内在方面。在生理学中,有机体是指外部的身体,每个身体部位所处的空间位置是不同的。而在情感中,这种外在性和分离性被克服了。当眼睛在看时,整个有机体都感觉到了体验;而当手被撞伤或者当消化器官没有正常工作时,通过感觉可以意识到它。每一个行动和反应对于整个自我而言,都是独一无二的。现在,我们必须分析这种情感的各种形式。

作为情感的感觉

本质上来说,每一种感觉都是一种情感。前面我们一直把感觉当作是统觉活动的刺激,从而产生了知识活动;并且在前面我们已经对感觉进行了适当的探讨。但是,感觉本身也是心灵的一种内在感受,它拥有一种它自己所特有的情绪性质。我们可以推测,在婴儿拥有知识之前,他早就拥有了感觉;在婴儿识别出彩色物体或者能发声的物体之前,他的眼睛和耳朵早就有了感受。可以猜想,这些感觉和我们自己的消化感觉是非常相似的。它们就是情感。当这些感觉变得客观化时,它们仍旧是情感;情感的特性取决于1)强度和2)性质。

(1) 情感取决于感觉的强度

愉悦和痛苦拥有某种量的属性。对于任何一种感觉,如果它的强度超过了某一特定的值,那它就会变成痛苦。而当低于某一特定的值时,几乎所有的感觉也会变成痛苦。只有在这两个界线之间的感觉才是令人愉悦的,而且在其中特定的一点上,愉悦感达到最大值。朦胧既不是指明亮也不是指黑暗,它只产生微小的感觉并且不能加以详细说明,这种感觉是痛苦的。过强的光线(比如太阳光)也是令人难受的。然而,这两种界线之间的光线却是舒适和令人愉悦的。微弱的说话声或沙沙声是让人生气的,而一声巨响也是让人讨厌的。在这两者之间的声音才是令人愉悦的,并且让人愿意去追求它。当刺激刚好处于某种强度时,单纯地看和听也会产生愉悦,而与看到和听到的东西无关。在触觉(从挠痒到擦伤的不同程度)中也反映了同样的道理。而在温度感觉中,从冰冷到温热以及酷热的连续变化中,同样也说明了上述原理。

界线的位置

界线的位置基于这样的事实:引发痛苦的刺激要么是太微弱了,根本无法引起感觉的正常反应;要么就是太强烈了,使得有机体产生了过多的活动,以至于有机体精疲力竭或者某些部位受到了损害。中等刺激能够带来愉悦,它位于比较容易调节的范围之内,而不会产生过多的活动。产生适宜反应的刺激,不会给有机体带来过多的需求。非常微弱的刺激让心灵处于一种分离状态。它促使心智指向它自己,但是又未能提供足够的诱因来让心智对它做出实际反应。而非常强烈的刺激要求有机体的储备力量来满足它,并且提出了过多的需求,从而使有机体系统耗尽了。非常不规则的刺激引起了徒劳的尝试来进行调节,这样能量就被浪费掉了。所有的这些感觉形式都引发了痛苦,而更自由的中等活动则是令人愉悦的。这就是我们从理论中所期望得出的结论。正常的或者健康的活动促进了有机体的发展;其他的活动则破坏或者阻碍了有机体的发展。不过,应该注意的是,最大的愉悦感发生在某一特定的点上——这个点上的感觉强度最有利于进行明确的区分,这样就为智力的辨别功能的最佳工作方式提供了一种情感基础。

感觉的持久性

与感觉强度联系在一起的另一个属性也是需要考虑的,那就是感觉的持久性。似乎存在一种自然的情感节律或者情感流,它独立于对它进行操作的所有过程。身体活动似乎是按照脉搏的交替来执行的。非常短而快的刺激扰乱了这种规则的恢复和损失,所以是让人不愉快的;另一方面,持续很长时间而且没有变化的同一种感觉,不管它是愉悦还是痛苦,都会变得缓和下来。如果一个刺激的持续时间刚好足够长到心理对它做出反应,然后就消失了,并且从一个刺激到另一个刺激的变化没有太过突兀,那么这种刺激可能提供了最大的愉悦感。

(2)情感取决于感觉的性质

然而,情感不仅仅是纯粹的愉悦或者痛苦。各种情感之间存在着质的差异,情感的内容随着感觉性质的不同而不同。当对有机体感觉进行研究时我们可以看到,它们对于情绪活动的价值比对认知活动的价值更高;并且在一般意义上可以说,一种感觉对认识的价值越高,那它对情感的直接价值就越少。所以,作为纯粹的感觉,视觉所拥有的情绪性质的程度似乎是最低的。然而,学生必须仔细区分这两种价值:一种感觉本身的情绪价值,和这种感觉被更高的过程观念化之后的价值。本质上,一种感觉拥有的情绪力量越少,那么它能够以复杂的形式呈现出来的力量也就越多。所以,机体感觉非常微妙地进入了更为发达的情感形式,首要的就是视觉和听觉。

机体情感

总的来说,有机体的感觉赋予我们一种总体的健康感。健康感,或者说活力感,是从每一种器官中产生的感觉所拥有的各种细微情感的总和。这种性质的情感可以被称为丰富的或者大量的情感;这种情感是如此的普遍而深入,以至于几乎拥有了空间特性。这种情感在童年时代最为强烈。很难说这到底是由于情绪质量确实衰退了,还是因为成年人的意识中占据了太多更加复杂的情感。但是毫无疑问的是，童年时期的"活力(being alive)"感确实比后来任何时期的都要鲜明生动得多。利·亨特(Leigh Hunt)说，当他还是一个小孩时，看到漆成红色的围栏篱笆所带来的愉悦，比他在成年后的任何一次经历都更加强烈。即便这种说法有些夸张，但是它确实表达了一种普遍的体验。

特性

然而，在人生的每个时期，这种重要的感觉一直都是每一种情感的基础；它是所有情感当中最稳定而持久的，对它的任何阻碍都必将产生最严重的心理影响。机体情感是整个有机体运作的情感的总和，它似乎构成了气质的基础，而且通过和更复杂的情绪状态交织在一起，构成了心境(mood)或者情绪基调。尽管这种说法——我们拥有一种情感但是却没有意识到它——似乎是不可能的，但是下面的情形似乎也是事实：虽然有机体的健康运作赋予了我们最基本的情感，而且它与其他情感是不同的，但是我们自身却没有意识到它。不过，实际上这也不存在任何矛盾。因为拥有一种情感是一回事，而将这种情感作为认识对象则是另一回事。情感越健康，我们就越是沉浸其中，因而也就越少注意到它。只有当情感不再健康，甚至引发某些变态行为时，我们自身才会意识到它的存在。

味觉和嗅觉

我们已经注意到，在味觉和嗅觉中，情绪意义大过于认知意义。然而，在机体感觉中，认知意义则更加明显。这是因为，尽管我们确实会谈到糖果的味道或者古龙香水的气味，但是我们从来不会在超出有机体之外来考虑认知意义的性质。不过，味觉和嗅觉都可以很容易地被归为令人愉悦的或厌恶的，而不需要参考任何客观的标准。味觉拥有更直接的能力来产生愉悦或痛苦，从味觉产生的情感与机体感觉加起来，似乎构成了婴儿的大部分心理活动。嗅觉的影响更加微妙而难以捉摸,并且,由于它不那么迟钝,所以更容易进入更高级的联想。

必须注意,从狭义上来说,机体感觉和味觉都是个人化的。在这里,"个人"和我们自己的有机体是同一的,从而在时空上和别人区分开来。只有我们自己的身体过程才能产生机体情感;在品尝一种东西时,它必须通过嘴巴进入有机体。这些情感倾向于把一个个体与另一个个体区分开来,这是因为一个人从这些情感中得到的快乐要么无法和其他人分享,要么在根本上就和分享互不相容。而在嗅觉中,情感变得稍微有点客观和普遍了。总的来说,有气味的物体不会消融于某个有机体当中。这样,许多人都可以从同一个物体中获得并且享受到相似的情感。

触觉

在触觉中,我们看到了情绪层面。这主要表现为当我们接触一个物体时,我们通常会说感觉到了些什么。产生触觉的刺激物体位于有机体外部,触觉中的情感比前面谈到的任何一种情感都要普遍。产生愉悦的触觉特征是光滑和柔软——特别是当和天鹅绒、人的皮肤等联系起来的时候。另一方面,粗糙和坚硬是非常令人厌恶的,特别是当结合了刺目的形式的时候。上述事实的生理基础似乎在于,光滑柔软的表面导致了连续而不间断的神经放电,而凹凸不平的表面则产生了间断而不规则的神经放电。手指在砂纸上摩挲所带来的情感,和听到锯子来回拉锯的体验非常相似。

肌肉情感

从肌肉感觉中产生的情感,在机体感觉与视觉和触觉之间占据一个非常特殊的位置。肌肉情感是由于身体的活动而产生的,因此拥有一种纯粹的个人含义。不过,肌肉情感和其他所有的感觉都存在连接,以至于它也拥有了其他感觉的特征。更特别的是，肌肉情感是我们达到任何目的的条件，因此它和达到目的的所有情感都连接起来了。肌肉情感和完全个人化的机体情感之间的区别似乎在于，机体情感只和我们自己的被动的愉悦有关；而肌肉情感虽然产生于我们自己，但它是我们活动的伴随物，而且其延伸范围和这些活动达到的结果一样深远和广泛。我们被动去享受的东西，只能被我们自己享受到；而我们积极去享受的东西，则可以被无限分享。实际上，在很多情况下，当其他人的利益是行为的实际目的时，那么行为对我们自己而言将不会产生愉悦，除非其他人变得快乐，那么目的也就达到了。

语言的使用

其实，很多词汇都无意识地包含着大量的心理学原理。比如，我们通常用某些词汇来表达情绪的各种特征。不管这些词汇所形容的情感有多么高级，但词汇本身却都非常普遍地来源于它们的感觉基础。于是，那些直接表达个人的吸引或排斥的词汇，大多数都起源于嗅觉和味觉。厌恶也就是对某些东西感到恶心，憎恶则是厌恶的一种较强的说法，而且其外在的客观表现主要集中于鼻子和嘴巴的扭曲上。这些词汇所表达的观念，似乎是我们拒绝那些讨厌的、憎恶的东西，是由于我们讨厌某些胃部感觉、味觉或者嗅觉。另一方面，令人愉悦的东西则是甜美的、美味的和芳香的。一般来说，让我们感到愉悦或者厌恶的东西，都是用较低级的感觉词汇来表达的。

语言在更高级情感中的使用

用来描述道德品质的词汇以及命名活动则起源于触觉和肌肉活动。一个人是精明的、敏锐的或者迟钝的。他拥有温和而优雅的举止，或者是粗鲁而低俗的。性格可以是坚韧的，或者是顺从的。一个正直的人可以被说成是公正的。有的人可以被称作是让人放松的，而其他人则让人觉得沉重。乏味的人通常也是忧郁的；尖刻的人会激怒我们，而好的特质则会吸引我们。有些人是慢性子，而有些人则是急性子。一种行为是正当的和高尚的，或者是卑鄙的和低级的。好的东西会提高一个人的素质，而坏的东西则会让他渐渐堕落。所有这些形容词都表现出一种固有的情感，即道德品质是和个人活动以某种方式连接在一起的，而且一个人最突出的特征也就表现在他对待他人的方式中。指派给智力特质的词汇则是来源于视觉的，比如说敏锐、聪明、机智、思路明晰等；不过，用来表达心理活动的许多词汇则来自肌肉活动的词汇，比如敏锐、深刻等。

听觉情感

大多数情况下，听觉都被客观化了，从而丧失了构成感觉情感的纯粹个人化的参照。但是，正是由于客观化的缘故，听觉变成了围绕着客体所产生的那些更加复杂的情感的中心。特别是，听觉构成了语言和音乐所产生的所有愉悦情感的感觉基础。但是，这些情绪效果超出了我们现在正在讨论的主题。然而，尽管音乐的旋律与和谐是非常复杂的审美感受，但是它们似乎也拥有感觉的一面，这表现为它们都可以在连续而规则地出现的神经放电现象中找到其感觉基础。另外，撇开旋律本身不说，缓慢的旋律通常都表现出悲伤，而快速的旋律则表现出欢快和高兴。通过与肌肉感觉相连接，声音获得了它们的情绪效果，比如在舞蹈的步伐和各种形式中就是如此。柔软的音调代表忧郁；大声则表示了不耐烦。深沉的音调表现出庄重和严肃；高音——除非高得变成了尖叫——则代表了高兴或者轻浮。非常特殊而不能言传的情感，则是由于乐器的音质或音色的特征太过鲜明的缘故，比如长笛、风琴、小提琴和风笛等。伴随着主旋律的不和谐音则会让人产生一种不安和渴望的情感。

视觉情感

和听觉一样,视觉也只拥有少量直接的情绪性质。当然,正是如此,视觉才通过间接连接而无限地扩大它们拥有的情绪范围。特别是,有机体缺乏直接的参照来使得视觉和听觉成为审美感受的基础。我们谈到情感的时候,其实就像知识一样:情感越直接——也就是说,情感越是没有超出感觉呈现的内容,那么情感也就越不发达。我们越是专注于这样的情感,而且越是忽视情感所依赖的物体或活动,那么情绪就越是不明确和不发达。视觉几乎不会产生直接的愉悦和痛苦,以至于它特别适合作为传递更高级的快乐和痛苦的手段。

感觉的特征

然而,即使是视觉,也不能完全免于产生情感。阳光普照一般都会带来愉悦,而长时间的黑暗则是令人忧郁的。连续几天的阴天,会让人产生抑郁。黑色看起来是忧郁的,或者是庄重;而白色则是欢快的。当和其他色彩相混合时,白色的数量往往影响着色彩的情绪基调,比如紫色和淡紫色的效果是有差别的,蓝色和海蓝色、红色和玫瑰红也是如此。有些混合色并没有代表任何情绪基调,比如说灰色和棕色,它们可以被合适地叫作中性色。这是因为,它们在情感上似乎是完全中性的。不过值得注意的是,随着文明的不断发展,人们越来越倾向于放弃那些具有强烈的感觉性质的颜色,而是采用中性色彩。因此,灰色和棕色在衣服、家具等物品中占据了主要的地位。这和未开化的种族所拥有的品味是完全不同的。尽管中性色彩使得形状和图案等的情绪性质更加明显,并且不会马上让情感兴奋起来,但是由于未开化的种族不能欣赏这些更加微妙的愉悦,所以他们的品味还是习惯于在红色和黄色当中体验强烈的欢愉。歌德(Goethe)认为,在光谱中,从红色到绿色都是增色,因为它们让情感变得兴奋;而从绿色到紫色则是减色,因为它们让情感沉寂下来。黄色似乎和温暖连接在一起,而纯蓝色则是冷色。原始部落的品味喜欢增色和暖色。不过也有可能出现风水轮流转的情况，那就是现代人在习惯了所谓的优雅品味之后，不再喜欢中性色彩了，因为他们再也无法在这些色彩中找到正常情况下本应激起的愉悦情感了。经历了一段太过优雅的时期之后，人们的品味重新转向那些亮色和暖色，而这些颜色曾一度被拒绝，因为它们被认为是野蛮和粗俗的。

理论的应用

可以看到，对感觉情感的讨论是符合我们的理论的。每一种感觉都代表了一种精神活动。虽然感觉是一种反应性的机械活动，但它仍然是一种活动；正因如此，我们预期它会产生愉悦和痛苦。由于感觉中的精神活动并不是纯粹形式化的，也并非遵循同一个模式，而是在性质各异的所有感觉系列中确定了它自己的位置，所以我们可以发现感觉情感在内容上是丰富多样的。由于情感是意识的个人化的一面，所以我们将会发现，感觉变得越客观化，它越不可能成为直接情感，即感觉情感。然而，由于知识是自我活动的一种模式，所以我们可以看到，那些在变成直接的感觉情感的过程中所丢失的感觉，将会以理智感的形式为媒介而再次出现。

第 11 章注释

默里：《心理学手册》，第 330—348 页；冯特：《生理心理学大纲》，第一卷，第 465—499 页；洛采：《微观世界》，第 567—578 页；莱科克：《心智与大脑》，第二卷，第 274—293 页；霍维茨：《心理分析》，第一卷，第 191—201 页和第二卷，第一部分，第 88—122 页；布劳巴赫（Braubach）：《情感心理学》，第 12—39 页；纳赫洛夫斯基（Nahlowsky）：《情感》，第 130—156 页；施奈德：《人的意志》，第 117—246 页。

关于气质，可参考冯特（同前）第二卷第 345 页及以后的内容；乔治：

《心理学教科书》,第 125—150 页;乌尔里齐:《身体与心灵》,第二卷,第 129—136 页;布劳巴赫(同前),第 112—140 页;福尔克曼:《心理学教科书》,第一卷,第 209—216 页;福特拉格:《八篇心理学演讲》;以及亨勒的《人类学讲义》。

第十二章 形式化情感

FORMAL FEELING

与感觉情感的区别

在感觉情感中,情绪依赖于感觉自身的质朴的存在。确实,吃橘子所带来的愉悦和手指因擦伤而带来的痛苦,都会和我们以后的生活联系起来;想到橘子特别稀少,或者它是某人送的礼物,这会让我们在吃橘子时体验到更强的愉悦;而手指擦伤后,如果想到这将让我们无法执行许多期望已久的计划,就会使痛苦更甚。但是,感觉情感本身不会让我们超出它们的直接存在。它们的意义完全表现在它们自己的内在特征当中。而我们现在所探讨的情感,则与心智的连接活动有关。这种情感是一种心理体验,这种心理体验超越了感觉的内在特征,并且把感觉扩展为它在与过去的或预期的其他体验的连接之中所拥有的情绪含义。

形式化情感

这样的情感让我们超出了感觉的存在,它们可以被分为两类。尽管这些情感全部都是心智的连接活动,但是其中有些是出于纯粹的连接模式,而不管它所连接的内容;然而,另一些情感则不依赖于活动的模式,而是取决于所连接的主题。听到一个出乎意料的评论,和听到一个朋友溘然去世,这两种情况所产生的情感在形式上是相似的。两种情感都是由于突然出现的活动和已经存在的活动不协调而产生的。然而在内容上,两种情感却大相径庭,因为听到的内容的性质差别太大了。这让我们把情感区分为形式化的情感和性质化的情感。在这里我们考虑的是前者。大多数情况下,形式化情感总是伴随着心智的机械活动,这就把心理生活中的各种过去的元素和现在的元素连接在了一起;而性质化情感几乎完全对应于注意活动,注意活动让这些元素都变得观念化,并且赋予它们以具体的含义。不过,这种对应只是一种一般性对应,所以不必太过强调。

调节的情感

这样,和我们有关的情感是被活动的形式所唤起的,而与这个活动的内容没有关系——除非它使活动继续或把活动压制下来。在某种意义上,每一种活动都可以被看作是一种调节。这是因为,每种活动都要以某种特定的刺激为基础的,并且力图让它自己与刺激相一致——要么改变它自己的状态,要么将刺激消除掉。因此,有多少种调节形式,就存在多少种形式化的情感。我们认为有三种一般的类型。第一种调节能连接或反抗我们当前活动中的各种元素,它在总体上对应于同时性联想。第二种调节把当前的经验和过去的连接起来,我们可以说它对应于继时性联想。第三,我们拥有的情感取决于当前经验和预期的未来经验之间的关系,这类情感是和注意的调节活动连接在一起的。

1. 当前调节的情感

(1) 相对情感

毫无疑问,每一次调节都会涉及各种不同的元素。这些元素之间存在不同的相互关系。它们可能相互一致,从而让和谐的调节得以发生。它们也有可能是不相容的,以至于对活动构成了某种障碍。如果它们完全不相容,那它们将会阻止调节活动的发生,要么就是调节活动的大部分精力都消耗在将这些相互对立的元素进行和解上了。随着活动中元素的不同组合,情感当然也会出现各种不同的形式。概括而言,我们拥有和谐感、冲突感、和解感,或者冲突后的和谐感。当元素之间是如此相关,以至于它们确实促进了调节活动时,就会出现和谐感。如果心智同时受到两种刺激,以至于需要产生两种不相容的反应时,就会出现冲突感。但是,所产生的这些情感在形式上是一样的,而不管和谐感或冲突感是来自感觉元素还是理智元素,抑或是道德元素。

种类

一般而言,尽管情感是指为了调节当前的因素而出现的能量,但是由于这些因素之间存在不同的相互关系,所以我们必须认识到那些次要的形式。学生将发现他自己来分析这些情感类型会很有好处,不过我们还是要提供几个例子。最重要的情感之一,就是练习或者活动产生的情感。如果活动连续不断地采取迅速而丰富的措施,克服了所有的阻碍,那么就会产生一种能量感。这种能量感会带来胜利或者得意。如果障碍看起来太大了,而冲突将会导致活动的分裂,以至于什么也不能完成,那么就会出现一种无助感。这种无助感会带来气馁或者沮丧。不过,如果活动的方向似乎是正确的,但是却受到了某种超出控制的环境因素的阻碍,这时,如果环境继续下去,那么就会出现一种急躁感,然后变成不满感;而如果环境被消除了,那么就会出现放松感。

进一步的论证

如果活动中的每个元素都合适地指向活动的目标,并且活动的各个部分不仅相互协调,而且还对活动有帮助,以至于活动的整体效果因这种相互促进而大大增强了,这时就会产生一种清晰感。而如果每种元素相互干扰,并且不存在和解这些冲突的明确方式,那么尽管这些冲突不会导致完全的对立,但还是会让人产生一种混乱感。当各种活动的冲突保持继续,而手边又没有解决冲突的办法,那么就会出现一种焦虑或者不确定感。其实,这种情感也是混乱感的元素之一。当冲突得以解决时,会出现安宁或者平和感;也可能是,冲突太激烈,而且持续时间太长了,以至于情感都精疲力竭了。

如果活动之间的冲突不是通过这种方式——调和各种不同的元素,

以至于使得每一种元素都作为一个组成部分而包含在最后的活动中——来解决的,而是对其中的某一种活动进行完全的压制,那么就会产生一种非常复杂的情感。冲突结束时会出现满足感；一种活动的胜利会带来积极的愉悦感,而对另一种活动的压制则会带来痛苦的情感或失落感。这种复杂的情感没有具体的名称,也许是因为它太常见了。我们在进行决策时,几乎总会伴随着这样一种混合的情感——一方面对已经取得的成果很满意,而另一方面对未能达到的目标表示懊悔。如前所述,如果冲突的解决不是因为压制了某些元素,而是由于活动中的所有元素之间的内在协调性,那么就会产生和解感,而这种和解感可以变成欢乐。

（2）活动过量的情感

当前调节的情感不仅依赖于各种当前刺激之间的相互关系,而且还取决于这些刺激对心智所提出的要求的程度。倘若冲突不会变成实际的对立——也就是说,如果所有的冲突活动都能够统一成为一个整体——那么冲突越多越好。这是因为,这样的冲突只会产生更多的活动,导致更加完善的调节,从而也促使自我得到更加完善的发展。不过,活动也可能持续得太久,而且太过激烈,以至于耗尽了自我的行动能量。这时就会产生疲惫感。当然,其原因既可能是心理上的,也可能是生理上的。然而,它更有可能伴随着这样的活动——与所追求的目的有一种纯粹的外在关系。例如,每天的体力劳动不是为了追求体力劳动本身,而只是为了因劳动而得到的酬劳。工作只是为了达到它的目的,工作本身可能是令人厌恶的,但是却必须忍受。这就会产生苦力感。另一方面,如果活动是因其自身的缘故而产生的,比如在技术作业中,工人很乐于从事他很擅长的操作。在艺术创造和科学研究中也是如此。这样,就会出现一种舒适感,这种情感在本质上和游戏非常接近。如果活动中伴随着苦力感,或者对活动缺乏兴趣,那么这些活动比那些伴随着游戏感的活动更容易产生疲惫。事实上,如果加以适当的调节,拥有游戏感的活动到底会不会产生持久的疲惫,都是值得怀疑的。

(3) 活动不足的情感

在活动程度的另一端,存在一些因缺乏足够的活动而产生的情感。这是因为没有足够的刺激来产生情感;或者个体没有足够的能量来对刺激进行反应。在前一种情况下,将会产生琐碎感或者平淡感。而在后一种情况下,则会产生厌烦感。在任何一种情况下,情感的形式可能都是不值得的,都只是精神的空虚和烦恼。如果个体拥有能量储备,但是他的环境却未能让他的能量发挥作用,那么就会产生隔离感,和他的地位或年龄脱节了。如果能量被外部障碍包围了,找不到任何出路,则会出现束缚感。再者,活动受到阻止而不能自然地表达出来,那么它可能会盲目地反抗任何障碍,这样就会产生伤害感、怨恨感和破坏性的愤怒感,这些情感会清除掉所有的阻碍。

2. 因过去经验而引起的情感

正如我们在研究心智的知识活动时经常看到的那样,没有哪一种当前的活动不受过去活动的影响或修正。于是,由于能量的直接活动,产生于先前活动的某种特定元素会包含在所有的情感当中。所以,我们现在必须研究这种元素以及它产生的各种情感形式。首先,我们知道,过去的每一种经验都可以或多或少地从记忆中被完美地重构出来,因此伴随着记忆的情感也可以得到重现(尽管比较模糊和细微)。存在因记忆所带来的愉悦和痛苦。但是由于它们只是原初情感的模糊复本,所以我们不必停下来对它们加以讨论。剩下的这类情感则可分为:1)从过去经验向新经验转换的相对轻松感;2)或者相对熟悉感;3)经验的新颖性;4)对比感和5)连续感。

(1) 转换的情感

旧的经验会给新的经验带来各种不同程度的阻碍。转换带来的这种轻松在不同的个体身上是非常不一样的,而且很可能成为倾向和气质的决定性因素。如果存在一种依赖过去经验,并且拒绝太多新经验介入的倾向,那也就存在一种坚定的倾向,倘若夸张一点,那么就变成了固执。当经验的变化中只存在很少的对立时,那就会出现顺从、温顺和随和的倾向,这种倾向可以变成多变的。对新经验的介入进行抵抗的相对数量,可能是决定意志的一种重要因素。一种稳定的倾向会产生坚定的意志;而一种容易受影响而变化的倾向则会产生脆弱的意志,不过这并非是必然的。尽管每个个体的倾向都是不同的,但是没有一个人能够完全脱离他过去的经验,也没有哪一个人能够完全接受新的经验。这让我们能发现转换情感中的不同种类。

种类

当过去的经验总是不断地渗入当前的经验时,我们就会对某一主题产生踌躇或者徘徊感,其极端形式是冥思苦想。如果踌躇是因为有可能会犯错误,那么踌躇感将会表现为闷闷不乐。如果是由于过去的愉快经验和当前的痛苦经验产生了对比,那么将会出现忧郁。"最悲伤的事情莫过于,当你感到伤心时,却念念不忘那些曾经高兴的事。"与忧郁相对的情感是由愉悦的转换所产生的,它就是高兴;而与闷闷不乐相对的则是欢快。因为闷闷不乐总是集中于那些痛苦的情况,而欢快的情感则是通过在经验的变化中不断地发现快乐而产生的。经验的变化导致了经验的增加,这在两个相对的方向上都使情感变得温和了。小孩往往能比成人在经验的纯粹变化中发现更多的快乐,而他们因不愉快的变化而体验到的悲伤也更加剧烈和深刻(尽管不会持续很久)。

(2)熟悉感

除了经验的变化本身所产生的情感之外,我们拥有的情感还来自过去经验与当前经验之间的更加具体的关系。在讨论联想时,我们知道联想主要取决于熟悉性和新颖性这两个因素。熟悉感,或者说当前经验与过去经验之间的相似性,是令人愉悦的。这是因为,引起愉悦情感的能量是以一种惯常的方式表现出来的，它不需要克服任何障碍和阻力。从一般意义上来说，这是一种舒适感；这种情感使得我们在自己的环境——不管是生理的、智力的，还是社会的——中感到很"舒适"。而另一方面，熟悉感也可能是令人不愉快的，因为经验是如此的老套，以至于在执行过程中根本不需要产生过多的活动。于是，这就可能产生一种情感，它和因活动不足而导致的情感很相似；这种情感表现为厌倦或单调，以及陈旧乏味。我们会觉得很无聊，而不是舒适。

（3）新颖感

另一方面，新颖感是令人愉悦的，因为它为能量的运作提供了一种新的渠道。新颖感为行为打开了一个新的出口。那些受到限制的力量，或者只将其一半用来产生重复行为从而变得习惯化了的力量，现在总算找到了能量运作的全部范围。这种情感有很多种不同的形式。它可能是明快、轻快或者欢娱的情感，刚好与单调或厌倦感相对。然而，如果新的经验未能很轻易地与旧的经验相协调，如果新的经验会导致能量的分割或冲突，那么它所产生的情感将会是痛苦的。这种情感可能是陌生、不舒服的；而如果这种情感的性质反映在我们自己身上，那么它就是生疏的和没有经历过的。如果新经验让人感到一种自己无法对付的感觉，那么就会出现恐怖或者恐惧感。

一般地，我们可以说，最大的愉悦感是由新经验与老经验的结合而引起的。这样的结合让心智感觉很舒适，因为它能够处理各种信息。不过，这种结合也会激发心智产生新的活动。在形式这一方面，听音乐所产生的愉悦感可以很好地用来阐明重复经验和新鲜经验的结合所带来的好处。一种因素让心智得到满足；另一种因素刺激它并让它保持警觉。这对应于我们所发现的智力活动的最佳条件，导致知识产生的并不是纯粹的同一性，也不是极端的差异，而是差异中存在的同一性。

（4）对比效应

前后经验必须存在某种程度的变化，否则不会产生任何活动。而如果没有活动,那么就不会有任何情感。另一方面,也不是说两者必须没有任何关联,因为倘若如此,那么能量的消耗将是随机和失败的。循序渐进的变化或者对比,适于唤起愉悦的情感。我们可以找到很多事例来说明这一点。比如,当我们非常饿的时候,平时不大爱吃或者比较讨厌的食物也会变得津津有味。一种令人愉快的事物,如果它让心灵得以安息,并刺激它产生某种行为,那么这种事物将会让人感到更加愉快。温和的转变一般比突然的变化让人感觉更加愉悦。戏剧的高潮不是突然来临的,而是一步步慢慢积累的,压力也是逐渐得以缓和的。然而,令人不愉快的影响却常常是通过突然的对比来进行缓解的。因此,莎士比亚在其作品中,让极端的悲剧场景和《李尔王》中的傻子与《哈姆雷特》中掘墓人的场景交织进行。不过,即使在这样的例子中,前后经验也并不是完全没有任何连续性。一种情感的特征,主要取决于它在观念序列中所处的位置。在高尚的宗教情感中,玩笑是无趣的;对于一个正处于极度悲伤的人而言,欢声笑语也不会让他感到高兴。

(5)连续效应

另一方面,如果没有新元素的介入,那么任何一种情感的连续效应都将使得这种情感减弱。这符合我们的预期,因为我们的活动储备是有限的。如果没有经常受到新的刺激,那么活动将会消失殆尽。所以,如果同样的愉悦一直没有任何新刺激的介入,那么这种愉悦将不会让人继续感到快乐。如果没有受到新刺激的强化,痛苦也将不再痛苦了。有些活动为不可预料的刺激的介入提供了大量的机会,所以只有这些活动才会一直带来欢乐。游戏就拥有这样的愉悦,因为它并没有把它的行为限制在某种具体的界线之内,而是允许行为不断地变化。人工刺激的运用可以很好地证明这一心理学原理:在没有任何变化的状态下,连续性是不健康的,因而不会令人感到愉悦;此外,如果没有自然的刺激变化,那么主体将会寻求那些不自然的变化。

但是,从另一方面来看,我们不应该忽略这样的事实:有些行为在开始时并不能让人感到愉悦,因为它们对有机体的快乐没有益处;不过,如果这些行为一直持续下去,那么它们有可能会产生愉悦感。行为使相关的器官不断地修正,最终让它与最初厌恶的那些事物变得协调起来。我们在读一本书时,刚开始可能觉得很沉闷,后来慢慢就发现其中的快乐了;抽烟和喝酒的人在他们的习惯中找到了快乐,这同样可以用来解释上述原理。在这些例子中,如果器官的变化是整个有机体的发展,那么就能够获得持久的愉悦。然而,当整个有机体无法与它的环境进行适宜的调节时,对一组器官进行调节还是有可能的。在这种情况下,暂时的愉悦过后,必将伴随出现持久的痛苦。事实的确如此,不仅身体活动是这样,道德领域的行为也是这样的。

3. 指向未来的调节感

尽管我们所有的活动都基于过去的经验,但是这些活动也拥有未来的目的。而且,所指向的目的和产生的活动之间存在某种关系,有些特定的情感就是从这种关系中产生的。一般地,这一类情感的典型形式就是期望,这种情感伴随着心智的延伸,其激烈的形式是渴望。如果自我对所指向的目的非常感兴趣,那么这种情感可称为期盼或者焦虑;如果结果符合自己的愿望,那么期望就变成了期盼,而焦虑或担忧则刚好相反。勇敢是当一个人面对他觉得可胜任的未来时所产生的情感;而胆怯则是当无法应付所期望的目的时产生的情感。

积极的情感

指向未来的活动并非纯粹只是被动地等待所期望的结果,而是主动地向前去实现这些结果。在大多数情况下,这会表现为一种压力感、努力感和奋斗感。如果行为是为了达到某种目的,那么情感就变成了追求感。如果追求感很强烈,那么它就变成了向往。如果努力是为了避免预期的目的,那么就出现了厌恶感。还有一类情感是伴随着目的本身的,它们是成功感或者失败感、满足感或者失望感等。

总结

情感是活动的伴随物。自我在心灵的每一种活动中发现了它自己的特性。在每一种活动中,自我发现它自己要么受到阻碍,要么得到促进;要么受到抑制,要么得以发展。因此,在每一种活动中都会存在愉悦或者痛苦。由于活动并不是完全随机的,而是拥有特定的关联和目的,所以情感总是伴随着调节,这就好比我们在知识部分所说的统觉。所有得以实现的调节都会产生愉悦;而失败的或者错误的调节则会产生痛苦。调节活动是通过刺激而发挥作用的,而且在下面两种情况中,将会缺乏调节或者说只存在不合适的调节,于是就会产生痛苦。这样的情况即是指,相对于能量而言,所提供的刺激太大、太不一致或者太强烈了,或者太小、太相似或者太微弱了(也许完全不存在)。统一和变化的恰当结合,会产生最佳的能量和最成功的调节,因而产生最大的愉悦。

第 12 章注释

默里:《心理学手册》,第 378—385 页;麦科什(McCosh):《情绪》,第 115—148 页;巴斯科姆(Bascom):《心理学原理》,第 249—255 页;贝恩:《情绪与意志》,第 63—93 页以及第 145—198 页;布朗:《心灵哲学》,第二卷,第 31—193 页以及第 272—313 页;布劳巴赫:《情感心理学》,第 95—112 页;纳赫洛夫斯基:《情感》,第 85—129 页;乌尔里齐:《身体与心灵》,第二卷,第 182—199 页;贝内克:《心理学纲要》,第一卷,第 45—91 页。

第十三章 性质化情感的发展

DEVELOPMENT OF QUALITATIVE FEELINGS

与形式化情感的区别

前面所讨论的情感都是它们伴随的活动形式的结果,而不管活动的对象是什么,除非活动对象对活动形式存在影响。我们几乎会对任何事物感到困惑、烦闷或者焦虑。但是,当以这种方式来探讨情感时,我们忽略了如下事实:活动总是因某种对象而引起的,并且总是指向那个对象。具体而言,没有所谓纯粹形式化的情感;没有哪一种活动不包含某种内容。自我在实现或者发展它自己时采取的并不是空洞的方式,而是明确、具体的模式。我们的活动是由于我们经验范围内的对象所产生的,因此,所激起的情感必然和这些对象有着紧密的联系。对象和情感不可分割;它们是同一个意识活动的不同因素。

与统觉的联系

我们有时在谈到情感和对象之间的这种关系时,似乎把它归结为情感和唤起情感的对象之间的联想规则。然而,实际情况并非完全如此。情感和对象的连接并不是外部连接,而是一种内部的紧密连接;情感是指向对象的情感。情感融入到了对象当中。所以,我们通常说食物是可口的,光线是宜人的;或者在更高级的形式中,风景是美丽的,行为是正当的。我们会自发地为对象赋予某种特定的价值感。情绪是如此,认知活动亦是如此。当自我把它过去的经验加入到一种对象中之后,这种对象对于我们的智力活动就变得重要起来了。但是,由于过去的经验并不是苍白的心智活动,而是彻底地涂上了兴趣和价值感的色彩,所以情绪元素也被加到了对象中,并且变成了对象的一个组成部分。对于自我而言,对象变得充满了价值,而且其中的价值也是自我所赋予的。在统觉中,自我必须使它自己客观化,这是心智的一种普遍规律。所以,世界就变成了由既拥有智力价值又拥有情绪价值的对象所组成的集合体。

纯粹情感和兴趣

于是,我们可以对纯粹的情感和发展了的情感——兴趣——进行区分。纯粹情感是一种处于分离状态的心理感受。刺伤会让我们感到疼痛;突然的声响让我们惊吓;一幅美景会让我们欣喜;一种广泛的哲学观念或者宗教观念让我们醒悟。在这些例子中,我们考虑的是疼痛、警觉和高兴等情感,而不管这些情感之间的连接。这就是纯粹的情感。然而,情感总是和唤起情感的对象以及伴随着情感的行为整合在一起的。这种整合越轻微,那么情感就越感觉化(比如刺痛感),而这种整合越重要,那么情感也就越高级。一种情感只要它不再是孤立的,而是和知识的对象以及行为的观念联系起来,那它就变成了兴趣。兴趣包含三种因素:第一,作为一种情感,兴趣意味着自我的某种兴奋,而兴奋当中包含着满足;第二,这种满足并非存在于纯粹情感中,而是存在于与情感相连接的活动当中;第三,这种活动与某种对象有关。纯粹的情感会在它自己身上消失殆尽,而兴趣总是指向某种对象。我们总会对某些东西感兴趣。在活动中,兴趣必定会让我们超越情感。

性质化情感的种类

所以,有多少种与经验的扩展相连接的对象,就有多少种性质化情感。我们对金雀花的情感和对玫瑰的情感是不同的;对几何命题的情感和对光谱的情感是不一样的;对阿比西尼亚的情感和对我们自己国家的情感是不同的;而对亚历山大大帝的情感和对我们最亲密的朋友的情感也是不一样的。每一种情感都与自我有着不同的关系。这就好像是,我们在每种情感中发现了自我的不同层面,而如果不是自我的不同层面,那么就肯定是自我对一种对象的投入比另一种要多。所以说,有多少种知识对象或者行为目的,那么就有多少种不同的性质化情感。

对性质化情感的论述模式

不过,我们还是可以在情感的兴趣特征上来对情感进行一般的分类。首先,根据对象或大或小的范围,我们可以根据兴趣与这些对象的连接来对兴趣进行分类。由于我们的观念逐渐占据了越来越多的范围,所以与它们相结合的情感也就拥有了一种相似的范围。纯粹的情感因为分离而显得特殊,而兴趣却通过与观念内容的连接而变得非常普遍。此外,纯粹的情感必定是模糊的,因为它和心智之间没有任何明确的关系。然而,每一种行为都必定会使事物成为焦点。看到一朵漂亮的花,会唤起一种模糊或分散的情绪波动,这让人想把它画下来或者对它进行科学分析。通过这些相关的活动,与之相连的情感将会获得一种有限的、不同的特征。其次,兴趣是被限定的情感。因此,我们将研究性质化情感的发展:1)变得更普遍的过程;2)变得更明确的过程。这是情感发展的正常路线。不过,情感也会出现各种变化,所以我们还将讨论:3)不正常的情感;4)情感的冲突。

1. 情感的普遍性发展

我们最初的情感可以被称作为纯粹的个人情感,这里的个人仅限指人的有机体。正是这种情感,伴随着各种形式的愿望、肌肉运动以及眼耳等的身体活动。但是,自我并不仅限于身体。自我扩展了它自己,随着每一次的经验而变得更加宽广和深远;并且,随着自我的每一次扩展,必将会使情感范围相应地增大。我们必须对情感发展的几个方面进行研究,在这里我们将探讨:1)情感的拓宽;2)情感的加深。

(1) 情感的拓宽

如前所述,我们最初的情感都是和身体活动相联系的,也就是感觉情感。情感拓宽的第一步是通过：

① 情绪的转移。一种统觉行为中的所有活动，都会染上一层情感的色彩，而这种情感是直接而且内在地属于这一行为的唯一因素。小孩在得到食物时所体验的愉悦在开始时只是纯粹感觉性的，后来才慢慢地扩展到他的保姆、餐具等事物身上，也就是说变得有些客观化了。愉悦不再是纯粹个人化的了。小孩不会从保姆身上感受到愉悦，因为保姆只被看作是他因吃到食物而感到愉悦的来源而已。但是，由于小孩的经验范围不断扩大，以至于逐渐包括保姆在内，这时情感就本能地转移到保姆身上了。同一种行为中包含的因素逐渐增加，会使得情绪不断地扩展，而且这种扩展是没有限制的。当情感涉及某些令人回忆的东西时，结果当然是琐碎和偶然的；但是如果行为的各种因素之间存在某些必然的内在联系，那么结果就会是重要而且持久的。例如，小孩对他父母的情感，就主要是因为情感通过转移而扩大的结果。父母与小孩在所有生活方面的连接都是如此亲密，以至于几乎每一次情感经验都会转移到父母身上。

② 情感的象征。最初，情感转移到了唤起情感的统觉行为所直接包含的那些事物上。然而，随着情感的发展，它逐渐转移到与之相连的象征性事物上了。"家"这个字就象征着非常丰富的情绪。看到旗帜会唤起最深刻和最真挚的爱国主义情感；而十字架则会激起非常深厚的宗教情绪。在这些例子中，并不是因为知觉行为所包含的因素导致了情感的直接转移。情感的转移是由于想象活动的观念化行为而产生的。正如任何一种理智概念都倾向于表征为具体的感觉形象一样，我们最深的情感也集中于那些具有象征性而且把模糊而零散的情感统一起来的对象。于是，我们生活中的所有熟悉的事物都或多或少地拥有了情绪价值，而只有当我们经验的变化使这些价值表现出来时，我们才意识到它。

③ 普遍的情感。然而，通过这种运作而产生的情感，仍然或多或少是偶然的。这些情感的扩展超越了直接自我而变成了客观自我，并且拥

有了更普遍的关系。但是在很大程度上，它们所采取的特殊形式仍然主要取决于经验的非本质元素。于是，尽管自我在其自身的发展过程中与那些承载了过多兴趣的对象产生了联系，但是这些特殊的形式对于自我的发展是完全没有必要的。不过，如果没有这些关系，那么心灵将永远得不到发展和实现，而只是一系列潜在的能力。换句话说，经验拥有普遍的本质领域，在这个领域当中，自我要成为一个自我，就必须找到它自己。于是，普遍的情感就产生了许多种类型。

普遍情感的种类

一般而言，我们可以说如果自我与事物和人没有关系，那么它就不会得以实现。并不是说自我通过这些关系而实现了它自己，而是说自我的实现采取了这些关系的形式。正如我们已经看到的那样，已知事物的世界是自我的客观的一面。但是，在事物的世界中自我并没有找到完全显现的自己。事物的世界至多不过是事物，而自我是一个人。的确如此，没有事物将不会有发展，但是它们不能提供完善的发展。完善的发展只有通过个人之间的关系才能实现。只有在一个心灵中，心灵才会发现它自己完全地得到了反映；只有通过与有意识的个体的关系，一个人才真正地变成了一个有意识的个体。由于情感总是自我的情感，它通过活动促进或者阻碍自我的发展；而且，由于自我是通过它与事物和人的关系而得以发展的，所以存在两种形式的普遍情感：非人际情感与人际情感（或者说社会性情感）。

非人际情感的划分

非人际情感可以分为两种类型。根据与所实现的心智的关系，客观世界可以被看作是现实的或者是观念的，因此就产生了理智情感和审美情感。有些情感来自我们希望获得理智满足的愿望；而另一些情感则是因我们想要得到审美满足而产生的。后面将会对这两种情感作详细讨论,所以这里只需要表明:这两种情感并不是分属不同的领域,而只是同一个领域的两个方面而已。我们感觉到对象拥有某种意义,而且激发我们去寻求这种意义;也就是说,对象之间存在着相互关系。聚集了对象之间的相互关系的情感,就是理智情感。我们也可以感觉到对象包含了美,并且激发我们去追求美和创造美;也就是说,我们感觉到事物和观念之间存在某种关系。对象与观念的关系——而不是对象之间的关系——所聚集而成的情感,就是审美情感。

普遍情感的特殊形式

后面将会对理智情感、审美情感、人际情感的具体形式进行探讨。现在我们主要考虑这样的事实,那就是,这三种情感是情感拓宽过程的三个渐进阶段。在理智情感中,我们超越了感觉的直接呈现;我们或多或少地超越了自我和被自我将情感转移、映射、反映到其身上的那些对象之间的偶然关系;我们卷入了那些因对象之间的相互连接而产生的情感,正因如此,这些情感和个体的自我没有直接的关系。理智情感是由自我的普遍一面的发展所产生的。在审美情感中,我们超越了自我的普遍层面,并且感受到我们的经验与观念之间的关系。其中,这种观念被认为是普遍的、永久的,而且不会受到个体愿望和冲动的影响。自我发现它自己在那些刚开始似乎是非自我的对象中得到了实现。审美情感超越了它在感觉呈现上的直接经验的限制,并且转移到了一个持久而独立的关系领域当中。审美情感也很明显地超过了理智情感,因为价值感直接地包含于所有的审美经验中,而理智经验中则没有。

社会性情感

在社会性情感里,我们把自己的私人生活融入到了更广泛的社会生活中。而且,当这样做的时候,我们大大地超越了我们的直接自我,从而以最广泛的形式实现了我们的存在。在认识活动中,我们理解了客观世界;在审美知觉和创造中,我们理解了观念价值;而在社会生活中,我们让人际关系和精神关系变成了我们存在的一种元素。于是,在任何真实的层面上,我们才过着一种成熟人格的生活,经验领域才是最宽广的,并且和它的情绪层面最为不同。

最终,情感在宗教情绪中找到了它完全普遍的表达,而宗教情绪是自我在一个完全实现了的人格中的发现或实现。这个完全实现了的人格把真(所有客体关系的完全统一)、美(所有观念价值的完全统一)和善(所有个人的完全统一)都结合起来了。伴随着宗教活动的情绪,也伴随着我们自己完成的活动,自我得到了实现,并且在上帝那里找到了它的真实生活。在感觉情感中,我们发现我们的自我在机体过程中得到了表达;在理智情感中,我们发现我们的自我在世界的客观关系中得到了表达;在审美情感中,我们觉得我们的自我表现在观念价值中;在社会情感中,我们发现我们的自我表现在人与人当中;而在宗教情感中,我们发现我们的自我表现在上帝中。我们感觉到我们的自我得到了最终的普遍实在的认同。

(2)情绪倾向的加深

情感普遍化过程的第二个元素,就是情感的加深。情感不仅通过扩展其经验范围而更加广泛了,而且在强度上也加深了。小孩的情感是变幻无常的,而且十分表面化。他们很容易兴奋,但也很容易安抚或转移注意力,而且缺乏稳定性。情感的集中和注意力的集中一样,它们与小孩都是格格不入的。然而,每一个成年人都会拥有深深建立起来的持久的情绪反应模式。成人既有情绪特性,又有理智特性。并非所有事物都会激起同等的情感;有些事物相对比较淡漠,而另一些则会对人产生深刻的影响。情感回到了它自己身上,并且形成了一种倾向。

情感变深的过程

下面考虑情感变深过程中的一些步骤。首先,情绪在特定的方向上有一个逐渐增强的适应过程。每一项活动都对器官在特定方式中的运用进行修正,并且使它在某个条件下能够更加容易地在相似的方向上再次发挥作用。注意或记忆行为在刚开始时也很难,随着不断重复才变得容易了。所以,情感也会按照惯例中的方式来运作。情感刚开始时是分散而肤浅的,后来把它自己慢慢地聚集起来,从而变得集中和深化了。后来,在这个方向上唤起这种情感只需要很小的刺激。一直对他人采取恶意行为的小孩,他常常会发现,强度逐渐减弱的挑衅也足以引发对方的愤怒了。仁慈、悔恨或其他情绪特征都是如此。

情绪的倾向

通过反复的经验,情感的强度加深了。这种发展带来的结果是,我们形成了某些固定的情绪反应模式,这些反应模式为我们的人格涂上了一层情绪色彩。正如在理智活动中一样,反复出现的统觉行为不仅使得同样的行为更容易再次发生,而且还促使了统觉器官的形成,其中统觉器官总是倾向于理解本质的经验而不是其他经验。情绪活动也是如此,所以情感也会沿用所有的情绪都倾向于采用的表达方式。个体形成了倾向(*disposition*),即情感的器官。个体的情绪活动在特定的方式中变得具有了组织性。情绪倾向处于意志的控制之下,服从于特定的行为模式;正是这些情绪倾向构成了性格。

观念化和保持

很明显,情感的拓宽是与统觉的观念化活动相对应的,而情感的加深则类似于保持。由于情感扩展了更加广泛的客体经验,所以它变得宽广了;而情感之所以变深,则是因为它回到了自我或者主体身上,并且成为情绪结构的组成部分。与理智过程一样,这两种过程是相互关联的。每一种过程想要获得发展,都需要另一种过程的存在。宗教情感和道德情感是所有情感中最广泛的,而且也是最深刻的(如果这两种情感是衷心的话)。由于它们是最广泛的,所以从某种程度上讲,没有哪一种经验中不包含它们。结果,执行的每一种行为都在特定的方向上以某种方式增强了这两种情感。情感的加深和加强是以其广泛性为代价的,当一种狭隘的情感被详细考虑并且被置于突出的位置时,就会促使情感和我们的本质变得分裂开来,并且导致不健康的性格和行为。健康的情感只有当它扩展的时候才会加深。

2. 情感的明确发展

随着情感在广泛性和深刻性上的不断增长,它的明确性——内容上的明晰性——也得到了发展。情感在还未得到发展时是极为模糊和分散的。然而,可以看到的是,情感在明确性上的发展取决于它与意志、与行为目的之间的连接。通过与情感的连接,对象不断地变成了引发行为的根源。这个过程作用于情感,并且使它变得更加明确。刚才我们已经看到更加广泛的经验是如何进入情绪领域的。现在,我们必须明白,当情绪领域中包含更加广泛的经验时,它们促使情感变得具体化或者组织化了。

例证

比如,一个小孩第一次吃到橙子。这一行为使他的机体得到了满足,从而产生了愉悦。因此,这种愉悦就构成了他对橙子概念的一个组成部分。但是,现在的这种观念——认为橙子会带来愉悦——变成了未来行为的一种激励。于是,得到橙子和吃到橙子就变成了行为的动机。结果,机体的愉悦感在开始时本来是极为模糊的,现在也变得明确了;它因这种特定的行为而集中起来了。在我们全部的情绪活动中,情感对它自己进行区分,并且按照这种方式而变得互不相同。在我们的精神活动中,没有哪一种活动像情感这样难以理解、难于捉摸,当然是指那些还没有通过与具体的行为目的相连接而变得互不相同的情感。

兴趣的差异

于是，就出现了兴趣的差异。来到我们经验中的每一种对象都拥有某种情绪色彩，它要么对经验有积极作用，要么对经验产生阻碍。每一种客体都会获得一种它自己所特有的独特兴趣。前面我们已经讨论过这些兴趣可能采取的不同形式（第254页）。这里需要额外提到的仅仅是，只要一种事物变得有趣，那么它也就成了行为的目的。一般而言，它可能是食物，也许是某种具体形式的食物；它可能是力量，不管是身体力量还是政治权力；它也可能是金钱、名声或者影响力。而且，这些目的中的每一种又都可以分为几千种更加具体的形式，这要取决于个体自己。当目的变得越来越具体的时候，与之相连的情感也变得越来越明确了。

明确情感的两种形式

对于情感的差别，可以按照它们与行为的具体目的之间的连接，将它们分为两种形式。由于与经验相连的情感既可能是愉悦的，也可能是痛苦的，所以行为的目的可以被认为是个体所希望的或所讨厌的。于是，情感将它自己定为喜欢和不喜欢、爱和恨两种形式。任何一种事物都可能变成令人喜爱或者憎恶的对象，尽管"喜爱"和"憎恶"这些词汇通常限指那些更高级的事物。用于描述情感与具体事物之间关系的一般词汇，叫作感情（$affection$）。因此，我们对来到我们经验中的每一种元素都拥有某种感情。单独的爱或者喜欢是一种积极的行为驱动力；它倾向于创造出满足感情所需要的事物。恨是一种破坏性的行为动力，并且会衍生出许多种阻碍自我实现的方式。

明确性和普遍性

对于经历的事物，除了外在而偶然的感情来源之外，我们还可以认识到某些一般的喜好模式，这些一般的喜好模式是通过情感普遍性的发展而慢慢固定下来的。普遍性并非仅仅意味着范围的扩大；它是指情感与自我有了更加紧密而广泛的关系。普遍性意味着自我的兴趣增加了，从而认识到越来越多与自我相一致的东西。因此，情感普遍性与情感明确性的发展不可能是相互对立的。由于我们的情感与心灵更广泛的发展是相一致的，所以我们的爱恨、我们的感情，都变得更加明确了。没有人会把爱说成非常具体的、满足狭隘的自我活动的机体活动，比如吃饭和喝水。一个人对一件艺术品的爱和他对一个几何命题的爱是截然不同的，而且他对一个人的爱比上述两者都要多；然而，爱的唯一完全的具体对象，只能是完全的理想自我，也就是完全普遍化的人格，即上帝。因此，需要注意的是，必须把情感的明确性与情感的强度相区分。通常情况下，情感越强烈（比如说一种欲望），那么情感也就越不明确。

爱是一种完全性质化的情感

我们在本章的开头部分就讨论过，性质化情感是在自我的客观化过程中产生的；它是这种客观化过程内在的一面。因而，情感必定会呈现出喜欢或者爱的形式。喜欢在本质上是一种积极情感；它是心灵向外在客体的投射。喜欢是直接自我或者个人化自我的中止，并且它取决于那些超越了直接自我的东西。最低级的喜欢差不多是这类的——比如对食物和水的喜欢，因为这些对于身体的维系和发展是必需的；喜欢的对象也可以是未能马上得到的东西。然而，当我们的喜欢程度增加时，事实就变得更加明显了。它找到了一个完全的例子，那就是道德和宗教的爱要求人们完全放弃他特有的主观兴趣，而献身于被认为是永恒且普遍的、完全客观的自我。

3. 不正常的情感

在讨论具体形式的性质化情感之前，我们有必要考察不正常或者病态情感的基本原理。所有自然的健康情感都是专注于客体或行为的。健康的情感从来不会在意识中拥有独立的存在，即便是感觉情感也是非常专注的。吃橙子带来的愉悦似乎变成了橙子的一部分。我们并没有意识到我们从健康的身体存在和活动中产生的愉悦感(第234页),但是这种愉悦正是生命本身的感觉。正如我们已经看到的那样,所有其他的情感都围绕着某些对象,它们要么专注于这些对象,要么以感情的形式变成行为的驱动力。马蒂诺(Martineau)曾经说过,情感是生命整体的纯粹功能。倘若想要将情感从生命整体中拆分开来,使情感依存于某种特别的秩序,就不可避免地会受到惩罚。

自我意识的情感

因此,当情感不再专注于对象或者行为目的,而是在意识中获得了独立的存在,那么情感就是不健康的。我们在生病或者身体劳累的时候就能明白这一点,因为在这些例子中我们只意识到机体情感的分离存在;此外,我们在更为高级的情操中也能看到这种情况。正常情况下,知识的情感专注于理解客观事物;审美情感专注于创造或者构思美丽的事物;道德情感则专注于感情所引发的外在活动。简而言之,正常的情感在激起这些情感的事物中拥有真正的价值,或者仅仅作为行为的驱动力而存在;正常的情感促进了行为。除去这些情感之间的联系之后,当个体不合理地意识到情感将他看作一个个体的参照时,这些情感就会促使"自我意识"(此处指其负面意义)的产生。正如我们已经知道的那样,自我意识在观念和行为中得到了客观化;而且,只有当情感与其恰当的客观而又自主的状态相分离,并且变成意识中的独立因素时,"自我意识"——标志着一个人自己特有的不合理的兴趣——才会出现。当然,有多少种正常形式的情感,也就有多少种变态形式的情感,即"自我意识"。

4. **情感的冲突**

情感的分裂不仅本身是不健康的,而且还会导致情感之间的冲突。

前面我们已经注意到某些形式的情感冲突,这些冲突是因活动的形式而产生的(第244页)。在这里,我们必须看到,从某种特别的个体兴趣与更加普遍的兴趣之间的对立中,或多或少地存在持久的情感冲突。当我们在探讨性质化情感的普遍性和明确性发展时,其实我们研究的是情感的正常规律。刚才我们提到,情感也有可能是不正常的,这就是说,在普遍性和明确性上并没有增加。个体的情感并没有越来越集中于构成愉悦和痛苦等情感的对象,而是越来越集中关注他纯粹的个人化自我。由于情感没有变成行为的驱动力——这种驱动力将会带领他走出他的自我——所以他可能会把情感看作他自己的私人意识状态,并且只会按照他自己的特殊喜好来行事。不过,由于个体必然既有特殊的一面,又有普遍的一面,这就导致他的活动出现了分裂,从而不断地出现情感冲突。

例证

例如,一个人有我们称之为不正常的机体意识;一个人已经学会了注意他自己的身体情感,并且使它们成为行为的目的,而不是把它们看作是他的有机体健康的纯粹标志。这样的人已经把这些情感分离开来了,并且不去注意它们;只要情感和他自己的真实发展有关,他就将情感本身变为目的。比如酒色之徒就是这样,一个人为了满足自己的情感从而形成了酗酒的恶习。这些兴趣得到满足后,毫无疑问会产生愉悦。愉悦总是伴随着自我的每一次发展和扩展,并且这样的个体总是沉溺于他自己特殊而又私人的一面。不过,即使在纯粹的机体情感中,他也拥有普遍的一面。他的身体需要符合一定的规律,而规律是普遍的。不断地忽视普遍的一面,就会带来痛苦和疾病,而且有可能对有机体造成损害。在满足了他的本质中纯粹特殊的一面时,他获得了愉悦;但是由于这种满足打乱了普遍的一面,而正是这普遍的一面将他和普遍的规律联系在一起,所以他最终将获得痛苦。这就会出现情感的冲突。

社会情感中的例证

在更高的水平上,我们还可以假设一个人已经从赚钱的目的本身中得到了愉悦;假设他已经把这些愉悦感从他的整体存在中分离出来了,而且让他的生活由这些满足感所组成。在这个过程当中,由于他表现并且促进了他存在的一个方面,所以他毫无疑问会从中得到愉悦。然而,当这样做时,他却违背了他存在的普遍一面——把他和其他人联系起来的规则。由于他的幸福感是建立在与有机体的规律相一致的基础上,所以他的社会本质的真实幸福感也是基于对自我认同或他与他人的利益的规律相一致。只要他使得他人以及他人的利益服从于他自己的特殊需要,那么他就忽视并且分裂了他自己的普遍一面,于是必然会导致痛苦。所以,也必定会出现情感的冲突。

双重冲突

不过,应该注意,上面的两种情况是不同的。在前一种情况中,个体最终肯定会感觉到疾病等特殊的痛苦,正如他开始时感受到的特殊愉悦一样;而在后一种情况中,除非他太过贪恋于自己的个人愉悦,以至于使他与武力性的社会规则——法庭和刑罚——联系起来了,否则他不会感觉到任何特殊的痛苦。他感觉到的更有可能是失落、不满足和悲伤。他的痛苦感与其说是积极的,还不如说是消极的;他感到丧失了更高的愉悦,而不是实际的痛苦。因此,在特殊的愉悦和特殊的痛苦之间有可能存在冲突,或者在愉悦和更高的一般幸福感之间也存在冲突。其中,一般幸福感的丧失很可能是因获得了特殊的愉悦而导致的。这就让我们认识到在愉悦(*pleasure*)和快乐(*happiness*)之间是有区别的。

愉悦和快乐

自我不是一个单纯的整体,而是一个非常复杂的有机体。它结合了身体的、理智的、审美的、社会的、道德的和宗教的兴趣。在这里,当上述任何一种兴趣得到满足时,都必然会产生愉悦,但是却不一定会产生快乐。之所以会产生愉悦,是因为自我已经得到了表达,并且在某种方式上得到了实现。不过,虽然我们的本质中的特殊一面得到了表达,但这种表达很可能和其他活动是相冲突的;一种身体活动可能和另一种身体活动冲突,也可能和一种理智兴趣冲突。一种活动得到满足,可能会导致其他活动得不到满足和实现。因此,也就不会产生快乐。简而言之,愉悦是暂时而且相对的,它随着特定活动的存在而存在,并且只因那种活动而出现。但是,快乐是持久而且普遍的。只有当一种行为满足了自我包含的所有兴趣,而且没有产生任何冲突(不管是当前的还是将来的)时,快乐才会出现。快乐是整个自我的情感,它和自我某一方面的情感是相对的。

愉悦和快乐的对立

只要存在消极享乐的兴奋,就会产生愉悦。一个追求愉悦的人,不可避免地会变成一个追求消极享乐和刺激的人。快乐是一种积极的满足,或者说是兴趣。由于愉悦和快乐是相互分离的,所以它和快乐之间存在冲突。这是因为,产生快乐的基础正是在于它将各种行为积极地统一到了整个生活中。另一方面,快乐也可以和痛苦共存。一个人丢了钱,他会感到痛苦,因为有些行为他无法去执行了;但是他可能仍然感到快乐。他并不觉得丢了钱就丢失了他自己。如果他完全将更加普遍而且持久的理智兴趣、审美兴趣和社会兴趣等等视为一体,那么他就不会感到丢失了他自己。

实际自我和理想自我

只要更加普遍的自我还未得以实现,只要个体还未将他自己和更为广泛而且持久的幸福状态视为一体,而仍在只与他本质的特殊且有限的那些方面有关的活动中发现了愉悦,那么普遍的自我就仍然是理想自我,而且在它和实际实现的自我之间仍然存在冲突。因此,只要理想自我还未实现,那么就会出现情感的冲突。愉悦本身不是幸福的标志;正如在一个不健康的身体上一样,在一个不健康的心灵中,愉悦有时还是混乱和堕落的标志。它可能意味着,某种机体因素正在按照它的自然特征或获得的特征而行事,但是这种因素和整个有机体是分离的,并且独立于有机体而行事,于是必定会导致最终的分裂、缺乏和谐以及不快乐。实际自我的满足可能导致理想自我和普遍自我的消失。另一方面,快乐在任何时候都是幸福的标志。实际上,它是幸福内在的一面。快乐是一个人真实而永久的本质的实现,它使作为个体的人找到了归属。现在,我们来讨论具体形式的性质化情感,即理智感、美感和社会情感。

第13章注释

关于性质化情感的一般特征和规律,参见纳赫洛夫斯基:《情感》,第1—44页和第68—81页;布劳巴赫:《情感心理学》,第48—87页;霍维茨:《心理分析》,第二卷,第一部分,第1—88页;洛采:《心理学纲要》,第73—82页,以及《微观世界》,第240—248页;赫巴特:《心理学教科书》,第二部分,第四章;萨利:《心理学》,第十一章;卡朋特:《心理生理学》,第七章;莫兹利:《心理生理学》,第六章;斯宾塞:《心理学原理》,第一卷,第472—494页;福尔克曼:《心理学教科书》,第二卷,第298—353页;德罗比施:《经验心理学》,第172—219页;詹姆斯在《心智》第九卷第188页中"情绪是什么?";莫西埃(Mercier)在《心智》第九卷第325和509页以及第十卷第1页中"情感的分类"。关于情绪的一般论述是:麦科什:《情绪》;Maillet:《激情的本质》;马斯(Maass):《关于激情的实验》;克尔(Kehr):《论情感》;容曼(Jungmann):《情感》;克劳泽(Krause):《人类心智的规律》。关于兴趣的特别讨论可参见乔治:《心理学教科书》,第544页及其后的内容;埃德蒙:《心理学通信录》,第十三章;贝内克:《教育学》,第 301—310 页;布拉德利:《心智》,第八卷,第 573 页;以及莫兹利在《心理病理学》中的多处内容。关于愉悦和痛苦更加特别的讨论,可参见汉密尔顿:《形而上学》,第 12—14 讲;默里:《心理学手册》,第 304—323 页;斯宾塞(同上),第一卷,第 272—290 页;贝恩:《情绪和意志》,第 288—300 页;马蒂诺:《伦理理论种种》,第二卷,第 297—307 页;布拉德利:《伦理学研究》,第 78—144 页;格林:《伦理学导论》,第 233—255 页;洛里:《伦理学》,第 93—104 页;萨利:《悲观主义》,第十一章;杜蒙(Dumont):《感觉的科学理论》;德尔伯夫:《感觉理论》;格罗特(Grote):《感觉心理学》;布耶(Bouillier):《愉悦与痛苦》;施奈德:《愉悦与痛苦》;罗尔夫(Rolph):《生物学问题》。

第十四章 理智感

INTELLECTUAL FEELINGS

定义和论述模式

　　理智感总是伴随着我们对经验的意义的理解过程。经验的意义本身是普遍的;因为事物都是相互联系的,这种关联使它们彼此都有了意义。但是,由于这种意义总是以个体意识为媒介而存在的,所以我们才能感觉到意义。事物之间不仅互相表现出各自的意义,而且也对我们表现出其意义。经验拥有一种意义,这不仅因为事物之间是相互联系的,而且还因为它与我们自己也是相联系的。因此,经验不仅是一种知识,也是一种情感;因为情感的最终定义是指它与自我的紧密联系。事物之间的关系对于我们是有价值的,而情绪经验中与价值有关的那种因素就构成了理智感。下面我们将首先介绍理智感的一般特征;其次,介绍理智感作为一种向外的能量,它是行为的驱动力;最后,介绍理智感客观的一面,即理智判断。

1. 理智感的一般特征

　　理智感不应被看成是一种偶尔发生在经验中的特殊情感形式。没有哪一种经验不包含在某种关系中,因此,没有哪一种经验不涉及理智感。看看经验的内在或主观的一面之后就会发现,我们全部的心理活动就是一连串的理智感。有些人看不到意识的客观方面或普遍性,因而就容易把自我还原为一系列的情感。由于意识是我个人的所有物,所以所有的意识都是情感。知觉、记忆、想象、思维以及直觉,所有这些心理活动都是情感,因为它们都是我独特的不可分享的意识状态。

　　任何存在的知识都会消融于情感的媒介中。认识不仅是一件具有客观关系的事情,而且对我也具有价值。认识和我之间具有不可描述的绝对的个体联系,因此你可能也知道我所知的,但我的知识不可能成为你的知识。每种意识的内容可能都是完全相同的,但它们的形式在不同的个体那里是截然不同的。因此,情感也不是一种偶尔发生在意识中的心理活动。它是所有意识的个体的一面。由于所有意识都拥有某种内容即客观关系,所以所有的情感中也必定包含某种理智元素。

理智感的分类

所以在这里,我们不可能详尽地讨论所有的理智感。它的范围遍及经验的所有领域,因此我们所能做的只是找出一些基本分类,虽然不能尽述,但也不至于歪曲。我们根据情感的起源把它分为:1)起源于获取认识的过程;2)起源于认识的拥有。一般而言,这种分类与按照理解和保持对认识进行划分是相一致的。有些情感起源于我们学着认识世界的过程,而另一些情感则起源于这种活动的结果,即把认识组织到我们的心智结构当中。

(1) 获取认识的情感

这种获得感与我们前面讨论过的形式化情感非常接近。不同的是,前面我们把形式化情感看作是在获取认识过程中认识获取活动的内在方面,而现在我们把获得感看作是表达了已有认识的内在方面。获得感可以被看作是通过联想、分离或者注意而和已经获得的认识相联系的。联想会产生习惯感;分离会产生惊奇感;注意则会导致相似感或差异感。

① 联想的功能是机械的,它使联结变得习惯化和自动化。通过联想而获得认识的过程所产生的情感,就是习惯感。大多数情况下,由联想所掌管的心理过程拥有一种冷峻的情绪活动。只有在惯常活动中,这样的心理过程才是舒适的,而且如果没有出乎意料的情况,绝对不会有不愉快的情绪。

② 分离感。当认识的机械联想被打破,随之而来的情感必定发生

改变。联想的重复次数足够多时,就会变得固定下来;它成为我们心智装置的一部分。我们可能不会期望同样的关系一直继续下去,因为期望假定心智和经验之间存在一种积极的关系,但我们总是想当然地认为关系会继续下去。当打破这种规则的任意一种关系出现时,人就会被动地产生一种惊奇感。在情绪上而言,时常能感到惊讶的情感比那些一成不变、机械联想的情感要新鲜和健康得多。

未发展的和不正常的情感

正如古希腊天才医生泰奥弗拉斯托斯(Theophrastus)所说,一个粗人不可能被伟大的真理或美丽的雕像所感动(因为他不可能真正看到),但是他能花上连续好几个小时观看一头牛的活动。这都是因为情感未能得到发展。同样,还有一种不正常的情感,但两者的实际结果并没有很大差异。这种情感就是无动于衷(nil admirari),它是指天上地下都没有什么可奇怪的,好像一个人已经经历了一切。当情感的正常客观化停止了,或者过于沉迷自我的经验时,就会产生这样的心境,直至产生新鲜情感的能力全部都被摧毁了。

转向内部的情绪完全沉迷于自身,由此带来的结果不是变得玩世不恭或无动于衷,就是无休止地寻求新鲜的事物以刺激已经倦怠的情绪。假如一个人违背了他的存在法则,仅仅依赖于自己的情感,而且摒弃了这些情感所从属的客体,那么他的情感力量就会逐渐消失,进而放弃他自己的目的。这是一种情绪性自杀。也许再也没有哪个时代像现在这样流行这种不健康的情感状态了。对于一个人而言,唯一的解决方法是放弃自我,使他自己专注于某个客体。所产生的情感并不是因为这种专注而出现的,也不是由于放弃自我的缘故,而是因为客体而产生的。真正的情感就像真正的认识一样,必定是完全客观而且普遍的。这种说法和前面的观点——情感是自我的内在而且主观的一面——是不冲突的,因为真实的自我不是在它自己的私人状态,而是在宇宙万物中才发现了它自身的存在。尽管自我确实拥有一些私人状态,但它只是因这些状态具有普遍价值的缘故才去注意它们。这些私人状态并不是因其自身而存在的,因为宇宙是通过它们来凸显其意义和价值的。

③ 关联感。注意的特殊功能在于统一和区分。因此,我们心理经验的一致和不一致都伴随着关联感。每一次的认同都伴随着一种特殊的满足感,这种情感结合了和谐感和心智通过认同而产生的宽广感。如果心理经验完全不同而且差异非常明显,那么产生的那种情感就会与满足感很相似。当以前模糊杂乱的认识变得确定,并得以严格限定,我们就会体验到一种情绪。这种情绪结合了两种情感:一种是前面说过的清晰的形式化情感,另一种是因达到目的所产生的情感。因为所有的注意都指向自我的发展,所以自我有一个想要达到的目的,而且达到目的的过程具备它自己所特有的满足情绪。所以,有多少种关系,就有多少种形式的关联感。然而,还有一种独特的情感,叫作智慧(wit)感。当看起来似乎完全不同的观念得到认同时,智慧感才会产生,并且伴随着突然感和惊奇感。如果认同过程是经过推理而实现的,那么就不会产生智慧感。智慧感是直觉的闪现。

(2) 已有认识的情感

不仅仅在获取认识的过程中伴随着情感的产生,在认识的获得和保持过程中同样伴随着情感的出现。这种情感的特征形式表现为一种拥有感和力量感。它还可能退化为另一种形式,即因为认识而产生的在政治权力和社会地位上显得比别人优越的情感。但这种情况仅仅当情感本身被作为目的时才会发生。通常而言,这是一种我们拥有自我时的感觉,此时,我们不再被外物控制,而是成为自我的主人。这是一种我们逐渐拥有与生俱来的权利所产生的情感。据说,教育的最大优势在于使人不会被轻易欺骗。换句话说就是,情绪来源于认识组织到自我中去的过程,这种情绪是一种自我拥有感、自由感。

理智感的冲突

我们的生活是一个不断累积的实现过程,而不是已经发展完善。它是一种成长,而不是已获得的存在。因此,理智感之间就会产生冲突。只要我们已经掌握了构成认识素材的关系,并把这些关系组织到我们的心智结构当中,那么就会获得前面提及的满足感以及自我拥有感。不过,这些关系与我们未知的其他关系有机地联系在一起。因此,我们就会产生不满足感和限制感。换句话说,假如把世界分成两个部分,假设任何关系都不必然与其他关系相连接,那么作为一个系统的不同部分,上述情感也就未必会出现。然而,事实上所有的关系都是系统地连接成一个整体的,所以每种已知的关系都和未知的关系有着或多或少的联系。因此,理智感必然伴随着无知感,除非你掌握了整个知识的有机系统。

无知感

因此,无知感与认识感有着密切的关系。认识的情感是一种实现了的自我的情感;而无知感是一种还未实现的自我的情感。前者是客观而普遍的自我的情感,一般以个体的形式存在;而后者则是这种普遍自我还未实现的模糊且不确定的情感。比如,动物可能是无知的,但是我们不会认为它们能意识到这种无知,除非我们能证明动物具有自我意识。无知是存在于我们天性中的分离感或冲突感。

我们必须将无知感(feeling of unknown)和不可知感(feeling of unknowable)区分开来。后者是对完全与自我无关的事物的情感,因此在心理学上是不可能的。而无知感是对未知事物的情感,它是自我的情感,只是自我情感还不够完善。不可知感只在我们能够完全超越自身时才有可能存在;而无知感是可能的,只要我们超越了当前的存在,并认识到我们真实的存在还未得到完全实现。因此,无知感的真正功能是作为后续行为的一种刺激物,而不可知感却只能阻碍所有的行为。由此,我们自然地转到我们的第二个讨论主题。

2. 情感是理智行为的动力

像所有的情感一样,理智感的形式也表现为它对客观事物的兴趣。理智感是指向外部的;它只有在自我向外的活动中获得满足。从这方面来说,理智感也就是好奇(wonder)。好奇是人的情绪天性在客观世界面前所自发产生的一种状态。作为一种纯粹个人的情感,这种情感是完全不能被外人理解的。好奇是个体最初也是最终的表达方式,因为它发现了一个完全不同的世界。若受到不好的教育或者自我放纵,这种好奇心可能会削弱;但不可能完全消失,除非所有认识的动力都被消除了。好奇心不可能完全消失,因为在客观世界面前,心智总是在寻找其自身真实的存在。好奇就是心智对客观世界的情绪流露。如果完全丧失了好奇感,那心智也就丧失了普遍化和客观化的感觉;这样,个体沉迷于满足他自己的主观世界,这相当于理智自杀(intellectual suicide)。

好奇和惊奇

下面将介绍好奇和惊奇(surprise)的区别。惊奇是心灵在面对与原来已经建立的联结相抵触的规则时体验到的情绪。好奇是面对所有客观规律时体验到的情绪。当我们原本期望在某个地方看到一幢房子却只发现一片废墟时,我们就会感到惊讶。而不管是看到房子还是废墟,我们都会产生好奇的情感。这也就是说,这两种情况都是对我们智力的挑战。我们发现有一种需求让我们的心智去探索那里存在着什么以及它们为什么存在。我们长大后逐渐习惯了周围的环境,可能仅对那些让我们非常惊讶的事物感到好奇。不过,心智的正常健康状态应该是对所有的事物都很好奇,不管这些事物是熟悉的还是新奇的,直到我们掌握了它们的意义并且感觉特别舒适。

好奇和认识

好奇是使人超越自我的主观状态的唯一动力，由此，人们积极寻求与世界的积极联系并获得其意义。因此，毫不奇怪，柏拉图和亚里士多德都宣称"好奇是科学和哲学的源泉"。的确，好奇是所有知识增长和发展的源泉。它不仅是科学的原动力，也是科学的持久推动力。普通的心智通常仅把熟悉的特性作为事实的充分证明，而科学的心智则是出于好奇，仅把熟悉的特性作为附加的原因。我们大部分人都习惯于认为经验事实仅仅是"事物就是这样"，这个原因就足以解释它们为何如此。而科学的心智则继续探寻它们为何如此，努力发掘它们的意义。据说，鉴别天才的最好测试就是看他是否具有对我们已熟知的事物感到好奇的能力。

无私心与好事心

好奇也就是认识到客观事物不仅仅限于其自身的存在，而且对我们有着重要的意义。因此，好奇是我们去探究事物的意义的动力。好奇感的广泛发展就构成了无私心（$disinterestedness$），它是所有研究活动的必要条件。好奇是心智的向外活动，必然要求摒弃所有纯粹主观的和自私的兴趣，而且要将自我完全投入到客观事物上。好奇是对知识的热爱；而知识必然是客观的和普遍的。如果仅仅为了个人的兴趣，那好奇必然受到损害。如果活动不是为了客体而发生，而是为了满足个人的好奇心，那此时我们拥有的就不是无私心，而是好事心（$curiosity$）。这种情感与它和客体的连接分离开来，成为意识中独立的存在。这就是为什么好事心这个词虽然与好奇同义，但却是个贬义词，因为它是采用个人化形式的好奇。

不正常的情感

这样看来，好事心是一种不正常的情感。然而，理智感有可能产生更多的不健康的形式。例如，如果知识的获得是为了满足对名利的追求,或者是为了炫耀和权力,那么我们的情感就是不健康的。更微妙的例子是十九世纪与众不同的弊病——对文化的热衷。当情感不是指向客观事物,而是客体事物的知识所引发的心理状态时,人们就会因心智本身的发展而产生一种对知识的热爱。此时,人们为了拓展自我而去获取知识。我们精神力量的文化本身就是目的,而关于客观事物的知识只是这个目的的副产品。这种理智感与它在整个生活中的功能是相分离的,它在意识中获得了一个独立的位置。因此,从这个意义上说,这种尝试击败了自我本身。发展自我的唯一途径就是使之变得客观化;而达到客观的唯一途径则是放弃个体自我的兴趣。自我修养(self-culture)刚好颠倒了这个过程,它试图把自我客观化或者把知识作为仅仅满足这些个人兴趣的手段。结果,个体永远不可能真正超越他自己。

3. 情感的客观方面

尽管前面已经提到过这些假设,但在这里我们还是简单地复习一遍。首先,理智感是所有认识活动的内在一面,是以个体意识为中介的客体及其关系。其次,理智感——比如好奇——是理智活动的动力,也是努力理解客体的意义的奋斗源泉。因此,不管从哪个方面来看,情感都是和客体相连的。我们现在将简要探讨这种连接的过程。

预感

所有的智力活动都指向某一个目的。然而我们并不知道这个目的是什么;假如我们知道,那就不必经历一番心理过程来达到这个目的。然而,想要达到这个目的,就必须将我们所有的思维都指向目的;我们必须根据这个目的来选择和拒绝心理素材。因此,目的是以情感的形式存在于心智当中。我们不知道它是什么,但我们隐约"感觉到"它是什么,而且我们会选择那种被感觉为与目的相一致的素材,而拒绝那些不协调的。所有的智力过程通过情感所表现出来的指向性,通常都被忽略了,但实际上这种指向性是最基本的。我们的认识赋予情感以明确的形式,并将它们投射出来。认识试图用一部分情感来表现它自己。在这个尝试中,我们把引导情感的那种因素称为预感(presentiment),它在这里的意义比一般情况下更为广泛。

直觉

有一种情感,它在智力还没有对事物进行认同或区分时就已经被预先掌握了,我们称之为直觉。直觉使人能感觉到真理的方向,能够模糊地预测真理的一般性质以及达到这个目的所必经的途径,它是鉴别天才的可靠标志之一。直觉不受制于任何规则,而仅仅属于个人,因为它是一种情感。直觉是不可传授的,然而一旦目的达到之后,意识就有可能通过反思而得出达到目的的途径和过程。可以发现,经过一系列思索从而达到目的,情感就变得可控了。

情感和逻辑

因此,情感一旦经过反思批判而具体成为智力命题时,它就导致了逻辑规则的产生。作为一门研究的科学,逻辑建立在对智力的实际探索的基础上,而智力又是受情感控制的。逻辑是反思的、批判性的,而不是直觉的、创造性的,因此它是可以被传授的;不过,发现新的真理的过程仍然是不能被传授的。逻辑永远跟在发现之后,而不是先于真理的发现。总之,逻辑仅仅是把最初的情感一般化、具体化。判断是一种预先感觉到"事物是如此这般"的投射,而逻辑只是根据情感形成预测时的运作方式来对各种思维过程进行总结。

第 14 章注释

马蒂诺:《伦理学理论种种》,第二卷,第 141—154 页;贝恩:《情绪与意志》,第 199—209 页;冯特:《生理心理学纲要》,第二卷,第 347—352 页;纳赫洛夫斯基:《情感》,第 157—162 页;施特伦贝尔:《心理学纲要》,第 271 页及其后的内容;贝内克:《心理学大纲》,第一卷,第 227—262 页;佩雷:《摇篮中的教育》,第 35—72 页;詹姆斯在《心智》第四卷第 317 页关于"理性的情感"的论述;萨利:《心理学》,第 521—530 页。

第十五章 美感

AESTHETIC FEELING

定义和论述模式

美感是伴随着对经验的观念价值的理解过程而产生的情感。理智感是美感的先决条件,因为它是对经验的意义的情感,或者说是对事物之间相互关系的情感;而且,正如我们在探讨认识时所看到的,意义或关系是一种彻底的观念因素。下面我们首先介绍美感的一般性质、对它的分析以及各种成分;其次,指出美感是各种美术活动的动力;最后,探讨美感的客观方面,即审美判断或者说鉴赏力。

1. 一般性质

正如刚刚所说,美感起源于对经验因素的观念价值的思索。但这并非意味着先有对某种关系的理性理解,然后比较这些关系和观念价值是否一致,由此伴生出对美的感觉。实际上,它的意思是说,每一次经验因素都和心智的观念有一定的关联,而心智能通过美感或丑感立即对这些关系做出反应。这种情感是心理过程内在的、个体的一面;它先于理智的理解,而不是发生在其后。我们将考察:1)美感和观念化的联结;2)美感的普遍性;3)构成美感的主要因素。

(1) 观念化和美感

每一种意识内容都可能拥有美的元素。或者说,它确实拥有美的元素,因为它包含着观念元素。我们常常谈及美丽的风景、漂亮的雕塑、富有韵律的美文、完善的真理、英勇的事迹以及优秀的品质,它们都可以用"美丽"来形容。同样,"丑"这个词也可以用在事实、道德行为以及专业的艺术创作上。然而,它并不是指真理的理智方面,也不是指品质的道德方面。真理之所以美丽是因为,在找到真理的表达方式时,对观念的特殊情感激荡着心灵;而品德的美丽源于它是一种观念的化身。真理除了传递信息之外,品德除了获得赞扬之外,在它们的活动中都包含着一种满足感。这种对于和谐观念客观呈现的满足感就构成了人的美感。

理智观念化和审美观念化

没有一种认识不包括观念化过程。不过,美不是真理,美感也不同于理智感。下面的分析可能提供对这个问题的一种解释。一个人要认识火车,必须经过一个观念化的过程。他对感官所呈现的所有关系进行解读从而获得这些感觉信息的意义。这种把过去的经验结果解读为感觉的过程,可以说就是认识火车的过程。然而,这种观念化过程并没有构成美的特性。观念化过程所采取的形式是完全客观的,它被看成是客观事物的一种属性。观念的特征虽然存在,但完全存在于客体中。因此,我们获得的情感只是一种理智感,仅仅是火车及其部件和其他事物的关系所引发的情感。从另一方面来看,一旦火车被看作一种观念的完美体现,火车也就拥有了"美"。当一个人把自己内在的观念以恰如其分并富有美感的细节表现出来的时候,这个人就是一个艺术家。无论何时,不管是关注这列火车相互联系的部件,还是它的整个功能,从它的精神或观念中,它突破距离阻隔的能力,在交换商品和观念的过程中将人们联结在一起的能力,我们都能体验到美的情绪。理智兴趣和活动的产物有关,而审美兴趣则和表达一种观念的过程相联系。

美的感觉元素

没有哪种美的事物不拥有感觉元素,就像没有哪种认识对象能脱离感觉元素而存在。然而,从艺术角度来看感觉元素的组合,比从理智角度来看要重要得多。当一朵玫瑰被看成一个认识对象时,它的色彩就无关紧要了。乐器的撞击声可以作为一次科学调查的对象,也可以是一首贝多芬奏鸣曲。但是在艺术当中，即便是作为纯粹感觉特性的颜色，即便是脱离了更高的观念联合的声音，也足以产生美的效果。一种观念本身可能是很美的，但如果表达它的感觉素材选择不当，也会变得很丑。相反，一个相对普通的观念，如果表达的素材恰当，也能变得很美。这种说法强调了感觉基础在艺术当中的重要性，但它与上一段中所说的观点——艺术中的观念化过程有更大的分享可能性——并不矛盾，而是一致的。其实，感觉素材本身并不是最重要的，它只是表达观念的一种途径。在认识活动中，感觉是没有优劣之分的，即任何感觉都能传递信息，认识活动中的信息都是等价的。但是在艺术活动中则并非如此，因为感觉是有价值的，只有特定的感觉素材才能表达特定的观念。

艺术的自由

由此可知，在艺术领域内，我们仅需要处理那些和观念相符、能体现观念价值的感觉信息。所以，在形式上而言，艺术比科学更加自由。这是因为，科学必须遵循那些已经被发现实际存在的所有关系。然而，艺术的自由并不意味着它能任意地处理所有的实际关系或事实，这种自由是指它能找到一种自我不受外部限制的事实。这种事实能够满足自我的某种兴趣，符合自我的某种观念。艺术是自由的，因为它仅处理和自我相关的事实，无须考虑外在的事实。当然，这并不是说它完全没有法则，实际上它遵循着自我的法则。

艺术中的理想主义和现实主义

这促使我们来思考艺术中所谓的"理想"元素与"现实"元素的功能。从严格意义上来讲，纯粹的理想艺术和纯粹的现实艺术都是不存在的。这是因为，既然意义是观念化的产物，那么纯粹的现实主义对心灵将毫无意义可言；既然兴趣是将自我投入到事实中的产物，那么纯粹的现实主义将激不起任何情绪。而纯粹的理想主义——不采用任何感觉素材来表现观念——也是不可能的。这是因为,未能得到具体表现的观念是没有意义的。此外,所有的意义都是事实的、现实的意义,不是脱离实际的凭空想象。因此,对实际事实进行细致而忠实的研究是必需的。首先,我们应该知道经验的真正价值;然后,我们要明白表达这种价值到底需要哪些具体的感觉素材。所有艺术的功能都在于欣赏这种经验的观念价值。从这个意义上说,任何艺术都是理想化的。而艺术过程中,素材的处理过程是从属于素材的表达过程的,它的存在正是为了观念的现实化。

(2) 美的普遍性

这就揭示了美感的普遍特性。美感的普遍性是它的观念特性的必然结果,因为价值和重要性都必然是普遍的,不可能局限于一个特殊的时空之内。观念得以实现的形式必然是特殊的;美丽的事物就存在于此时此地,但是事物的美却不受时空的限制。假如一个作者研究某个特定区域特定时代的社会,如果他仅仅在著作里再现当时的社会,那他的著作就谈不上艺术,而只是科学——属于社会学的研究范畴。然而,如果他试图通过某些素材描绘那个社会的观念意义,那这就属于艺术。不管他介绍的细节多么极端且特殊,结果都是普遍的。因为他反映的是人性(human nature),是人的永恒且本质的存在和意志,所以这对那些关注人类思想的人总是有吸引力的。普遍性并不依赖于它所采用的素材,而是它所论述的精神。现在我们来研究情感的这种普遍性出现的几种途径:

① 首先,在艺术中,美感的普遍性必然会排除低级感觉的重要作用。味觉或嗅觉只是有机体对物体的全部或部分的实际接触或使用。这些感觉可能是令人愉悦的,但它们不可能引发美感。它们传达的仅仅是有机体和物质的一致关系,而不是客观事物与观念所象征的一般智力之间的和谐一致。这些感觉是私人的,它们没有普遍性。

② 美的事物必然会排除占有感。一个美的事物是可以被拥有的,

但是美却不能。假如一个人喜欢美的事物仅仅是因为想占有它,那这种情感绝对不是美感。确实,即使感觉进入了经验领域,而经验不能被所有看到美的事物的人共享,那么这种感觉也不是美感。因此,所有起源于占有和使用的快感都会被排除在美感之外。

③ 最后,美感的普遍性要求美的事物不能从属于任何外部的目的。当然,实用和美观、作用和美术是不可分的,但它们是有区别的。这两者都是表达观念的方式,因此遵守共同的原则。但如果仅是有用,那它就只是其他产物的实现途径,本身没有价值。这就造成了产物和过程的分离。只要行为不仅仅对其他事物有用,而且是对自身以及整个自我有用,那就会产生美。如果我们不把火车与它积极表达的观念联系起来考虑,而仅仅想到它外在的发货人或股东,那它就仅仅是"有用"的。一旦把它看成是实现社会观念和价值的途径,它就是"美"的。

(3) 美感的因素

我们已经看到标志着美感的特征是它的观念性和普遍性。它的特征还表现为极大的自由和启发性,以及对表达观念的感觉素材的自由操纵。也许有人会反对说,这些术语都是非常泛化而且模糊的,我们应该揭示构成美以及唤起美感的事物的特点。然而我们不可能以这种方式来限制艺术,因为艺术最显著的特点之一就是它不能受到限制。我们不可能预先知道什么样的组合是美的,或者怎样排列事物才能产生美感。我们只能指出所有美的事物所拥有的一般特征。

和谐

和谐,即统一中的多样性,是构成美的最一般的特征。我们不可能给出一个更精确的定义,因为和谐的元素有成千上万种不同的形式。艺术就其本质是富有创造性的,不可能事先用规则来限定。它有其自身的规则。除了创造或者构思某个特殊的美的对象,否则你不可能知道美是什么。我们可以放弃某些形式化的考虑,但我们却仍然找不到描述美的具体内容。因此,我们只能对和谐这个概念进行简单的分析。

和谐与自我的情感

就其本质而言,和谐是某些经验与自我的观念特征相一致时所产生的情感。这种一致感与它在理智感中所起的重要作用是不同的。在理智感中,它是关系之间的一致感。而在美感中,不管激起我们情感的是规则的图形、奇异的风景、悦耳的曲调、动人的诗歌还是美妙的图画,美感的本质都在于让人感到这些美好事物和人本身的天性之间的和谐。我们发现风景是美的,是因为在某种程度上我们从中发现了自己。它的魅力感染了我们。这并非意味着我们对自身的天性有一种先验概念,然后在风景中有意识地寻找它,并称其为"美"。实际情况是,美丽的风景向我们揭示了迄今未知的我们自身的能力和同情(sympathies)。

适应和简约

适应也包含着和谐的意思。然而,它有两层含义。那种经过计划达到某种超越本身的目标的,是一种外部适应,仅仅是为了实用。但是,当许多手段(这些手段本身可能是不同的甚至是相反的)通过某种功能、目标或观念而被调节为一种内在的统一时,这里面就包含一种美。一辆手推车拥有为到达终点而调节各个部件的能力,但是手段和目标都是外在的。对生物而言则刚好相反,适应过程能够引导身体各个部分并赋予其意义。另一个词"简约"(economy),也表达了相同的意思。当我们利用几个简单精确的手段就能得出丰富的结果时,美就由此产生了。优雅的事物通常是简约的,而笨拙的则通常是不经济的、不适应的。

2. 美感是行为的动力

美感不仅指向那些拥有美的形式的对象,而且通过与对象相连接从而变成了兴趣的来源,并因而导致一种满足这一兴趣的行为。换句话说，美感不仅仅是对美的被动欣赏；它里面也包含着主动的喜悦，一种热爱；而只有爱的产物才能满足这种热爱。此时，美感就变成了创造性行为的动力，促使产生各种美术形式。正如理智感以好奇作为行为的动力一样，美感采用的是欣赏（admiration）。欣赏是对美的热爱，正如好奇是对知识的热爱一样。

美术

所以，艺术的产生是为了满足我们天性中的审美需求。由于我们天性中的审美需求是对观念的情感，因此只有当艺术完全表现了那个观念时，它才能完全满足欣赏需求。如前所述，观念是完全发展的自我，所以我们可以说艺术的目的是创造一个完全反映人类心灵的事物。或者，由于美的本质因素就在于和谐——与自我的和谐——所以我们可以说艺术的目的就是创造一个完全和谐的自我。不同的美术形式，例如建筑、雕塑、绘画、音乐以及诗歌等，都是心灵充分表达它自己的观念特征的不断尝试。更确切地说，它们是为了满足自我对完美和谐的天性的需求和热爱，我们对艺术品的欣赏也源于此。

建筑

建筑是观念创造的开端。因为建筑占据着三维空间，并且可以触摸，所以它特别容易引起人们的注意。然而，建筑是艺术中最不观念化的，因为它对实际材料的依赖程度最大，而且，为了达到实用的目的，它在使用材料时受到了很多限制。不过，它壮丽的形式以及宏大的规模，很容易让人产生崇敬之情。建筑产生的美是一种模糊而强大的情绪。事实上，这种情绪和依赖（dependence）以及崇拜（worship）非常相似，这使得它特别适合宗教集会。通常，最伟大的建筑物都是庙宇和教堂。另一个原因是，侍奉神灵的建筑物较少考虑其他建筑物那样的实用价值，因而允许艺术家拥有更为自由的创造空间，而自由是所有高雅艺术的必要条件。

雕塑和绘画

　　像建筑艺术一样,雕塑艺术也吸引了同样的感官注意。事实上,这两种艺术形式确实总是联系在一起。除了较为低级的民间艺术之外,所有的雕塑艺术都或多或少受到了建筑的影响。不过,雕塑这种艺术比建筑更为观念化,因为它较少受到实际用途的限制。它的效果更多地依赖于所要表达的观念,而不是所使用的材料。雕塑与人的天性的联系更密切,因为它通常用于建构人物形象,表达人的观念。而建筑本身受到了物质材料的限制,不足以表现出人的真实天性。绘画则比雕塑更进一步。它的素材只有颜料,而形式是二维空间。它比前面所说的艺术更少地依赖客观存在物(也可以说是更不现实)。绘画的感觉元素只是堆积于平面上的彩色颜料,假如没有智力来对它进行诠释,那么画面将是无生命的、毫无意义的。同样地,绘画拓展了人类自身的观念的表达范围,因为它不仅能表现静止的人物形象,还能表现人的激情和事迹。绘画还使得自然和人形成了观念关系,使自然的精神和人的精神结合起来了。

音乐

　　到音乐这里,观念的成分就更为显著了。音乐所使用的素材甚至都不真实存在于空间中。它在性质上更为内在,只是以声音的形式在时间上的延续。音乐的美妙在于通过音符来表现人的心灵。声音本身没有意义,而音乐家的内在观念赋予了它全部的意义。它不仅比前面所说的艺术更少地依赖于材料,它的形式也更为自由。音乐似乎是音乐家自己美感的外在体现。尽管在其他艺术形式的创造过程中似乎都有某种规律可循,但音乐看起来却像是人的创造天性的直接迸发。音符组合排列的法则确实存在,但是音乐家如何对这些隐藏的法则进行筛选就不得而知了。在音乐中,和谐扮演了更为观念化的角色。建筑的和谐或多或少都呈现于外部,例如空间比例等;绘画的和谐是通过色彩的变幻、光影的调和以及人物构图来实现的;但音乐则完全是心灵的产物。它不是对素材的组合,它本身就是素材。

诗歌

然而到了诗歌这里,艺术第一次彻底地变得观念化了。感觉基础在这里降级为任意的符号,本身几乎毫无意义。诗歌富有韵律,并在表达观念的过程中获得了其意义。这是经验的内容第一次与艺术的观念形式完全相符合,也就是说,人本身第一次成为被表现的主题。诗歌不像雕塑那样处理它的物质材料,也不像绘画那样处理它的光影表现形式,也不像音乐处理它的情绪和吐气,而是描绘它自己的重要人格。自然中确实存在诗意,人也是如此,但自然常常是人类精神的反映,是人类的希望、恐惧、爱与欣赏的反映。人们在诗歌中的创造形式甚至比音乐更为自由。音乐的素材是无生命的音符,它的自由是被同化的或者被赋予的自由。而诗歌的素材是人格,其行为本身就在于表现它们自己的内在特征。它的形式也更为自由,更不容易受到数量关系的限制。

诗歌的形式

诗歌可以被粗略地分为史诗、抒情诗和戏剧。史诗在某种意义上把人当作一种自然力量,它表现的是人的行动,而非行为的动机。史诗表现了英雄及其伙伴在巨大的外部力量下的英勇事迹,但是它展示给我们的只是事迹和同伴,而不是人的内心和个性。它是客观的诗。抒情诗则刚好相反,它很少关注历史事实或者稗官野史,也不关心行为和结果。它关注的是人的内在生活,表达人的个体经验——爱、恨、愿望、喜悦和悲伤等。

戏剧诗歌结合了前面两种诗歌的许多特点,它表现群体中的人和行动中的人。它是展示行动,而不是告诉我们发生了什么。它不渲染生活,而只是将生活呈现在我们面前。但是,它把这些行为归结为个人动机的结果,而不是外部历史趋势的推动。它展现给我们的不是人的主观天性的内在深处,也不是被不可知的目标所操纵的人,而是在欲望和意图的驱使下不可抗拒地走向某个不可避免的结局的人。戏剧把人的内在天性也作为一种客观事实展现出来了。因此,它在艺术上达到了极致,因为在戏剧形式中我们拥有了最高的自我观念,人格完全以它自身的形式来表现它自己。这种表现的观念和模式都是个人化的,如果超越了个人,艺术就无法继续,因为只有在这里人们才能找到他自己的表达方式。

3. 审美判断或鉴赏力

像理智感一样,美感也有其客观的一面。美是我们自发地赋予客体的一种特征。欣赏是美感指向外部的一种能量。所以,美感的产生必然导致人们的审美判断。事实上,我们不仅感受到满足的喜悦,还在执行一种理智行为。我们说画面和风景是美的时候,并没有把这种美感看作是我们自己的一种主观意识的感受,而是将其客观化了。情感必须将它自己表达出来。

对伟大的艺术家来说,他们有一种比普通人强烈得多的表达情感的冲动,有一种充分表达情感的需求。因此,可以说,他们是被推动着进行创造。不过,每个人的冲动都如此强烈,以至于人们都认识到某些东西是美的。毕竟,伟大的艺术家只是这种人性的普遍情感的阐述者而已。每个人都有表达情感的冲动,却苦于找不到适当的出口来表达那种模糊的感觉,而艺术家却能够以具体的形式把它们明白无误地表现出来。因此,我们总会发现伟大的艺术品是如此的自然;在它的面前,我们不会感觉到奇怪,而是被深深感染,因为它揭示了我们天性中的秘密。我们常常感到这些秘密就在那里,却无法将它们表达出来。简而言之,审美判断隐藏在所有人身上,而艺术家们则把它们揭示了出来。

鉴赏力

当我们进行判断时,理智感就精简为逻辑法则的形式。与此相似,审美判断则具体化为艺术鉴赏的原则。鉴赏的"官能"只是对个体拥有的审美判断能力的一般称呼。当个体反思美感并试图揭示其背后的规律时,那种反思性分析的产物就是鉴赏原则。鉴赏原则试图阐明拥有美感的事物的特征。于是,鉴赏力本质上是个人化的,它取决于个体的审美能力和文化水平。尽管鉴赏原则是可以传授的,但是创造美的方法——甚至是欣赏美的方法——却是不可传授的。它是一种个人化情感,是一种美感策略(aesthetic tact)。鉴赏原则只能对艺术家心灵中鲜活的美的形式做出枯燥的解释。艺术情感是创造性的,而鉴赏是批判性的,它只能发生在艺术之后。

鉴赏的功能

亚里士多德曾经说过,美就是善;只有艺术家或者有德行的人才有资格判断什么是美、什么是善。然而,把美感背后的规则公式化并非毫无用处。要鉴别什么是美的,首先要建立一种美的观念。艺术冲动可能直接指向这种美的观念,而美的观念让这些冲动不至于白白浪费。意识观念可以作为美的标准,也可以作为创造美的向导。不过必须记住的是,这种意识观念只能从过去的产物中获得其明确的形式。而且,这种观念必须用于新的创造,同时还必须不断扩展它自己,从而包含各种新的发展。任何建立终极观念的尝试都是徒劳的,而且造成了两种恶劣的影响。其一,它抑制了个人的努力,用那种对规则的严格服从取代了自发的创造行为,然而自由又是艺术创造的必要条件;其二,它把观念束缚在已经完成的事物上,从而破坏了它的观念特性。这种做法只会使观念变成呆板而陈腐的规则。原本是对新创造的一种激励,现在则变成了墨守成规的繁琐命令。

不正常的美感

美感有一种强烈的倾向,它想在意识中获得独立的存在,并且变得更加精致。这不是由美丽的事物所引起的,而是因为美丽的事物所带来的个人满足感的缘故。换句话说,美感退化成了唯美主义。所以,欣赏不再是对美的热爱,不再是对美丽事物的兴趣,而是对美所带来的愉悦的热爱,对美丽事物在个体心灵上的反射作用的兴趣。或者,正确的鉴赏力本身变成了所追求的目标,而不是对赋予经验以价值的东西的真正欣赏。个体并没有放弃他对美丽事物的欣赏,而是把欣赏看作是对缺点的公开承认,并且表现出一种高傲的态度。他变成了一个行家或者是业余爱好者,并以他自己严格且精致的鉴赏力而骄傲,而不是关注客观的美的领域。简而言之,美感完全封闭在它自身内部,而没有成为展现世界的美丽、漂亮和魅力的手段。所以,惩罚是不可避免的,它会丧失神采和健康,并且最终丧失所有的情感活力。这样,情感变得无所作为,不能从每一次经历的事物中获得新的滋养,所以它只能以自我摧毁而告终。

第15章注释

阿伦:《生理美学》;格尼(Gurney):《声音的力量》;汉密尔顿:《形而上学》,第46讲;贝恩:《情绪与意志》,第247—270页;麦科什:《情绪》,第148—214页;萨利:《感觉和直觉》第186—245页和《心理学》第531—552页;默里:《心理学手册》,第223—235页,第387—390页;拉扎勒斯:《精神生活》,第一卷(关于"幽默");第二卷(关于"美术心理学");施特伦贝尔:《心理学大纲》,第275页及其后的内容;利普斯:《心理学研究》,第四篇;斯宾塞:《心理学原理》,第二卷,第627—648页;纳赫洛夫斯基:《情感》,第162—197页;霍维茨:《心理分析》,第二卷,第二部分,第176—225页;冯特:《生理心理学基础》,第二卷,第179—194页;佩雷:《儿童期的头三年》,第265—281页;黑克尔(Hecker):《喜剧心理学》;西贝克:《审美的本质》;卡里尔(Carriere):《美的观念》和《造型和诗歌的本质》;迪梅特罗斯科(Dimetresco):《美的观念》;德雷埃尔(Dreher):《人际交往心理学中的艺术》;赫尔曼:《审美色彩学》;菲舍尔(Vischer):《美学》;乌尔里齐:《实践哲学基础》,第157—183页;罗森克兰茨:《丑的美学》;埃厄(Eye):《美的领域》;洛采:《美学基础》;费希纳:《美学初期教程》;诺伊德克尔(Neudecker):《研究》(历史的);佩雷:《摇篮中的教育》,第11—159页;乔利:《教育学基本概念》第210页及其后的内容;迈耶:《审美教育学》;福尔克曼:《心理学教科书》,第二卷,第353—363页。

第十六章 个人情感

PERSONAL FEELING

定义和论述模式

个人情感是指从具有自我意识的个体之间的相互关系中产生的情感。所有的情感都伴随着自我实现。没有哪一个个体能在非个人关系——事物之间的相互关系或者事物与观念的关系——中实现他自己。只有在自我意识的活动中、在人格中,个体才能让他自己真正得以发展。而且,不和他人发生联系,这种发展是不可能实现的。一个人与他人隔离,却希望通过接触智力对象和审美对象就发展其人格,这是根本不可能。很难想象他在没有别人的帮助和激励的情况下,就能够认识客体和享受美的事物,并发展出他天性的社会性一面。沿着这些思路,我们将讨论:1)个人情感的一般特征;2)个人情感或者说爱是行为的动力;3)个人情感的客观一面,即社会判断或良心。

1. 个人情感的一般特征

有时我们可以将人的情感分为两种不同的形式:一种是对自己的情感,可称之为自我情感或个人情感;另一种是对他人的情感,可称之为利他情感或社会情感。这种划分方式基于如下假设:首先,情感属于我们自己有限的个体性。只有当情感影响了我们的直接自我时,它才会被加以考虑。但是,情感后来也可以扩展到包含其他个体。这种划分忽略了自我情感和利他情感之间必然存在的相互关系。除非自我将其自身与他人区分开来,并且与之相对立,否则不可能产生自我情感;除非自我认识到他人与自身的关联,并且与之相比较,否则也不可能产生利他情感。我们最初的情感并不是自我意义上的个人情感。

适当加以考察就可以明白,我们最初的情感根本就不是个人情感。只有当它们指向人的时候,它们才变成了个人情感。然而,除非自我和他人有意识或者无意识地进行比较,并且被作为优先对象,否则最初的情感不可能指向自我。而且,除非他人被拿来和自我的直接需求相比较,否则情感也不可能成为利他情感。对财物的热爱、竞争感、愤怒感、喜欢被赞扬、自豪感或骄傲、自私感等情感都是自我情感,但是它们之所以是自我情感,是因为他们同时认识到了自我和非自我、自我(ego)和变体(alter)。除非和他人进行比较,否则自我是没有意义的。自我情感和利他情感不可能没有任何关联。"我的"需要一个相比较的"你的"。

个人情感的分类

因此,我们知道,个人情感不能被分为自我情感和利他情感,因为每一种情感都必然会涉及另外一种。不过,我们可以按照情感普遍性的不断增加,将其正确地分为社会情感、道德情感和宗教情感。自我情感不仅不是个人情感的最初形式,而且当自我被理解为自私这一含义时,自我情感根本就算不上是正常的情感。例如,喜欢财物就不是一种自私的情感;它是自我扩展和表达其存在的必要形式。只有当情感与客体相分离,而且财物带来的愉悦和财物与直接自我的连接构成了意图或行为的目标时,情感才变成为自私情感。如果情感切断了与客体的连接,并在意识中拥有了独立的存在,这样的情感都是不正常的情感。

(1) 社会情感

由于对自己的情感和对他人的情感一样,它们在本质上都是社会性的;由于一种情感不可能脱离另一种而存在,所以我们可以看到,社会性情感存在两种形式。一种是他人与自己发生关系所产生的情感,另一种是自己与他人发生关系所产生的情感。两种情感都不能脱离对方而存在;它们是同一种情感通过抽象过程而分离的不同阶段。每一种情感都可以进一步分为两种类型:对他人的情感可分为同情和憎恶;对自己的情感可分为谦虚和骄傲。

① 同情和憎恶。这两种情感表现了人性在本质上具有普遍性,它们在不同个体身上都会出现。憎恶和同情都是在自我对他人的认同过程中产生的。如果不是因为一个人和另一个人在天性上的相通性,如果不是因为从这种关系中产生的认同,那么冷漠感(准确地说它并不是一种情感,而是情感缺乏)将是一个人对另一个人产生的唯一心理状态。

憎恶

憎恶的具体形式有厌恶和愤怒。在厌恶中,我们对他人的心理状态或经验进行认同,并且发现它和我们自己的实际状态是相排斥的。愤怒与发怒和狂怒是不同的。后两种基本上是情感的盲目而且冲动的爆发,它们试图消除对我们的愉悦活动构成阻碍或将会给我们带来痛苦的任何事物。后两种情感可以指向事物,也可以指向人。但是,只有通过经验,这两种情感才渐渐地只指向人。当我们对他人的行为过程或情绪进行认同,而这一过程或情绪又不符合我们自己的观念时,就产生了憎恶这样一种情感。如果我们不能将他人和自己视为一体,不能用共同的观念来进行衡量,那么憎恶感将不可能产生。

同情

同情这种情感产生于自我对他人体验的认同,从而感觉好像是我们自己的体验一样。同情可能和厌恶一样令人不快,但是激发厌恶的体验,会让我们感到它们和我们最深的自我是相排斥的;而唤起同情的体验,则让我们觉得和我们的本质有共同之处。在同情中,我们将他人的情感当作我们自己的;而在厌恶或憎恶中,我们不会把这些情感当作我们自己的。一般而言,我们会对他人的悲伤表示同情,但是同情当然也包含他人的愉悦。只不过,对悲伤的同情范围似乎比快乐的范围更加广泛。

同情的起源

同情起源于情感的共鸣和感染力。既存在心理氛围，也存在身体氛围。处于这种氛围中的人既受到了氛围的感染，还对氛围做出了反应。笑和哭都是"能传染的（catching）"。我们无意识地复制了我们周围人的情感，也无意识地拥有了他人的情绪。其中的道理似乎是这样的：我们看到了悲伤或欢乐的身体标志。通过纯粹的反射和模仿行为，我们自己的特征慢慢地采用了这种表达方式，并且诱发相同的情感。存在对这种标志的解释倾向，而且由于情感只在它被复制时才能加以解释，所以人可以自己诠释情绪。只有当我们自己感觉到愤怒，我们才知道愤怒的标志为何意。这两个因素结合起来，构成了同情起源的心理机制。

同情的本质

然而，这只是情绪的基础。如前所述，在同情中，我们把他人的情感当作是我们自己的。刚才描述的这个过程，仅仅只是在我们自己身上复制了他人的情感；它在我们身上引发了某种情绪，但这也就是它的所有活动。对于同情，我们不仅自己要拥有这种情感，而且我们还必须认识到，它是别人的体验。例如，通过前面谈到的过程，一个有经验的演员能够在我们身上唤起他希望的情绪，但是这并不一定是同情。因为我们知道这只是一场"表演"，演员只是在演戏。所以，尽管我们体验到和演员相同的情感，但是我们不会将这些情感投射到我们自己之外，也不会把它们看作是他人的真实情感。简而言之，同情就是复制了他人的体验，并且认识到这种情感只是他人的体验。

同情的条件

因此，同情的首要条件就是要能够有意无意地理解他人的情感，并且能够把情感复制到我们的心智当中。其次，必须能够忘记自己，并且记住这样的事实——尽管我们感受到了这些情感,但它们终究是别人的体验。同情既包含认同,也包含区分。同情一个穷人的时候,我不仅必须把他的体验当作是我自己的,而且还必须认识到这些体验只是他的体验。我必须把这些体验和我自己的个人自我分离开来,并且在他身上将它们客观化。

所以,尽管许多人对他人的情感非常敏感,但他们并不是很有同情心。他们将其他人的每一个细微的情感变化都登记到他们自己的情绪当中,这就好像记录生理变化的气压计一样。但是,他们没有真正的同情,因为他们把这些新情感当作是他们自己的新体验;他们没有将情感向外投射。投射的条件在于,首先我们自己要有足够的情绪体验,能够理解他人的情感;其次,对他人要有一种积极的兴趣,让我们知道这些体验确实属于他人。我们不仅必须把他们的活动当作是我们自己的,而且还必须把我们自己的感受放到他们身上。这样,作为一种积极的兴趣,同情就变成了爱,变成了行为的动力。这个问题我们将在第二节讨论。

同情的功能

同情在情绪活动中的重要性怎么高估都不过分,这就好像注意在严格的理智活动中的作用一样。注意是客体和关系通达我们意识的唯一途径,类似地,同情也是他人进入我们活动范围的唯一途径。所以,同情是一种非常普遍的情感,因为它让我们超越了我们的直接人格、个人兴趣和关注点,从而到达了普遍的人格。开始时,同情的对象可能只限于我们的家人、和我们同一社会阶层的人、我们的邻居等等。然而,这种同情是不完善的,因为我们仅仅学会了同情那些和我们自己天性的某些方面相一致的人。随着我们天性的扩大和发展,同情也肯定会随之而增长。只有当人格完全发展起来、变得完全普遍的时候,同情的增长才宣告结束。这样的同情当然能够认识到,社会阶层、财富、学识以及任何将人们分割开来的东西其实都是没有意义的。

同情和社会关系

　　同情是人与人之间的连接纽带。它在社会领域中的地位，就好比引力在物理世界中的重要性一样。同情是人类精神结合的表现。尽管在还未发展的条件下，同情会受到限制，但它总是不断扩大到更多人身上，不断深化从而包含了人与人之间更加基本的关系。同情所构成的社会，是一个有机的整体。这个整体受到了一种共同生活的渗透，但其中的每一个个体仍然过着他自己独特的生活，并没有被群体的生活所吞并。也许，同情的发展可能是这样的：每个个体都只是把他人的体验融入自己的心中，而且没有将它们向外投射，也就没有认识到它们是他人的体验。这种发展将使每个人都过着一种只关注自己的生活，而不去考虑他与其他人在精神上的认同关系。或者，同情发展也可能是这样的：每个个体都只是把他自己向外投射，并且在群体生活中丧失了他的个人生活，从而变得越来越关注于群体生活。在这种情况下，人格的分离感没有了。但是，同情的本质其实正是在于，个体性的发展必然伴随着情感普遍性的发展。同情将他人和自己视为一体，同时又将他人和自己区分开来。通过把我们的生活扩大到和整个人类一样广泛，同情能够让我们实现我们的真实天性——普遍人格。同时，它又加深了我们自己独特的个性特征。情感的发展和认识的发展很相似，它们都通过普遍关系更加个体化。

　　② 骄傲和谦虚。同情和憎恶是与自己相连的对他人的情感，而骄傲和谦虚则是与他人有关的对自我的情感。骄傲是将我们自己的优点与另一个人相比较而产生的情感，而谦虚则是将我们自己的缺点与另一个人相比较而产生的情感。骄傲可能是自尊（self-respect）；这种情感让我们觉得我们就是所有人，在我们身上包含了无限值得尊重的自我价值。所以，骄傲并不是自我的情感，而是同情的主要方面。简而言之，它

不是我们特殊的分离品质的情感,而是我们普遍天性的情感,这一点我们和所有其他的人都是一样的。当骄傲是指向自己的品质、成就和环境时,骄傲就会变成自满、自负和空虚。这样的情感就是自我情感,阻碍个人超越他自己。

谦虚

谦虚并不一定和自尊相对。自尊就是认识到我们是一个人,并且不能被小看,而谦虚是构成我们真实存在(即客观而普遍的存在)的人格和我们实际达到的状态相比较而产生的情感。所以,骄傲和谦虚是相辅相成的。不过,谦虚也可能是将我们自己的特殊优点和他人的特殊优点相比而产生的情感。如果这样,那么谦虚的表现形式就是敏感而自卑,有时甚至是退缩。然而,谦虚也可以表现为谦逊。如果特别真诚,那么与其说是缺乏自信,还不如说是情感的一种积极形式。

复杂形式

并不是说我们的分析就能够涵盖社会情感所拥有的积极关系的实际价值;我们仅仅说明了几种主要的类型。此外,我们还可以从这几种类型的简单组合中得出更多的复杂情感形式。憎恶和谦虚的自我形式相结合,就产生了嫉妒感(*envy*);同情和谦虚的结合,则产生了妒忌(*jealousy*)。其中的差别在于,在妒忌当中,同情比较关注看到的目的,并且认识到我们自己的自卑;然而,嫉妒却是对他人成就的吹毛求疵。恶意(*malice*)是骄傲与憎恶相结合的自我形式的情感;贪婪(*covetousness*)则是骄傲和同情结合的产物。同学们将会发现,把种类繁多的社会情感分解为基本的类型,是一次极好的心理学分析。

(2)道德情感

道德情感以社会情感为基础,且是社会情感的发展。我们能够认识到我们与那些和我们拥有同样天性的人之间存在道德关系。由于同情感是这种认同感的基础,所以它也是所有道德感的来源。道德情感可能会扩展到包含所有可能的关系——理智的和审美的,还有社会的关系。但是,道德情感的扩展只有当这些关系开始和人格相连接的时候才会发生。在研究道德情感时,我们必须探讨它们是如何从社会情感中发展出来的,以及这种发展带来的哪些元素是我们迄今为止还未认识到的。

正义感

理智感的本质特性在于其真实感,或者是一个对象及其关系与所有关系的观念统一体之间的和谐感。审美情感的本质特性在于其美感,或者是一个物体和所有物体的观念价值之间的和谐感。而道德情感的本质特性则在于其正义感,即一个人的行为和人格观念之间的和谐感。正义行为带来的情感也就是指这样一种情感:在正义行为中,观念的人格——完全客观而普遍的人格——得到了实现。错误行为带来的情感则刚好相反,因为行为并不遵循这种观念人格,而是与之相抵触。理智感处理的是客观事物之间的关系;美感处理的是它们的观念价值;社会情感处理的是人与人之间的关系;而道德情感处理的则是观念关系和人的价值。

道德情感是唯一外显的社会情感

很明显,道德情感始终包含在社会情感当中,而只有道德情感才通达到意识层面。社会情感的本质就在于,一个人感觉到他自己与一个比他特殊的个人存在更加广泛和持久的自我是同一的。他觉得,他的真实生活将会成为所有人格的生活;简而言之,他感觉到,除非一个自我能够统一和协调人类所有的不同经验,否则他将不可能实现他自己。当然,这并非意味着当人们经历社会情感时,他们都能有意识地认识到实际自我和普遍的观念自我之间的关系。它仅仅意味着,恰当的分析揭露了两种自我之间的关系,而正是这一关系构成了道德情感的本质。但是,在道德情感中，这种关系更加明显地通达到了意识。人们觉得他的真实自我将理解与所有人之间可能的关系，以及使实际自我与这个真实自我相协调所必须的所有行为。换句话说，在道德情感中，人们觉得他的真实自我让他的意志遵循一个普遍的意志，这也是我们所说的义务（*duties*）。

义务感

除了正义感之外，道德情感很明显还包含义务感。在理智感和审美情感中，都不存在义务感。在那里，我们仅仅感觉到真实感和美感，而不会感觉到责任感的存在。如果我们觉得有责任让它们在我们自己身上重现，那也只是因为我们已经知道了它们与人格的关系，已经把它们看作是完善人格的元素。要知道，在纯粹的理智感和审美情感中，我们不会感觉到有这样的责任。但是，普遍自我是我们自己的真实存在——这种情感必然伴随着义务感和责任感。我们觉得一定要实现我们自己的本质，因为它是我们的本质。我们觉得自己应该对未能实现我们的本质而负责，因为我们面对的不是一个物体，而是我们自己的自我。如果是一个物体，那我们就不必为之负责，因为它总是部分地存在于我们的外部，所以不完全受我们的控制，比如构成世界的关系或者这些关系所表达的观念价值就是如此。

尊敬和悔恨

正义感和义务感的结合会产生尊敬（*reverence*）感。尊敬这种情感所指向的对象是完全普遍的，它完全实现了所有人的意志，因而是完全"正确的"或完美的。由于尊敬感和这种情感——这种人格和我们的本质并非格格不入，而是我们本质的真实存在——是结合在一起的，所以尊敬感是一种绝对的义务。谦虚的社会情感在这个观念的人格面前变得更加深刻了。我们自己的某种行为会使得我们的观念和我们自己的实际状态之间存在距离，而悔恨感正是因这种距离而产生的。我们觉得我们本该已经实现了我们自己的存在，但是我们却没有。在我们天性中的这种二元性的分裂感，就构成了悔恨。

（3）宗教情感

道德情感是社会情感的真实本质的发展和体现；而宗教情感则是道德情感的发展和体现。道德情感控制了我们自己的真实自我，让它将人类性格的所有元素协调起来，并且宣称这一行为应该得到实现，而且我们的实际自我必须与之相适应。因此，道德情感涉及在实际自我和观念自我（或普遍自我）之间存在的距离。我们自己的天性并没有在道德关系中完全体现出来；它只是表现了一部分，而它本应该完全表达出来的。只有当"是什么"和"应该是什么"、实际自我和观念自我之间的差距被克服之后，我们的天性才能完全客观化或者说得到实现。只有在宗教经验这一领域，一个人的自我和完全实现了的人格（或上帝）之间的认同过程才会发生。因此，宗教情感是完全普遍的情感；到了宗教情感这里，情感的渐进发展终止了。宗教情感把道德情感和社会情感中包含的元素引入到我们的经验当中，但是并没有让它们变得外显。下面我们简要谈谈这些元素中的一部分。

依赖感

在我们的实际自我并不是我们的真实自我这种情感中，包含着依赖元素。在社会关系中，我们感觉到，为了自身的发展我们要依赖他人；如果我们被剥夺了大部分力量，那么我们就会感到孤独。在道德关系中，这种依赖能被有意识地感觉到，并且以义务情感的形式表现出来。觉得我们应该实现一种特定的个人价值，也就是感觉到我们对那种价值的依赖。但是，这种情感并不会变成全部。我们身上总是存在与普遍自我相对立的私人自我；尽管我们知道应该摒弃私人自我，但是它不可能在道德行为中被完全去除。不过，在宗教情感中，我们认识到了这种私人的分离自我的无价值性和无效性；宗教情感总是让我们自己全部都奉献给完美的人格,即上帝。这时,我们觉得自己身上完全没有依赖。当然,情感并不是一种生理依赖,不是一种对力量的依赖,而是一种精神依赖;不管我们拥有什么和是什么,它们都不属于我们特殊的自我,而是来自上帝。

安宁感

宗教情感的另一个元素就是安宁感。这种情绪是一种完全的和谐。只要我们获得了道德观念,那就会拥有这种情感,因为道德观念是一个完全统一的人格。不过,如前所述,道德活动是有冲突的,并没有获得实际的统一。然而,在宗教活动中,只要一个人完全放弃了他自己的特殊自我(如果他不这么做,那么也就不是宗教活动了),并且采取了完全和谐的人格的活动,那么他就不会过一种有冲突的生活,而是理解了什么才是永恒绝对的。他的生活中不可能存在根本的二元性,因为对他而言,唯一真实的事情就是完美人格的存在,他从而才会拥有安宁感。

信仰感

社会关系和道德关系中都包含信仰。例如,在道德关系中,一个人说他必须实现一些东西,其中这些东西并非事实,而只是一种观念。道德观念并不是世界上的一种纯粹事实;它确实是一种观念,道德观念本应该是实际的,但是却未被看成如此。道德并不是一种想象,它在社会的生活特征中得到体现;但是这些生活特征之所以都获得了它们的道德力量,是因为它们被看作为观念的表达。因此,这种并非以事实为存在的观念,必须受到信仰的理解。道德活动是一种信仰,因为它总是宣称,人的最终实在不可能被实际理解为存在。

宗教活动只是把这种元素引入了意识层面。单独把个体实际看作私人自我,这是不真实的;唯一的实在是完美而普遍的人格(即上帝),他不能被直接感觉到。宗教活动宣称,这个人格不仅是观念,而且是完全真实的。其中,这个观念应该是真实的,就和道德情感所宣称的目标一样。由于所有的理智活动、审美活动和道德活动都是一种观念化,所以很明显,宗教活动所坚持和引发的信仰感,内在地包含于所有的经验当中。宗教情感,或者说信仰,是完全普遍的:不仅其对象是普遍的,而且其普遍性会随着所有的经验而共同扩展。

2. 个人情感是行为的动力

个人情感的形式表现为对人的兴趣。它必定是指向外部的。只有在其兴趣所关注的目标得到实现的过程中,个人情感才能获得满足。从这个意义上来说,个人情感就是爱。爱是针对人的,就好像钦佩是针对观念价值的,而好奇则是指向客观世界的。个人情感不是一种主观情感,也不是一种被动的感受。它是主动的兴趣。它的本质并不是接受性的,而是创造性的。个人情感在本质上又是客观的。我们能够因他人而感受到愉悦,而且能够通过联想将我们体验到的愉悦扩展到这些个体身上;我们能够将他们包含在我们的个人快乐的范围之内。但这并不是爱,尽管它确实是产生爱的途径之一。好奇和钦佩在客体与观念的世界面前将自我忘却了,同样地,爱则是在人面前将自我忘却了。

爱和恨

所有的爱都是同情,它们是行为的动力;而恨则是憎恶。心理学家一直在讨论到底存不存在诸如纯粹的恨或恶意这样的情感。是否存在对他人的绝对敌意,是否能在他人的损失中获得愉悦——对于这些问题,有些人持肯定态度,而另一些人则否认它。"恨"这个词的一种含义表示,在爱当中必定包含着恨。由于爱就是对他人的幸福感兴趣,所以它包含着对所有阻碍这种幸福的事物的憎恨。既然我们认识到幸福是个人的,并且不可能受到非个人因素的控制,所以我们就能明白,这些阻碍必定是由他自己所造成的。正是因为这样,我们才憎恨他。换句说,我们憎恨所有阻碍我们的爱得以实现的事物。恨只是爱的相反的一面。然而,既然爱是在他人身上发现满足感的必要情绪,所以,指向他人自身的恨这种情感在心理学上是不可能的。人格是一种普遍的特性,并且,如果我们不恨我们自己的自我,那我们也不可能恨别人。

喜欢和讨厌

然而,爱也有一种不正常的形式。这种情况是有可能的:情感并没有消失在他人身上,而是变得转向内部,为了满足某人自己的私人自我而存在。换句话说,只要别人有助于我们自己的个体满足,我们就会尊重他们。我们对他们有这种情感,是因为他们让我们感到"愉快",他们在我们心里产生了愉悦的情绪。这些感受是"喜欢",而不是爱。类似地,有些人让我们觉得讨厌,他们促使我们产生了不愉快的体验。他们拥有一些特质,总是让我们想到自己的自卑,激怒我们,或者实际上伤害了我们。我们就会讨厌这样的人。但是,这种情感是一种自我情感,而不是社会情感。相反,由于恨是指向那些阻碍自我实现的事物,所以恨实际上是一种社会情感。大部分我们所谓的憎恨,要么是恶意,要么就是讨厌。

爱的产物

爱作为对人的幸福的兴趣,必然具备创造性。好奇创造了科学,钦佩创造了美术,而爱则创造了各种形式的人际关系和机构。基本的机构是家庭,而家庭基于性爱、抚养和孝顺。家庭是对他人的兴趣所采取的最直接而亲密的形式。家庭在很大程度上基于我们天性的直接需要:繁衍需要、营养需要以及对栖息之所和保护的需要。然而,正是由于在家庭当中,每个人格最完全地表现出他自己的天性,人与人之间的关系是最亲密的,所以家庭才是基本的社会单元、最初的道德机构,以及宗教教育的最终来源。

其他形式

然而,爱并非仅限于那些和我们有直接的自然关系和生理关系的人。只要有人的存在,那就可能存在个人兴趣的对象。爱扩展成了友谊,广义上的友谊是所有社会关系的基础。社会是一种机构,它是作为行为动力的个人情感的体现和实现。个人情感只有在人与人的持久且普遍的关系中才能找到其目标;我们所说的社会、国家和人类,通通都是这些持久且普遍的关系在主动同情的基础上的实现。

从心理学来说,社会和国家的连接纽带并不是法律意义上的法规,更不是力量,而是爱。法规表达了这样的事实:爱并不是对情感流露的不当规范,也不是个人放任,而是人格的普遍而且自然的体现。社会所采用的力量就是,它认识到普遍人格是对每一个社会成员的绝对义务;而且只有在社会当中这种人格才能得到实现,社会关系的每一次破裂都是对一个人实现他真实生活的一种阻碍。这就是"所有的爱中都必然包含恨"在社会中的体现。人对人的兴趣的最高产物就是教堂。教堂将所有的社会组织中所包含的元素都引入了外显的意识当中。它要求爱是最高的义务,它揭示了这种爱和完美且普遍的人格——上帝——之间的关系。

3. 情感是社会判断和良心

正义感必然会导致正义判断。我们并不是把情感当作是我们主观经历的东西,而是作为人格行为的一种属性。我们之所以这么做,是因为我们认为那个满足一个完全人格的条件的属性是正确的,我们本能地觉得这样的人格是普遍而客观的。道德判断是所有的个人情感中都包含的客观因素的外显意识表现。道德判断的集合体,被用来指一种被称作"良心"的力量。但是,良心不能被看作是一种具体的心理官能。作为情感,良心包含了正义感和义务感,以及从遵循义务和不遵循义务的情感中所产生的赞扬和悔恨。作为理智,良心理解了这些情感的内容,理解了被人格观念所衡量的道德行为的品质。

良心的本质

因此,良心是直觉性的。这并不是说良心表达了普遍的法规和原则,因为它并没有制定任何法规。良心是指人格的经验,即一个特定的行为与真正实现的人格是否相一致。它是每一次个人经验的内在一面。这些经验必定与愉悦感和痛苦感、赞许和非难相联系。那些被认为和人的完美观念相一致的经验,通常被认为是和谐的,并且产生了我们称之为赞许的道德和谐感。与理智感和美感一样,良心也能不断发展。这就是说,人的道德本质其实在于实现的过程。随着人格的每一次新的实现,关于什么构成一个真实的人的观念就更高了,对和谐或不和谐关系的更热烈的反应就出现了。因此,成年人的每一次退行,都伴随着观念的下降。在这个过程中,人们形成了一种与观念相符合的迟钝感,以及对其他状态下不愉快像潮水般涌进心理的认可。实际上,良心是一种对个人行为普遍且客观的价值评判的情感。不过,其真实程度取决于自己的感觉有多么普遍和客观。

良心和伦理

与理智感和美感一样,道德感也是个人化的,是个体的道德本质的直觉表达。然而,推理能够研究情感的自发而直觉性的表达,从而发现情感的运作基础。此外,对这些基础进行分析,就能够阐明它们的行为规律,就像它阐明鉴赏标准和逻辑规则一样。所以,它试图得出行为的普遍规律和正义行为的永久品质。不过,应该记住的是,道德规范只是一个抽象物。具体的事物是一个有生命的人格,而我们所说的伦理规范是一种行为模式,它已经通过对这个人格的反省分析而被分离开来了。道德的个体并不是为了实现道德规范,而是实现他自己。而且所谓的道德规范,也就是那些与这种实现有着和谐关系的行为模式。尽管伦理学是对道德感的正规分析,并且试图接受它隐藏的含义,但是诡辩(casuistry)却是伦理学的一种不正常的表现。它试图阐明一些规则来决定在特定的情况下,哪些行为是正确的,哪些行为是错误的。所以,它试图采用外部的命令来代替人的不受限制的自由。没有哪一个规则能在不毁坏道德的重要动力的情况下来取代这种个人的决定。

第 16 章注释

关于社会性情感,我们参考了如下文献:萨利:《心理学》,第 508—518 页;默里:《心理学手册》,第 360—377 页;麦科什:《情绪》第 215 页及其后的内容,贝恩:《情绪与意志》,第 106—188 页、第 210—217 页;布朗:《心灵哲学》,第二卷,第 206—253 页;斯宾塞:《心理学原理》,第二卷,第 558—577 页、第 587—626 页;马蒂诺:《伦理学理论种种》,第二卷,第 134—141 页;洛里:《伦理学》,第 104—119 页;玛丽昂(Marion):《团结的道德》,第 163—205 页;德金姆帕斯:《教育》,第 444—449 页;佩雷:《摇篮中的教育》,第 224—264 页;纳赫洛夫斯基:《情感》,第 215—333 页;霍维茨:《心理学分析》,第二卷,第二部分,第 353—466 页、第 479—504 页;米舍莱:《人类学和心理学》,第 474—485 页;乌尔里齐:《身体与心灵》,第二卷,第 346—356 页;福特拉格:《八篇心理学演讲》中关于"友谊"的文章;拉扎勒斯:《精神生活》中关于"友谊"的文章;施密特:《同情》;迪博克(Duboc):《爱情心理学》。关于自我的情感,可参见默里(同前),第 356—360 页;麦科什(同前),第 7—42 页;贝恩(同前),第 128—144 页;斯蒂芬:《伦理科学》,第 219—227 页;洛策:《微观世界》,第 696—706 页;罗森克兰茨:《心理学》,第 143—156 页;霍维茨(同前),第二卷,第二部分,第 232—301 页;普莱尔:《儿童的心智》,第 392—406 页;乔利:《教育学的基本概念》,第 196—210 页。关于道德情感和宗教情感,可参见凯尔德:《宗教哲学》,第九章;马蒂诺(同前),第二卷,第19—64页;洛里(同前),第28—37页、第59—68页及第148—155页;贝恩(同前),第121—125页、第286—322页;阿波克隆比(Abercrombie):《道德情感哲学》;乌尔里齐(同前),第二卷,第356—390页(道德)和第418—453页(宗教);施特伦贝尔:《心理学基础》,第278页及其后的内容;纳赫洛夫斯基(同前),第197—213页;霍维茨(同前),第二卷,第二部分,第302—352页、第512—520页;福尔克曼:《心理学教科书》,第二卷,第363—373页。关于悲观主义的观点,可参见雷(Reé)的《道德感的根源》,还可比较冯·哈特曼的《道德意识的现象学》第163—322页。

PART THREE THE WILL

第三部分

意 志

第十七章 感觉冲动

意志的性质

意志(will)一词有狭义和广义之分。从广义上说,意志与心理活动是同义词。所有的心理活动都不仅仅拥有生理刺激,还拥有心理刺激,而且心理活动总是实现各种有意向的或没有意向的结果。但是,从狭义上说,意志行动是以一个观念为开端、以实现该观念为终点的;也就是说,意志仅限于那些将某种观念变为现实的行动。从狭义上说,意志需要情感和知识在同一个行为中结合起来。意志总是将我和某种实在联系在一起,它要么把我的某种元素转换为客观实在,要么把那种客观实在纳入我的直接的情感范围。所以,意志总是把知识的内容和情感的形式联系在一起。或者说,没有哪种知识活动不需要注意的参与,而注意只不过是把普遍的内容与单个的主体连接起来的意志活动。另外,也没有哪一种活动不曾伴随着情感。因此,知识和情感都在意志中找到了它们的基础。

意志与感觉冲动

意志不仅仅是纯形式化的,它还拥有实际的内容。意志的内容主要是由感觉冲动所提供的。然而,感觉冲动本身并不构成意志,感觉仅仅构成了知识。这是因为知识就是将各种感觉结合起来、使之系统化,并且能够理解这些感觉,对它们进行解释;而意志则存在于各种感觉冲动的相互调和当中,意志使得这些感觉冲动变得互相协调,并从属于一个共同的目的。比如说,我们拥有某些诱导我们移动的冲动,但是这些冲动本身并不构成意志,除非它们与另一种冲动相结合,并且被整合为一种明确的行为模式。换句话说,感觉冲动构成了原材料,它们是意志的基础;但是,感觉冲动必须通过一个过程才能精心制作成实际的意志形式。所以在这一章中,我们将首先讨论原材料,然后是这些原材料的发展过程,最后考察由感觉冲动的作用过程所引起的种种结果和具体的表现。

感觉冲动的定义

感觉冲动(sensuous impulse)可以被定义为一种感觉到压力的意识状态,它因某种身体条件而出现,并且通过产生某种生理变化而把它自己表达出来。所以,感觉冲动总是会影响生理有机体的某种感受(affection),促使他产生一种意识状态;而且这种意识状态并不是纯粹静止的,它自身似乎包含着以某种方式对外界刺激进行反抗的剩余能量。例如,眼睛的神经机制受到了空气振动的影响,传到大脑的分子运动在那里产生了我们称之为光感觉的意识状态。但是也存在一种自我的感受,存在一种使眼睛朝向或者避开光线的倾向。这种朝向或者避开某种物理刺激的倾向或压力的能量,就是感觉冲动。刺激当然也可以产生于内部,比如饥饿就是有机体的一种内部状态。对于饥饿感觉,只要它提供了关于我们身体状态的信息,那它就是知识的基础;只要它是自我的一种愉悦或痛苦的感受,那它就是情感;而只要它趋向于对这种情感做出反应,并且通过产生某种客观变化来满足它,那它就是冲动。

反射活动

所以,感觉冲动包括内部和外部两个方面。作为必要的前提条件,感觉冲动拥有某种情感状态,即一种愉悦或痛苦的感受。而作为必要的结果,感觉冲动拥有一种生理表达的倾向,即一种身体上的实际变化。因此,必须有某种机制将这两个方面联系起来,并为内部情感赋予其外在的表达方式。这种机制就是所谓的反射活动。身体的脑脊髓神经系统要么是感受器,要么就是运动器;也就是说,脑脊髓神经系统要么把来自感觉器官的刺激传入内部,要么把来自中枢器官的刺激传到一组肌肉神经上。这些感觉神经和运动神经在脊髓附近的神经中枢连接在了一起。当一个刺激从感觉神经传到运动神经而又没有意识的介入时,就产生了反射活动。

也就是说,反射活动就是刺激的直接偏转过程(deflection),这个过程使得感觉来源变成了运动反应。如果有东西忽然靠近眼睛,那么神经刺激被传到脊髓,但并不是继续传到大脑并产生一种感觉,而是传到了运动神经,这样眼睛立即就闭上了。咳嗽、咀嚼、吞咽等都是反射活动的例子。同样地,尽管反射活动只是一种生理过程,但是它非常重要,因为它构成了感觉冲动的生理基础。反射活动本身不涉及任何意识过程,而感觉冲动却是有意识的;但是,感觉神经与运动神经的联结不管发生在脊髓还是大脑,都提供了这样一种机制——通过这种机制,任何情感都可以产生身体上的变化而被发泄出来,从而释放了压力。

冲动的种类

严格来说,感觉冲动仅限于那些伴随着直接情感的冲动。这些冲动来自我们一般的和特殊的感觉,但是由于它们在性质上拥有很大相似性,所以我们将把它们连起来讨论。这些冲动是知觉冲动、模仿冲动、观念冲动和本能冲动,并且我们将特别对本能冲动的表达进行讨论。

(1)一般的感觉冲动

作为一种明确的事实,每一种感觉都是一种冲动。在知识部分讨论感觉时,我们似乎把感觉当作一种纯粹的心理状态。其实这只是感觉活动的一个方面。感觉也是对刺激的一种反应;它释放出能量,打乱了有机体的平衡状态,而且能量必须通过产生某种身体变化而让它自己发泄出来。这一点在机体感觉中可以被清楚地看到。在那里,感觉表现为欲望,或者是有规律地出现的对有机体外部物质的占有(appropriation)倾向。感觉器官的这些需要可能是连续的,比如说空气;也可能是周期性的,比如食物和水;也可能是不规则的,比如说性活动。但是在所有的情况下,感觉都不会自生自灭,而是作为一种冲动释放在某种外在物质上。

换句话说,感觉通过表达心理需要,使得感觉之外的事物成为它自身的一部分;并且在特定的情况下,成为它身体自我的一部分。

(2) 特殊的感觉冲动

特殊的感觉也是这样的。存在一种渴望触摸身体的感觉、一种渴望听到声音的感觉和一种渴望看到光线和色彩的感觉。手对身体的接触表现为一种探索身体、"感受"身体的冲动。每一个声音都是一个刺激,心智可以观察到它,注意到它的性质、关系等等。如果声音是非常欢愉的,那么心智将有一种使它继续下去的冲动;而如果声音是令人厌烦的,那么心智将切断声音来源,或者让身体远离声源。所以,倘若感觉仅仅只是纯粹的感觉,而不是行为的冲动,那么知识将不会发生;因为这样的话,将没有什么东西能促使心智通过注意的加强来盯着感觉,也没有什么东西能促使心智朝向感觉的性质和关系。于是自然地,意志也将不会发生,因为根本没有什么能促使心智产生各种活动,更没有什么促使心智能够在这个方向而不是那个方向上表现这些活动。

(3) 知觉冲动

刚才谈到的感觉冲动都直接伴随着情感状态,而不涉及对物体的识别。但是,有些冲动却直接来源于对物体的知觉,而不涉及对行动结果的意识。我们称之为知觉冲动。知觉冲动全都可以归入一般的冲动,它们总想抓住什么东西。在识别一个物体和倾向于伸手抓住它之间似乎存在某种联系。我们可以观察到,这一倾向在婴儿身上就已经完全发展起来了。婴儿不久就伸手去抓任何一个出现在他视线范围内的东西;这种冲动很轻易就发展为游戏冲动。婴儿抓住物体,并握住它来回移动;婴儿挥舞着他的胳膊,除了表达他自己的活动之外,不存在任何其他目的。游戏冲动是肌肉冲动和物体识别的共同发展,它对于活动的刺激和不断产生新的活动模式非常重要。

(4) 模仿冲动

从知觉冲动中产生,并构成游戏的大部分素材的冲动,就是模仿或者复制任何可以看到的运动的冲动。这一点在婴儿身上同样是特别明显的。这种冲动不仅可在婴儿的运动中观察到,还可以在他们与家长的关系中看到。其实,模仿是婴儿教育中最重要的因素之一。通过纯粹的模仿力量,儿童掌握了大量关于他所处环境的审美特征和道德特征。同样地,在催眠者身上也可以清楚地观察到模仿冲动的力量。模仿倾向通常是在存在着其他观念和目的的意识状态下被检验的,而一般情况下,这些观念和目的与单纯地复制外部觉察到的行为这种冲动是不相容的。但是,当这些观念和目的被排除在意识范围之外时——比如说当一个人处于梦游状态时(不管是自然的还是诱发的)——模仿倾向就获得了完全的自由,这表现为梦游者通常会精确地复制出他人向他们做出的每一个动作。

(5) 观念冲动

除了情感和知觉以外,观念也是一种冲动行为。在日常生活中,观念都是相互和谐的,并且因某种行为目的而产生,所以它们算不上所谓真正的冲动。但是在异常情况下,观念似乎是独立于它们的调和与从属过程的,并且以他们自己的理由而自由运作。例如在催眠者身上,对他们暗示的任何观念都会被立即执行,比如说游泳、随着气球上升、发表演说等。

那些在心理疾病患者身上表现出来的观念被称为"强迫观念"(Zwangsvorstellungen)。有强迫观念的人常常不得不执行他想到的每一个念头或者是某一类念头,这可能使得他寻求一种极端的解脱方式——杀人或自杀。在这种情况中,他一直被某个特定的念头深深困扰着,除了执行相应的行为之外,根本找不到其他的发泄途径,尽管他可能会痛苦地认为自己处于非理性的错觉状态,不知道自己的行为到底是为什么。

(6) 本能冲动

从广义上讲,上面谈到的所有冲动都是本能冲动。本能行为是指个体觉得他自己不得不执行的行为,个体不知道行为所要达到的目的,但是能够选择实现目的的合适手段。从更具体的意义上看,本能冲动和上面讨论的感觉冲动是有区别的。区别的理由在于这样的事实:感觉冲动只是反应性的和再生性的,而本能冲动则可以产生新的行为模式,其结果可能远远超出了直接的情境。比如说,鸟儿搭建鸟巢就是一种本能行为。然而,这不仅是对直接刺激的一种反应,而且指向一系列更加长远的行为,比如哺育幼儿等。

人的本能

倘若对本能的起源、性质和功能进行详细的讨论,那我们所讨论的就是比较心理学。但是,我们必须认识到,每个人所表现的许多行为都是为了直接地达到某一种目的,尽管他可能并不知道目的是什么,也不知道他为什么会采取这样的行为方式。确实,当智力活动、审美活动和道德活动直接指向的目的是我们不能完全意识到的,而且不需要太多的试验就可以成功地达到这些目的时,我们就可以说,本能其实存在于人类所有的心理生活当中。

表达的本能

婴儿的取食、习得运动等行为都可以归入一般的本能。由于本能的典型特征及其重要的心理学意义,在这里我们将简要介绍那些表达情感和观念的冲动。有一种生理活动主要用于表达内部状态,而且在表达时也不存在意向性的意识,比如说因疼痛而哭、因快乐而笑、因生气或恐惧而发抖、因害羞而脸红、因惊奇而凝视等等。这些表达本能有着双重功能:第一,它们提供了一种本能基础,使得个体之间倾向于集合起来;第二,它们为发展更高和有意向的交流形式提供了基础。第一个功能可以用婴儿的啼哭来证明。当婴儿啼哭时,哭声能够立即激起婴儿母亲的反应。表达不仅为情绪的发泄提供了一条出路,而且引起了其他人的某些行为。

表达冲动的原则

每一个冲动都是通过表情（gesture）来表达的，这里的表情当然是广义上的。有人尝试减少表情数量以便于分类，并且试图用某些原则来解释这些表情。当然，所有常用的表情是要除外的。达尔文先生曾提出三条原则：第一，有用的连接习惯原则；第二，对立原则；第三，神经中枢的直接行动原则。第三条原则是指，当大脑非常兴奋时，会产生过度的神经冲动，并沿着某些确切的方向传播开去。这样的例子有很多，比如极度悲伤导致的一夜白头，因剧烈疼痛引起的出汗，愤怒所导致的脸色涨红（因心率受到扰乱），等等。对立原则以其他原则的先前活动为前提条件，并且对立原则认为，当某种情绪通过某种方式来表达时，将会出现一种强烈的不自主倾向，即与之相反的情绪通过一种相反的方式来表达自身。所以，如果恐惧、沮丧等情感是通过肌肉的放松和颤抖来表达的，那么活力、欢快等情感则是通过肌肉的收缩和全身的舒展来表达。

有用的连接习惯

达尔文先生所依据的主要原则是有用的连接习惯原则（serviceable associated habits）。这一原则与遗传定律有关，它可以表述如下：如果某些与情感相联系的行为现在或曾经对于有机体是有用的，那么现在这些行为就已经和那些情感连接起来了。因此，当一种情感出现时，相联系的行为也再次出现了，而不管这样的行为在这种特定的情况下是否有用。事实上，即使当这样的行为变得完全无用时，它还是会随着相应的情感而出现。例如，当表达极度愤怒时，会出现上嘴唇向上运动、龇牙咧嘴、手指的痉挛抖动等等现象。这些表情是进化遗留的产物，在导致愤怒的情况下，它们对于咬抓等行为是有用的。因此，表达轻蔑和仇恨等情感的行为，是与曾经进攻敌人的实际行动相联系的，或者用来使别人害怕或屈服。

冯特的原则

冯特提出了两条原则来对上述原则进行补充:1)相似情感原则,2)感觉—观念的运动关系原则。第二条原则是指,当我们谈到那些出现的人或事物时,我们会指向他们;而当他们不在眼前时,我们会指向他们的方向,并且总是无意识地通过手的运动来模仿他们的形状、比划他们的大小等等。相似情感的连接原则表达了这样的定律,即情绪基调相似的情感很轻易地就连在了一起。通过这种连接,一种情感的表达方式就迁移到了另一种情感中。例如,尝到甜的东西会出现一种表达,而尝到苦的东西则会出现另一种表达。所以,对于所有的经验而言,不管它们的性质是如何的观念化,只要它们是令人愉悦的,那么它们就拥有与尝到甜的东西时相似的情绪基调。因此,它们在自然地表达这些情感时,采用相同的外部信号。这些原则得到了大部分权威人士的肯定,但还没有被看作一种科学的理论而固定下来。

表达的冲动与语言

那些表达情绪的生理变化,可以把我们自己的心理状态作为一种信号传递给他人,这样就形成了交流的基础。但是,除此之外,我们还通过语言来表达我们的思想。这也包括这样的观念,即语言表达的目的是有意识地和他人分享我们的经验。但是,由于这些信号只是一般意义上的表情,所以在这里只是简要地讨论一下。最初,这些信号全都可以归入冯特的第二原则。他把这些信号分为两类:指向物体的指示性信号和模仿一些显著特征的形体(plastic)信号。通过一种反射活动,这些表情总是伴随着一些声音,这些声音有助于唤醒所表达的情绪;而且,通过相似情感的联系原则,这些声音能对无声表情进行反应,并强化这些表情。于是,声音及时地成为物体的信号。简而言之,声音与物体所唤起的情感在情绪基调上有某种相似性,而且这种相似性使得声音可以在心理上作为物体的象征。这种相似性构成了言语感觉的基础。但是,我们必须认识到,要想成为真正的语言,声音必须被有意向地用作一个信号;而这一信号能够被他人识别,并且能够被整个群体所采用。另外,并不是所有的权威人士都赞同冯特对声音表情(或者言语)起源的解释。对这个问题的讨论,将打开语言心理学的整个领域,这里我们就不再讨论了。

第17章注释

关于反射活动和运动冲动,可参考费里尔:《大脑的功能》,第二章;贝恩:《感觉与理智》,第46—53页和第262—276页,以及《情绪与意志》第351—387页;普莱尔:《儿童的心智》,第157—215页;福尔克曼:《心理学教科书》,第一卷第321—338页和第二卷第437—451页;洛采:《微观世界》,第254—261页;冯特:《心智》,第一卷,第161页及以后关于"中枢神经支配与意识"的内容;拉扎勒斯:《关于玩耍的魅力》;还有特别是施奈德《动物的意志》第95—418页中关于冲动的全部主题。关于表达的冲动,可参考达尔文:《情绪的表达》;斯宾塞:《心理学原理》,第二卷,第539—557页;萨利:《感觉和直觉》,第23—37页;费里尔(同前),第67页及以后的内容;冯特:《生理心理学纲要》,第二卷,418—427页;米舍莱:《人类学和心理学》,第215—234页;施奈德:《人的意志》,第453—488页;罗森克兰茨:《心理学》,第163—184页。

关于本能,除了附录B中的参考书外,还可参考斯宾塞(同前),第一卷,第432—443页;达尔文:《物种起源》中的本能一章;巴斯科姆:《比较心理学》,第147—178页;佩雷:《儿童期的头三年》,第44—59页;乔利:《论本能》;普莱尔(同前),第174—207页;冯特(同前),第二卷,第327—344页;施奈德(同前),第55—84页;乔治:《心理学教科书》,第169—204页。

第十八章 意志的发展

DEVELOPMENT OF VOLITION

冲动与意志

感觉冲动形成了意志的基础、原材料和必要条件,但是感觉冲动并不能构成意志。意志是指经过调节而变得和谐的冲动。它包括两个过程:第一,各种不同的冲动必须相互调和;第二,所有这些冲动都必须因某一个目的而形成一种和谐的关系,并且从属于同一个原则。意志就是指有意识的冲动,这些冲动将力量集中于我们觉察到自己想要达到的某种目的。

意志的元素

所以,意志或者意志行为除了包括冲动之外,还包括知识与情感。我们必须知道行动的目的,还必须知道这种目的与达到这种目的所要采用的方式之间的关系;而且,这种目的必须在心理中唤起愉悦或痛苦的情感,那种情感必须拥有一种有趣的性质,或者被感觉为与自我有一种直接的主观关系。冲动提供了动力,这使得我们可以看到目的的性质,觉察到目的对自我欢愉的必要性,并且最终让我们实现这个目的。正是这种能量,使得我们可以达到实际的目的,并且这种能量朝着那些因为情感的满足而被理智所放弃的渠道。换句话说,情感决定了意志水平的位置;知识为意志的使用提供了支柱;而冲动则利用了这种力量。每一个元素都是通过对具体的整体——意志——进行分析而从中抽象出来的。

意志的发展

所以,我们必须研究意志的具体形式从初始的冲动原材料中逐渐形成的过程。这个过程的连续步骤可以阐述如下:首先,存在一种被唤起的心理状态,称之为愿望;接着,愿望之间存在着冲突,这可以从深思熟虑和选择过程中推测出来,于是就导致了行为目的的形成,也就是行为的目的或动机;接下来,以觉察到的愿望作为中介,这一目的就被移交到了实现它的冲动领域。

(1) 愿望

我们将从愿望开始,研究愿望的起源、对象和发展。

① 起源。冲动并不构成愿望。冲动总是奋力向前并且盲目地朝着某个目的,但是它却并不知道这个目的,也未能感觉到达到目的的愉悦。小鸟在搭建它的鸟巢时并没有想到鸟巢的目的所在,并且也不会从中感觉到愉悦。鸟儿搭建鸟巢只是为了满足它所感觉到的那种来自体内的压力。情感的内部力量限制了它以某种方式来行动。但是,当冲动使得一种行为曾经或者经常被执行,而且达到的目的被发现是愉悦的或者是痛苦的,那么这样的心理状态——愿望或者厌恶(aversion)——就会出现。

例子

比如,儿童被一种知觉冲动所驱使,想抓住一个物体。当他拿到那个物体时,物体摸起来是柔软的和能带来愉悦的(当然也可能是尝起来)。这样,依照统觉原则,这种愉悦和这个物体就作为一种经验而连接起来了。或者,物体摸起来很粗糙,也许它灼伤了皮肤;总之,物体会导致痛苦。这样,这种痛苦和这个物体就连接起来了。这个物体就和经验之间有了某种明确的关系,并且根据前面讲到过的愉悦理论(第261页),这种关系开始和自我形成亲密的和个人的连接。这样,物体就拥有了一种利益(interest),并成为行动的根源。这种客观利益构成了愿望。冲动不再盲目地出现,而是指向那个能满足冲动的目标,这种满足通过愉悦而让我们得以知晓。愿望和厌恶都是冲动,只不过分别加上了满足或者阻碍冲动的物体的观念,表现在我们身上就是愉悦和痛苦。

② 愿望的对象。我们通常认为,所期望的东西都能带来愉悦,而厌恶的东西都能带来痛苦。例如,一个小孩想得到一个苹果。这就是说,愿望所指向的真实对象是吃苹果所带来的愉悦。如果一个人期望拒绝诱惑,讲出真相,那么他这个愿望的真实对象就是从这个行为中产生的愉悦。但是很明显,这种观点忽略了以下两个事实。首先,愉悦仅仅只是一种抽象物,能带来愉悦的物体才是具体的存在物。确实是这样的,除非物体和自我之间形成了我们所说的情感——愉悦或快乐,否则我们不会渴望任何物体。但是,这也是正确的——我们所渴望的不是愉悦,而是能提供愉悦的物体。另一个被忽略的事实就是:我们并不是因为物体给我们带来了愉悦才渴望它;而是因为它满足了某种冲动从而给我们带来了愉悦,其中那种冲动是与物体的观念联系在一起的,并且构成了愿望。小孩渴望得到苹果,是因为他拥有这样的观念——苹果可以满足他的冲动。正是如此,小孩才把苹果想象为愉悦的源泉。所以,并不是愉悦决定了愿望,其实愉悦是在愿望之后产生的。

而且,这与前面谈到关于愿望的起源是不矛盾的。愿望是指冲动与实现冲动所产生的满足感之和。但是冲动总是朝着某一个目的,而且满足感的产生就是因为这一目的得到了实现。愿望只是增加了知识,或者是增加了使得冲动得到满足的行为或物体所带来的情感。愿望就是客观连接意义上的冲动。愉悦是它的元素之一,并且从属于客观经验。

愿望与自我

尽管在大体上这是正确的——物体能够满足冲动,带来愉悦,所以它是愿望的目的,但是从最终意义上讲,某种构想的自我状态才是愿望的目标。小孩所渴望的具体东西就是他本人能够得到苹果;而一个成人所渴望的东西则是希望他自己能够遵守某种原则,即做一个讲真话的人。满足冲动的物体仅仅是愿望得以实现的手段。人渴望得到它,仅仅因为它被认为对自我的满足是必须的。正如我们已经看到的那样,愉悦是自我活动或自我发展的伴随物。它只是作为活动的内部层面而存在。当说到愿望的目标是愉悦时,这可能仅仅意味着,所渴望的东西是自我的某种活动或实现,而正因为它是一种实现,所以可以预期它是愉悦的。

③ 愿望的发展。愿望的发展由冲动的逐渐客观化所组成。当感觉得以被区分,从而不再是一种纯粹的自我状态或感受时,感觉才变成为知识。与此相同,只有当冲动不再是指向那些我们心智未能意识到的东西的一种纯粹能量,并且作为一种可能的行动目的从自我当中区分出来时,冲动才变成为愿望。愿望意味着一种意识,这种意识可以区分出自己的实际状态和一种可能的未来状态;并且,意识也知道实现这种未来状态所要采取的手段。愿望包含一个稳定的自我,其中自我既可以将它自己看作是现在的自我,又可以看作是未来的自我,并且可以根据两者之间的连接而行动。简而言之,愿望包含一个能投射或者客观化其自身的自我。愿望不仅拥有冲动,而且它还知道这一点:愿望在自身面前将冲动的满足设置为行动可能采取的形式。因此,愿望的发展是由冲动的逐步分离而组成的,其中冲动的分离是来自自我的一种直接情感,并且客体化为一种可能的行为目的。比如说进食冲动,只有当这种需要所处的条件被识别并且从当前的自我中被区分出来时——简而言之,当条件被客体化时——进食冲动才发展为对食物的渴望。

愿望系统

所有的愿望组成了一个系统,也就是说,所有的愿望在内部都是相互联系的。不存在所谓孤立的愿望,所有的愿望都是通过参照其他的愿望而获得其性质的。自我是使得这些愿望结合起来的必要纽带。当进食和喝水的愿望不再是一种盲目的冲动时,这些愿望将与那个人的所有行为都发生关系。一个人的进食愿望就是参照了他想生存和执行某些行为的愿望、抚养其家庭的愿望、获得认可的愿望和为社会作贡献的愿望。脱离了这种参照,愿望就只是一种纯粹的抽象物。甚至喝醉酒的愿望也包含着这样的参照,除非它只是一种盲目的冲动。喝醉酒的愿望包含着友情,借酒消愁的愿望,逃避因身体愤怒或环境所带来的压力,等等。小孩想吃橘子的愿望可能是和这些愿望联系在一起的:遵守命令的愿望,延迟愉悦的愿望和慷慨大方的愿望,等等。只有当愿望发展到一定程度,它才与越来越大的愿望范围形成了联系。愿望必须和自我一样普遍。通过自我的客体化,以及认识到实际的自我和未能实现的自我之间的差异感,愿望才得以发展。每一个愿望开始与自我及其他愿望形成了更为广泛的联系。

愿望之间的冲突

由于每一种愿望都不是孤立的,而是通过与自我相连接从而和其他愿望有着潜在的联系,所以愿望之间可能存在着冲突。工作和养家糊口的愿望可能与个人享乐的愿望相冲突;说真话的愿望可能和获得个人利益或者避免危害的愿望相冲突;而想吃橘子的愿望则可能和把橘子让给别人吃的愿望相冲突。也就是说,人们可以从各种不同的,甚至是不相容的行为模式中获得不同的满足。自我计划着或想象着它自身通过这些不同的形式得以实现,然而由于各种实际的实现形式是相互排斥的,所以就出现了冲突。注意到人自身中存在着冲突是非常重要的;它是一个人自己与自己的冲突;而不是他自己与外部条件的冲突,也不是一种冲动与另一种冲动的冲突。在两种冲动的冲突中,人只能做一个被动的观众,等待斗争的结果。愿望冲突的全部意义就在于,它表示了人与他自己的冲突。人既是战场,又是自身的竞争对手。

(2) 选择

认识到愿望之间的冲突引导我们接着探讨解决这些冲突所采取的模式——选择。冲突的产生,正是在于自我能够感觉到它自身可以通过各种不同的行为模式来获得满足,但是在现实中它只能选择其中的一种。选择的过程,也就是先将相互冲突的愿望中的一种隔离出来,然后自我对它进行确认并且排除其他愿望的过程。这一过程可能很长,也可能很短;可能是自动化的,也可能是痛苦的深思熟虑过程。

自动化选择与深思熟虑

也许,在成年人生活的绝大多数情况下,人们解决冲突时常常是如此的直接,以至于冲突很难出现在意识中。选择是自我对某种愿望的确认;当愿望与自我所习惯的运作方向相一致时,这种确认几乎就自动地发生了。例如,很难说出一个生意人在早上是如何选择去上班的。与这一固定的惯例相比,和它相冲突的愿望通常是如此短暂,以至于我们都可以说,那个人本能地就去上班了。换句话说,他的自我通过以往的选择行为,已经在某种方向上变得非常的组织化。自我已经变得如此稳定,以至于它立即为它自身确定了这种行为。另一方面,如果问题涉及新的贸易投资,那么就没有这种有组织的自我可以依靠了。渴望新利润的愿望,厌恶可能的损失的愿望,继续原有战术的愿望,和打败竞争对手的愿望等等都相互斗争在一起;两边的可能性都必须加以衡量,并且深思熟虑过程的唯一目的只是做出选择,或者让自我确定一种行为方式。深思熟虑是将愿望进行比较,对愿望进行相互参照;选择就是做出一个有利的决定。

(3) 行为的目的或动机

一旦被选中,愿望就变成了动机。我们经常说动机之间的冲突,其实严格意义上这种说法是不正确的。愿望之间存在冲突,但是动机的形成却是将自我确定为某一种动机而使得冲突终止的过程。有时候动机被叫作最强烈的愿望。这种说法要么是错的,要么只有一丁点的真实性。如果它的意思是说,各个愿望之间一直在较量冲突,直到除了最强烈的愿望之外其他愿望都耗尽为止,而幸存下来的愿望也只是因为它在力量上有绝对优势,那么这种说法就是错误的。这样的冲突是不会继续下去的。愿望之间的冲突是自我与自我的冲突。只有当自我通过确定某一个方向、选择由某个愿望所确定的实现方式而将这种内部斗争化解时,愿望之间的冲突才会结束。这个愿望才是最强烈的,因为自我的全部力量都投在了它身上。简而言之,这个愿望也就是正在形成一种确切目的的自我。现在它成了行为的动机或根源;它是行为的目的。行为仅仅是为了达到这个目的,也就是动机的执行过程。我们并没有得到什么新的信息,可以让我们说行为是由动机决定的,因为动机恰恰是自我选择去执行的行为。

动机与观念

必须注意的是,不仅行为动机是观念,行为目的也是如此。不管行为目的具有多么明显的物质性,它仍然是观念。假设行为目的是想要得到食物。可能食物确实已经出现了,但它并不是所渴望的存在物。其实渴望的东西是吃某种食物,而它并不是作为实物而存在,它只是存在于观念当中,或者说是观念化的。我们从来不会选择那些对我们而言已经实际存在的东西;我们只会选择那些对我们而言还没有客观存在的东西。事实上,选择也就是自我的一种宣称——宣称某种观念将要被实现。动机是观念的另一种说法。获得食物的动机也就是通过食物使自我得到满足的观念。既然愿望的目标总是自我的某种状态或行为,那么我们可以说,选择就是自我的宣称——宣称自我的某种观念将要被实现。

选择与理智过程

我们将会看到,很明显,选择行为把包含于所有理智行为中的东西带入了意识中。没有注意,是不可能产生知识的。注意包括对各种感觉的分辨,以及自我对其中一组感觉的确认——简而言之,就是选择行为。此外,知识和意志一样,也是朝着一个观念的目的而运作,并且不得不选择和安排达到这个目的的手段。知识过程也就是一个意志过程。在研究知识时，我们常常只为了结果，而忽略了过程。最后，知识被看成是意味着一个观念自我的实现（第138页）；在研究意志时，我们看到了这种观念的来源——它是自我对自我的客体化，并且也看到了要达到目的、实现观念所采取的手段的来源。

（4）动机的实现

到现在为止，我们已经研究了冲动的运作原理。通过这种原理，冲动与因冲动而得以满足的自我观念相结合，就产生了愿望。我们已经知道，这种愿望被自我确认之后，就变成了一种行为动机或行为目的。但是，这种动机是观念性的；它仅仅存在于观念中。动机是应该成为的东西，而不是实际存在的东西。现在我们必须简单地探讨一下达到目的、实现动机的过程。

不满

涉及的第一个元素，就是在自我的实际状态与观念状态（它是行为的动机）之间的差异感中所产生的痛苦。自我已经在以某种特定的行为模式进行选择的过程中确认了它自身。然而，它感觉到自己所确认的这种模式并不现实。自我并不是它自己所说的那样；它自身就包含着一种矛盾，并且这种不一致感必然产生某种痛苦。这种痛苦的情感，或者说不满，刺激自我去超越实际状态从而实现目的。不管渴望某种事物的愿望是多么强烈，也不管选择是多么坚定，只要选择的沉思没有唤起对实际状态的不满足感，那么意志都将不会产生。想象的事物（ideal）仍将仅仅保存于观念（idea）当中。作为一种在心智面前的显现，它没有推动力。它是行为动机，但不是行为动力。

冲动行为

所以，唤起的痛苦作为刺激，化解了自我的实际状态和表现

（represented）状态之间的矛盾，于是体验到真实的满足感。事实上为了做到这一点，为了实现选择出来的目的，冲动必须被召集起来。不要忘记，我们的阐述模式必然是一种抽象的形式。在这种模式中，我们把一个因素与另一个因素分离开来。前面在对选择、动机等因素进行分离的过程中，我们忽略了所有讨论的最初出发点——冲动。所以，现在我们必须回到这一点上来。这是因为，正是人们渴望并选择的事物拥有让人产生冲动的特征，才保证了目的得以真正实现。由于冲动拥有必要的外向力量，所以只有将目的交付给冲动领域，它才可能得以实现。更恰当地说，深思熟虑过程中所检查的愿望拥有冲动力量，而通过让这种冲动力量以选择行为来表达它自身，我们就达到了一个目的。它总是某种生理冲动，或者是提供实现目的的力量，并把动机变成行为的其他冲动。

理智行为

但是，冲动的盲目运作将使得它们不会达到目的，它们必须被理智导入某些渠道。换句话说，心智不仅必须在它之前就拥有一个目的，必须拥有达到这个目的的感觉冲动，而且还必须知道达到目的的手段，即冲动必须遵循的路径。然而，这些手段其实与目的没有本质的差别。它们只是准目的；它们被分解为目的的组成因素。比方说，意志的目的是建一栋房子。建造房子的手段包括设计图、砖、灰泥，以及工人对这些材料的运用等。很明显，目的与手段之间没有本质的差别；目的也就是作为一个和谐整体而出现的手段。另一方面，手段不仅仅是目的的先例。第一个手段，即设计图只是最简单、最直接形式的目的，第二个手段是这种目的的拓展，而最后的手段则和目的是一样的。当我们把行为看作为一个实现了的整体时，我们称它为目的；当我们在有部分进展的实现过程中看待行为时，我们就把它叫作手段。但是，理智行为需要把目的分解为手段，把整体分解为组成因素。

目的系统

从上述可以明显地看到,最终人的行为只能有一个目的,其他所有的目的都只是准目的。尽管相对而言,当把它们与其他行为连起来看待时,它们也是目的,但它们绝对是手段。房子的目的包括为家人提供住所、表现主人的艺术品味等等。而家也有另一个目的,那就是个体生命与社会命运的保存和发展。每一个目的都可以归属于更高级的目的,目的的最一般形式就是自我实现。所有的行为对于自我的实现都是手段;然而,必须记住的是,这种自我实现不是手段之外的最终形式,而只是有组织的和谐的手段系统。手段包含在它们的全体中。

愿望、选择与自我

当我们考虑愿望和选择的性质时,我们得出了这个相同的结果。所渴望的东西,总是自我的某种行为或状态。选择仅仅是这种自我行为或状态的外在确认。换句话说,每一个愿望和选择的目的,其实都是自我。自我构成了每个意志的目的。然而,渴望的东西又不是一般的自我;它是特殊的自我,有着这样或那样行为或者经历的自我。换句话说就是,自我是有内容的。自我不可能通过某一个行为来实现,它只能通过实现每一个可能的合理愿望才能得以实现;那就是,每一个合理愿望的实现都不会与其他愿望的实现相排斥。我们实现自我的方式,就只有以无限的具体方式来满足它。这就是手段,因为它们只是部分性的表现;而自我是目的,因为它是这些不同的自我实现的有机统一体。

意志的目标

因此,很明显,意志只有在完全实现了的自我身上才能找到它的目标。换句话说,意志只能在其自身中找到目标。在意志完全实现之前,也就是说,在整个自我都变成客观的和普遍的之前,意志必须拥有一个一直努力的目标。只有当实际自我与观念自我同一时,意志才能找到它的目标。在目标达到之前,自我中存在两种形式,它们之间总是存在冲突。意志本身是普遍的,并且这种普遍元素的存在必须阻止自我止步于任何已实现的成就。意志必须成为更新行为的动力。意志的本质就是实现其自身,或者使之客体化。因此,特定的自我必须要被转化为客观自我或真实自我,而意志总是把这种客观自我或真实自我作为所有行为的目的。

意志的形式与内容

作为自我的客观化,意志通过它的特定性质,在它自身之前就拥有这种真实的自我。而这种真实的自我,最初也只是一种既缺乏形式又没有内容的空洞观念。我们仅仅知道自我的存在,以及它是真实的。但是我们不知道它是什么,也不知道实在(reality)所假定的各种形式是什么。不过,这种空洞的形式不断为它自己采用了一种填充物;当得以实现的时候,它就获得了一种内容。通过这种内容,我们不仅知道了自我的存在,还知道了真实的自我是什么。它在知识中是这样,在艺术创造中是这样,在实际行为中也是这样。一个人感觉到存在真理,并且这种情感驱使他去探索真理。只有当他发现了真理时,他才知道到底是什么组成了真理。一个人感觉到美并被驱使着去创造美;当他创造出美时,美的观念就拥有了一种明确的内容。一个人觉得某种目的对他自己是有利的,或者是他义不容辞的,而只有当他抓住它并让它变为现实时,他才完全知道目的是什么。作为自我客观化的意志,马上成为空洞形式的来源,这就是实现的动力根源;而且意志也成了这些过程——意志得以实现,并且形式和内容变得同一——的来源。

实现的各个阶段

最终,只存在一个目的,即自我,其他所有的目的都只是手段。不过,也存在很多不同的从属程度。我们在讨论意志时,将会从最低级的那些目的开始,这些目的在最大程度上拥有各种手段的元素,并且向上运作。接着我们将讨论生理意志,即对身体的控制;然后是谨慎意志,它是指对被认为有利的目的的控制;最后我们将讨论道德意志,它是指对绝对的强制目的的意志控制。只有道德意志才是绝对的目的,其他每一组目的都是手段。

第18章注释

斯宾塞:《心理学原理》,第一卷,第495—504页;萨利:《心理学》,第522—593页;佩雷:《儿童期的头三年》,第99—109页;莫兹利:《心理生理学》,第七章;德罗比施:《经验主义心理学》,第99页;拉德斯托克:《教育中的习惯》,第49—62页;乔治:《心理学教科书》,第552—571页;施奈德:《人的意志》,第260—359页;埃德蒙:《心理学书简》,第十七章;冯特:《哲学研究》,第一卷第337页及以后关于"意志的原理"的内容,以及《生理心理学基本原理》第二卷第383—395页。关于意志障碍,可参考莫兹利的《身体与意志》第三部分和里博的《意志疾病》。特别是关于愿望、选择和动机,可参考巴斯科姆:《心理学原理》,第300—316页;萨利(同前),第626—646页;默里:《心理学手册》,第398—405页;贝恩:《情绪与意志》,第420—498页;布朗:《心灵哲学》,第三卷,第324—473页;福尔克曼:《心理学教科书》,第二卷,第397—437页;乔治(同前),第548页及以后的内容;罗森克兰茨:《心理学》,第323—330页;乌尔里齐:《身体与心灵》,第二卷,第322—345页;德罗比施(同前),第220—239页;塔潘(Tappan):《意志》,第331—351页;洛里:《伦理学》,第37—48页;西季威克(Sidgwick):《伦理学原理》,第34—47页;贝内克:《教育原理》,第219—281页。

第十九章 身体的控制

问题

在成年人的生活中，只要想有某种动作，我们就可以做到。行走的愿望会立即产生移动行为；发出某个单词的愿望马上会导致那个单词被说出来。我们把钢笔握在手中，通过一系列指向那个目的的肌肉运动来表达我们的思想。我们想移动脑袋，然后就做到了这一点；或者我们选择移动某一根手指，然后就可以移动它。我们必须解决的问题是，某种运动的观念是如何促使极度复杂的肌肉调节来产生该运动的。我们必须知道，我们的运动为何不再是纯粹的冲动，并且是如何变得想要达到心智的观念中所出现的目的的，即我们的运动是如何变成自主的。

解决问题的基础

在经历之前，我们当然不知道目的和手段之间的关系；我们也不知道，为了做到一种特定的行为，比如说行走，我们到底必须执行哪些动作。而且，就是在经历过之后，我们还是没有关于手段与目的之间关系的直接知识。也就是说，我们所有的动作都是通过肌肉的特定排列而实现的，但是我们却不知道这些肌肉以及它们的行为模式。即使我们研究了解剖学，并且知道了我们肌肉系统的排列与行为，这对于我们执行明确的动作还是没有一点帮助。也就是说，即使知道了要执行某种行为需要用到哪些肌肉，这对于我们弹钢琴还是没有帮助。通常情况下，我们只是将注意集中于要达到的目的，而让达到目的的直接手段——肌肉自行其是。因此，解决问题的基础不可能在肌肉系统的知识中找到。然而，它可以在伴随着所有肌肉运动的感觉中找到。

解决问题的本质

每一处肌肉的自发变化都伴随着一种感觉,当然,这种变化可能是冲动地出现的,也可能是通过有意识的意志而出现的。变化的结果就是,产生的感觉成为我们动作的一种信号或符号。必须记住的是,意志并不必须产生肌肉冲动,它只须引导力量使其有利于所需的目的。这样,肌肉的感觉不断把身体状态和组成它的肌肉状态报告给意识。在经历之前,我们不知道这些报告意味着什么;简而言之,我们不知道对应于一种特定感觉的到底是何种变化。我们的经验是由学会解释这些感觉、知道它们代表了哪些行为所组成的。明白了这一点,知道了一种特定感觉意味着一种特定动作之后,我们就可以通过控制感觉来控制动作。换句话说,我们不仅知道了感觉的意义,而且知道了各种感觉之间的连接,以及为了产生其他感觉而将以何种顺序来安排这些感觉。

身体控制的过程

因此,在研究我们如何学会控制身体冲动并把冲动指向某种目的这一过程时,必须研究下面两个过程。第一个过程是我们学会如何解释每一种肌肉感觉,并且知道它代表何种动作;而第二个过程是我们能够将这些感觉连接起来,这样,一组感觉就逐渐意味着由同时动作或继时动作所组成的一种特定的复杂行为。我们不仅习得了每一种独立感觉的意义,而且还知道了每种感觉是如何与其他感觉结合起来从而达到一个特定结果的。这种过程和注意过程十分相似。在注意过程中,我们为了达到所期待的理智目的,选择了某些感觉并将它们结合起来,同时忽略了其他感觉。只不过在这里,感觉根据一种实际目的而不是一种理智目的,被选择并连接起来了。在身体控制过程中,目的是产生某些外部的变化;而在注意过程中,目的则是产生一些内部的变化,即观念的某种新组合;但是,两种过程却是一样的。从心理学上说,两种过程的目的也是一样的。这是因为,我们对于产生的肌肉变化根本就一无所知,我们仅仅知道伴随着这些变化的感觉。

论述模式

所以,我们应该先研究我们逐渐知道每一种肌肉感觉所代表的是何种行为这一过程,即肌肉感觉变得明确、动作变得具体的过程,然后研究肌肉感觉变得更加广泛、动作之间相互协调的过程,也就是我们将不同的肌肉感觉同时性或者继时性地连接起来的过程。

1. 运动冲动之间的差别

有些运动冲动是本能的或者遗传得来的,它们被调节来达到某些具体但无意识的目的。除了这些冲动外,其他所有的运动冲动在最初都是含糊的、不明确的,并且遍及整个系统。对于婴儿而言,渴望食物的运动冲动正是被调节来产生这些行为的:获得食物所必需的行为;吮吸行为;和我们已经研究过的其他冲动相联系的行为。但是绝大多数的肌肉冲动都没有这种明确的调节。这些冲动在最初就根据它们的强度而使自己扩散到整个系统,并且未能达到任何明确的结果。存在一种运动冲动,但是这种冲动并没有本能地搜寻实现目的的精确手段。它在整个身体不确定的运动中丧失了它自己;说话、写字等等冲动也是如此。我们必须先研究如下过程——冲动如何变得越来越明确,继而产生一系列的动作。

试验过程

这个过程依靠的是试验的过程。它可以通过小孩习得伸手拿到一个物体的方式来加以说明。这种行为有它的基础,也就是前面已经讲过的抓握反射冲动。比如说,小孩看到了一个色彩鲜艳的球。这唤起了小孩一种想抓住球的纯粹本能冲动。小孩可能失败了,因为他够不到球。但是从这次失败当中,小孩学到了一些东西。他知道了某一种视觉是与物体的距离相联系的,其中离物体的距离比他胳膊还长。通过反复的失败,由于他胳膊和身体的动作,在他的视觉意识和肌肉感觉之间就建立起了一种确切的连接。但是,小孩也可能可以抓住物体。倘若如此,那么在距离和伴随着成功动作的肌肉感觉之间就形成了一种连接。通过反复的经验,这种连接变得巩固下来。因此,习得抓住物体的过程是由视觉和肌肉感觉之间形成连接而组成的。其中,视觉意味着距离,肌肉感觉意味着动作。

进一步的例证

试想一个小孩正在学习说话。这里我们的出发点是发出声音的反射冲动;问题就是用一种方式来控制这些冲动,以至于能够产生发音清晰的语音。小孩听到人们用某一种声音来指某些物体。这样,他的任务就是使他的某种反射声音(这是他库存的原材料)与他听到的声音相符合,即复制出听到的声音。小孩的尝试会有部分的失败,但是每一次失败都让他排除了某些声音。他的失败感让他连续地抛弃了许多声音;同时,每一次成功的尝试都会在声音感觉(代表了某种物体的信号)和肌肉感觉(代表了产生这种声音的运动的信号)之间形成一种连接。小孩学会用肌肉感觉来解释声音感觉,也学会用声音感觉来解释肌肉感觉。这个试验过程产生了以下三个结果:

① 它使得意识中对所要达到的目的有一种确切的观念。我们不应该把这个问题看成是,好像小孩一开始就对他要达到的目的有一个明确的概念,他只需要学会达到目的的手段而已。其实,小孩对于达到一个目标要做出哪些行为,或者在他学会一个单词之前他要学会这个单词应该如何发音,都只有一个非常不明确的观念。只有当他达到目的之后,他才会知道目的到底是什么。开始时他对于所要达到的目的只有一种模糊的意识,而他的试验结果是他知道了目的是什么。这样,他的模糊冲动就在他执行某种行为的确切观念中,拥有了明确的形式。

② 只有当行为的观念变得十分明确时，动作才获得了定位性。最初的动作是模糊和分散的，就像动作的观念一样。学习行走的小孩会移动他的整个身体。当学习写字时，运动冲动扩散到胳膊、头部、嘴巴和舌头，并有可能或多或少扩散到了整个身体。学习弹钢琴也是如此。但是，小孩试验的结果是运动冲动变得分化开来。运动冲动不再无差别地通过身体的每一处肌肉来寻找出路，而是被限制在特定的渠道。简而言之，动作变得专门化了。

③ 做出一个动作所需要的刺激越来越少了。这主要是由于冲动被限制在了一个明确的渠道。只要冲动力量扩散开来使整个身体都运动，那么就需要大量的能量，而其中大部分能量都浪费掉了；达到一个结果所必需的一部分动作是需要能量来执行的，而当能量仅仅用于这一部分动作时，它才是经济的。随着每一个动作的定位，刺激也被节省了。当单独采用正确的渠道来执行某个动作时，最初的冲动力量中的百分之一就已经足够了。结果就是：用于产生动作的剧烈刺激越来越少，而内部刺激却越来越多。

所需刺激的程度

很有可能，最初的刺激就是整个有机体对于食物的需要。其实，只需对整个有机体平衡的一种扰乱，就完全足够了。在下一个阶段，是某一种感觉所带来的突然而剧烈的感受，比如一种突然的痛苦，一道明亮的光。由于受到正确的指引，力量变得越来越有用。这样，另一个人执行的行为就产生了足够的干扰，推动着我们也做出那种行为。随着这个过程的发展，我们不必再把我们看到的行为作为一个刺激，另一个人的要求或暗示就足够了。于是，当内部产生用于激发那种行为的行为观念时，最后的发展也就完成了。如果刺激完全是观念的，那么它必须将过剩的神经力量疏导入正确的渠道。心智不再需要监视能量的总体消耗；它好像只需要打开阀门将能量释放掉，并且通过它自己的自我执行机制来指引能量。对目的的一种观念,就是一个足以开启阀门的刺激。

2. 运动冲动的组合

所有的身体控制都包括运动冲动的协调和相互连接。为了能够行走,仅有一个关于目的的明确观念是不够的,还必须有每一个动作的定位过程。此外,还必须知道动作过程的每一个连续的和同时的步骤,不同的动作之间必须是协调的。这也是通过试验过程产生的。通过试验过程,小孩不仅学会把某些肌肉感觉与一种特定的触觉或视觉连接起来,还学会把不同的肌肉感觉相互连接起来。假设试图说出一个特定的句子。除了刚刚描述过的过程之外,还将会有伴随着继时性声音的所有肌肉感觉之间的连接。在弹钢琴时,还会加上伴随着同时性声音的肌肉感觉之间的连接。简而言之,连续性连接和同时性连接的原理已经足以说明运动冲动的不同组合现象。连接起来的感觉变成了连接动作的标识。下面讨论这种连接过程的三种结果。

① 将要执行的动作观念变得更复杂了。婴儿的动作是由一种非常简单而且直接的观念开始的。他最初的自发努力都仅限于那些包含着极少元素的动作,并且行为目的也是直接存在的。当目的非常遥远,只能通过大量行为的系统调节才能达到时,对目的的意识只有到运动冲动的组合已经实现了这样的部分目的之后才能形成。于是,只有在时间上相对比较遥远,由许多较小的行为组成的目的,其观念才存在于意识中。人的生活指向未来,他能够意识到他现在的行为不会自生自灭,而是指向未来。例如,设想一个人正在学习经商。他必须在自己面前设置一个数年都不可能达到的成就的观念,并且必须认识到他的动作同这些年里所渴望达到的目的之间的从属关系。在意识中,这种观念变得更加复杂,并且进一步在时间上映射出来。

② 随着观念变得更加复杂,动作的范围也扩展了。最初的动作都是孤立的。每一个动作都没有超出自身之外的意义。随着对综合目

的意识的增加,这种孤立性消失了。每一个动作都只在参考与之组合的其他动作上被加以考虑,同时所有的动作都从属于一个共同的目的。在一个完全受意志控制的成人身上,几乎所有的动作——不管是娱乐还是工作——都是依照他想达到的最后统一的目的而被连接在了一起。首先,这包括一个抑制过程,在这个过程中所有未被考虑用来达到目的的动作都被抑制了;其次,还包括一个协调过程,在这个过程中,剩下的动作之间形成了相互协调的关系;最后还包括一个调节(accommodation)过程,在这个过程中动作都被调节用来达到存在于意识中的那个目的。

③ 对动作的控制也逐渐加深了。动作好像变成了身体结构的有机成分。身体变成了一个越来越服从命令的工具,一个更适合于它的目的、对触摸也更有反应的机械装置。孤立的行为变成了有能力的行为。那些千辛万苦获得的行为变成了自发的功能。这样就产生了大量的行为能力——行走能力、说话能力、读写能力和经商能力。获得变成了功能,控制变成了技能。这些能力也是倾向。它们不仅构成了一种能够以特定的方式来做出行为的机械装置,而且是一种自动化的机械装置。当意识没有在它面前放置一个目的时,它能够自行行动。正是这种控制的深化,构成了我们所说的习惯。

意志的本质

其实,在研究这种身体控制过程时,我们一直以一种具体的方式在研究意志自身的本质。意志有时被说成好像是我们本质之外的一种力量:它有时候是一种法制(legislative)力量,为情感和冲动设置了许多规定;它有时候又是一种执行力量,执行着压制冲动的理智法令。于是,意志被看成是指引身体从事各种行为,并且产生了这样一个无法解决的问题——像意志这样的精神力量是如何能操纵像身体这样的物质实体的。但是,这些观点只是因对意志概念的理解不完全所造成的。正如我们已经看到的那样,意志并不是位于身体之外来指引身体执行某些动作。行为的执行也就是意志的存在。意志是情感和理智的具体结合体；情感让我们指向特定的结果，理智认识到这种结果、结果的目的以及达到目的的手段，并且将这种结果作为一种有意识的动机或目的放置于情感中，从而对它们加以控制。这整个过程就是意志。代表手段和目的的理智运作（operation），和驱使我们达到目的的情感，并不是独立存在的。

例证

例如，让我们看看学习行走的过程。意志是在何处产生的呢？首先，我们或多或少拥有无意识的情感作用；我们渴望肌肉系统得到练习，并且这种情感倾向于沿着特定的方向来驱使肌肉系统从而产生运动。我们当然不知道所渴望的目的是什么，以及目的是如何达到的。但是冲动产生了特定的行为。通过儿童的本能，并且更特别的是通过其他意志的帮助，有些冲动被看作是无用的、没有目的的，并且受到了抑制；而其他的冲动则是成功的。从那些成功的冲动中，理智有意识地构造了目的的观念；于是就出现了行走和组成行走的手段的观念。但是，这个目的只是达到该目的所依靠的各种运动冲动的定位过程和组合过程而已。这样，冲动得到了控制。所以，我们可以说冲动受到了意志的控制；然而更合适的说法是，冲动的控制，冲动与理智、情感与目的的结合，就是意志。当我们考察成人习得一门外语的例子时，我们就会发现其实过程是相同的。除了成人在为了达到最终追求的目的时，不必如此多地依赖情感的无意识控制外，随着他的理智进一步发展，他还可以利用别人已习得的结果。简而言之，有意识的模仿比无意识的情感在达到一个目的中起到了更大的作用。意志元素是相同的。它是为了达到一个被理智所认定的目的的各种冲动之间的协调过程。

身体与意志

因此，意志不是一种身体外部的力量。只要身体被组织起来执行某些特殊而复杂的行为,那意志(只要涉及身体控制)就是身体。通过构成身体的机制以及表达,意志已经赋予它自己具体的存在。换句话说,只要涉及身体控制,意志的存在就表现为对运动冲动加以限制和结合,以便它们之间能够形成相互的协调关系。目的仅仅只是协调的另一种说法。意志并不是形式化的,它拥有实际的内容。

意志的双重本质

因此,只有当心灵通过运动冲动的试验,从而达到使得这些冲动之间拥有一种理智而协调的关系的目的时,意志才能获得具体的存在。但是,为什么情感倾向于将它们自己投射到一个目的呢?为什么自我要拿情感来进行试验?它为什么抑制或拒绝一些无用的情感?又为什么要采用其他的情感呢?最后两个问题的答案是:因为自我在一种情感中感觉到痛苦,而在另一种情感中感觉到满足。但是,它为什么应该是这样的呢?这些问题让我们认识到,心灵通过它的冲动,一直感觉到一个目的,并且心灵不断地受到情感的指引,使得行为不断向目的前进,并通过伴随着的满足与不满足表现出来。达到这个目的的实际过程,使意志变得清晰了,并赋予意志以明确的形态。

因此,我们必须认识到意志拥有双重本质。一方面,意志建立(最初肯定是以情感的形式)了一个目的,并且把冲动指向这个目的;同样地,意志就是所有自我实现的来源和动力。另一方面,意志是指这个目的实际的实现,它是冲动之间的明确协调。因此,意志也是实现了的自我。在后一种形式中,意志只是一种明确而具体的存在。然而,自我以冲动为形式的无意识投射,和接下来对冲动进行试验直到它们变得协调的过程,这些都是意志的明确实现的来源。换句话说,意志是它自身的原因。我们的实际生活过程,仅仅只是意志赋予它自身以明确表现和客观形式的过程。也只有当意志已经实现了它自身时,我们才能说出意志到底是什么;但是,意志从来不会在每一个实现中被耗尽,它的后续行为仍是以冲动为形式的,并且朝向一个还未明确形成的目的。意志的连续行为是心理生活中所有变化和成长的根源。

意志的依赖性

另外,必须记住,身体控制的可能性依赖于个体意志与他人意志之间的连接。在较低级的形式中,比如运动,身体控制要依赖于他人的意志,这不仅因为他人意志提供了模仿原型,而且还因为他人意志带来了指导、鼓励和赞同。如果要婴儿自食其力,那我们可以有把握地说,婴儿要么从来都不会完成那个行为,要么就是要经过一段长得多的时间并且非常笨拙地完成它。在说话、书写等较高级的身体控制形式中,不仅要依赖前面已经提过的那种意志,还要依赖于原材料,这是因为(个人)意志的内容要归因于他人的意志。在学习说话时,个体只是借用了他所在群体的意志产物。事实上,在学习行走时,他不是自己创造了行走。他只是通过他的意志,在别人意志的指引下复制出了特定的身体关系。而在学习说话时,他的复制也是处在别人意志的指引下,并且他复制的行为将其自身归因于这些意志;他通过身体过程复制了社会关系。

第19章注释

卡朋特:《心灵哲学》,第209—218页、第279—315页、第376—386页和《当代评论》第十七章,第192页及以后的内容;考尔德伍德:《心脑关系》,第五章;洛采:《心理学纲要》,第83—88页;拉扎勒斯:《精神生活》,第二卷,第59—71页;乌尔里齐:《身体与心灵》,第二卷,第301—321页;施奈德:《人的意志》,第407—452页;施泰因塔尔:《心理学与语言学入门》,第263—289页;霍佩(Hoppe):《记忆》。

第二十章 谨慎控制

与身体控制的关系

身体控制以两种方式构成了意志向更高发展的基础。首先,世界上所有的变化都是通过身体机制而产生的。思维包括言语的使用和大脑的控制,道德目的则涉及它的执行动作等。身体控制是所有更加发达的形式所必需的前提条件。其次,身体控制发展了意志的某些相同因素,而这些因素涉及复杂的控制模式。对运动冲动加以调节使得它们服从于一个目的,这要涉及目的的选择、合适手段的选择、坚定的决心以及坚决地执行一系列行为。于是,构成意志的所有元素都要发挥作用。

谨慎控制

谨慎控制(prudential control)和身体控制之间是有差别的。这是因为,动作之间的协调和调节在本质上仅仅只是手段,而不是目的。在谨慎控制所包括的所有行为中,冲动总是指向被认为是有利的目的而远离被认为是有害的目的。因此,"谨慎"一词是在非常广泛的意义上使用的,它用来表达由预期的获利或损失产生的动机所支配的所有行为。进一步说,谨慎控制和身体控制的差别还在于:身体控制不是受对将来利益的有意识表征所指引的,而是受到本能情感的支配;此外,谨慎控制和道德控制也是有差别的,这是因为道德控制是要履行职责,而不是获得利益。同样的行为可以解释每一种控制。例如,一个学习外语的小孩,并不是因为他能够从中得到利益从而有了学习的动机;而一个青年开始学习外语,则是因为他明白学会外语对于他的事业成功是必需的;此外,如果事业成功的必要性是因为他要赡养自己的母亲,那么这种行为就变成了道德控制。

对谨慎行为的分析

谨慎行为的不同因素可以通过下面的例子表现出来。第一个元素是愿望和需要的创造与发展。必须产生对事业成功的有意识的需要。这是位于任何感觉冲动之上的东西；只有当感觉冲动和更广泛的经验连接起来时，它才会出现。第一，我们必须研究愿望发展的过程，其中为了满足愿望，谨慎行为发生了。这种愿望是由行为的目的或动机组成的，并且那些最适合达到目的的手段被选择出来了；第二，谨慎行为包括对达到结果的手段进行理智选择的发展，以及结果与手段之间的适应过程的发展；第三，由于这种目的是绝对实际的，是理智的，或者是情绪的，谨慎行为也就充满变化。

1. 愿望的发展

前面已经提到过，感觉冲动——比如说对食物的感觉冲动——并不构成对于食物的愿望。愿望至少包括另外的三个因素。首先，必须拥有曾经满足过这种冲动的经验。冲动可能已经和它所导致的行为以及伴随着这种行为的愉悦联系起来了。其次，必须清楚地认识到，冲动目前还没有得到满足，必须有种对缺失的认知。个体必须感觉到，那个曾经带给他愉悦的行为现在不是他的了。最后，必须能够有意识地认识到，这种曾经满足过那种冲动的经验还会再次奏效。愿望意味着认识到当前的不满足，回忆起过去的满足，并且通过相似的经验来预期将来的满足。所以，愿望的发展也就是这三个因素产生的过程。

例证

接下来就是，每一种新的经验都可能产生一个愿望。当那个经验重新出现在意识中并被拿来和现在的经验相比较时，这种经验就成为渴望的对象。所以，每一种经验都可以产生某种自我满足的手段和途径。例如，小孩执行某种行为，比如说执行某项差事，他就是为了得到金钱的奖赏。在这里，金钱就成了愿望的目标。它构成了行动的一个可能动机，而在这种经验之前它还不是。得到钱之后，他也许想要玩具。玩具能够给他带来新的满足，成为一个新的愿望目标。他可能会和他的伙伴分享他的玩具，于是得到了伙伴的赞赏，而这种赞赏又接着成了一个新的愿望来源。对这个过程，我们无法想到它的终点。同样明显的是，发展过程扩展了愿望并且使它们更加明确。所渴望的事物的范围不断扩大，对于所渴望的和能满足需要的事物的观念也变得越来越精确和具体。

想象与愿望

随着想象的发展，特别是建构性想象（constructive imagination，与复制想象[reproductive imagination]相对）的发展，愿望的特征发生了些许的变化。所有的愿望都涉及想象，因为它们需要对一种将来状态做出预期。随着想象的发展，愿望变得越来越全面，也越来越明确。由于想象具有可塑性，能够用新的形式塑造旧的材料，所以愿望也不再局限于那些与以往经验非常相似的经验。想象创造出的观念是愿望对它自己的投射。想象建构了荣誉、财富和名声的概念。与日常生活的经验相比，这些概念对于愿望同样是真实的。

想象不仅将愿望扩展为观念的具体化，而且还在很大程度上决定了愿望所遵循的实现途径。对每一种事物的想象都是对这种真实物体的观念，从这个意义上说，想象也就是愿望。让想象来详细考虑某些概念，是加强愿望的最可靠的方式。一个事物的观念也就是心理对那个事物的投射。因此，想象所详细考虑的物体及其种类，决定了哪一类愿望对于个体而言是最重要的。商人的愿望和艺术家的愿望是不同的；学者的愿望与工匠的愿望也不同；愿望的差别在很大程度上是由于心智所详细考虑的习惯性心理领域是非常不同的。能最好地说明愿望与想象之间密切关系的例子,莫过于艺术家了。在艺术家那里,对美丽的物体赋予观念的形体的想象,变成了一种希望这些物体确实存在的强烈愿望。这种愿望是如此强烈,以至于艺术家本能地要去创造这些物体。在商业领域和现实领域也存在着这样的关系。如果一个人一心只想着金钱以及从钱财中得到的好处,那说明他对钱有异常强烈的愿望。与其说人的想象和行为是对立的,还不如说只有一个人的想象是生动而且接近的时候,才可能转变为行为。空幻的(dreamy)行为是空幻的想象,也就是模糊的和分散的想象的结果。

2. 目的和手段的选择

随着经验的每次扩展和想象的每一次新发展,我们发展出了明确而且范围广泛的愿望。由于与自我的经验紧密连接,所有的目标和观念都变得饱和了,因为正是自我的经验使它们变得让人渴望。同样地,目的和观念开始不断接触,并且存在相互冲突。两者之间的关系存在不同程度的冲突。有些是直接符合并且相互加强的,比如说渴望财富和渴望社会认同。另外一些尽管它们自身并不是相互矛盾的,但是却必须做出相反的选择,比如说渴望增长学识和渴望社交娱乐。还有一些可能直接是不相容的,比如说渴望他人的赞赏和渴望个人的自我享乐。这种目的和手段之间的冲突,需要我们选出一个来,这样冲突才会结束。

选择的依据

前面我们已经探讨过选择的本质。选择就是挑选出某一个愿望,然后自我对愿望进行确认,最后这个愿望作为行为的目的而变得客观化的过程。选择出来的愿望就变成了动机。这里,我们只需要探讨选择的依据。为什么一个愿望被挑选出来并被决定作为行为的目的,而另一个愿望却被拒绝了呢?被选择出来的愿望变成了动机,但是选择该愿望的动机又是什么呢?在谨慎行为中,一般性的答案就是,所选择出来的愿望如果得到满足,将会带来最大的利益。而在所有可能的目的中,那个得到实现后将会产生最大利益的目的,就被选择出来变成实际的目的。但是,到底又是哪些因素决定了什么才是最有利的并且因此成为动机呢?

(1) 选择取决于个体特征

对于一个人而言是最值得的选择,对另一个人可能并非如此。对个体而言,偶然因素在很大程度上决定了他的选择。遗传影响、早期的家庭生活、教育和周围的环境,都决定了一个人认为哪些东西具有更高的利益。原始人最想要的东西肯定和现代人不一样,而古希腊人最想要的东西和现代大不列颠人也不会相同。每一个使得愿望成为动机的选择,也反映了一个人过去的经验。他不会去选择那些和他的先前经验没有紧密连接的东西。他指引自己的想象所遵循的习惯途径,他所沉湎的嗜好,也都是选择中的决定性因素。

(2) 选择取决于知识

但是,假如做出选择的个体在其他方面都是相似的,那么他们对于目的的选择则取决于他们的知识。根据一个人在某些方面所拥有知识的广泛和明确程度,他就能够分辨在许多可能的目的中到底哪一个才是最有利的。例如,有人可能会将从事某种生意作为他最好的选择,然而这种选择有可能会变成最有害的。这是因为,他的知识的局限让他未能考虑到生意合伙人的品格、财务危机、火灾和洪灾等等。总之,我们可以说,人们总是选择那些他认为会产生最大利益的目的;而他认为哪些东西是最有利的,则取决于他的出身、周围环境和过去的经验,取决于他在这个方面的知识程度,即他能够决定哪些选择将具有最大利益。

手段的选择

对目的的选择和对达到目的的手段的选择是联系在一起的。在一般意义上说,选择目的也就是选择手段。在选择一个目的时,人们必须选择所有必需的东西。但是,实现同一目的的许多不同手段都可以自我表现出来，而我们必须在其中挑选出一种。除了个人特质之外，决定的主要因素在于一个人的知识范围。理智对相近的手段进行比较；只要知识允许进行考虑，那么心智就会考虑在两种方向上的选择结果，并且评估每一种结果带来的利益和损失，从而打破平衡，赞同产生最大利益的那一边。

3. 谨慎控制的形式

谨慎控制有三种形式：实际的控制、理智的控制和情绪的控制。

（1）实际的控制

实际控制包括以达到某种利益为目的的所有行为。首先，实际控制包括对行为的检查或抑制。例如，当小孩看到糖果时，他想到了糖果曾经给他带来的满足感，这种观念驱使他去吃糖果。但是接下来，小孩的头脑中又出现了另一个想法——妈妈会生气，或者吃糖果有可能会生病。这种想法又会导致对甜点的厌恶，以及想远离甜点的行为。这样的冲突，导致了对其中的一种行为进行检查。所有的意志行为都意味着存在某种程度的冲突，这一事实表明，控制的第一步就是抑制。而第二步则是延迟。也就是说，小孩的行为变得指向更久远的目的。他考虑到某些将来的利益或者为了让身体保持健康，从而忍受着当前的痛苦行为。或者，他想到将来可能承受的痛苦，从而放弃了当前的愉悦和放纵。又或者，他正经历着某种行为，而这种行为本身既不是他想要的，也不是他所讨厌的，因为他把这一行为看作是达成愿望所必须满足的一种条件。延迟变成了行为之间的连接。抑制让他把一个当前的行为指向另一个行为，并且考虑两者之间的相互关系。同样，行为的延迟促使他把自己的行为按顺序连接起来，并且使连续的行为之间形成相互依附的关系。

范围的扩大

第三步和最后一步就是：出现的行为不仅更多地考虑远期目标，而且更加重视内在的目标。小孩的行为是以身体健康作为综合的持久目标的。因此,他在行动时将会考虑到别人是否赞同,考虑到他能不能达到对某种交换的掌握,等等。这样,他就可以形成一种最综合的目标(比如说快乐。快乐包含了上述所有情况),并按照该目标行事。只要小孩按照一个综合的目标来行事,那么他就让他自己成为最谨慎的、实际上是自我控制的人了。这是因为,这种综合的目标使得他抑制了所有不符合这一目标的行为,并且为了达到这一目标而把所有连续的行为联结起来。

结果

随着控制的逐渐增强,行为变得更加合理或者深思熟虑,表现得更加顽强或者坚定不移,而且更加坚定或者坚决。深思熟虑的行为是与冲动的行为相对的。如果我们因某种原因而忍受了一种冲动,那么结果是,我们并不会马上行动,而是很可能根据该原因所显示的结果来行事。早期的冲动也可以被轻易地放到一边。其他冲动的出现使得小孩忘记了他正从事的行为,从而将他的能量转移到新的渠道。所有的中间行为都被组织起来指向一个更为久远的目标,而这一目标的出现又改变了上述情况。意志变得坚定不移。它认识到行为必须始终坚持同一个选择,才能让目标得以实现。牢牢地抓住行为的目标,把深思熟虑和坚定不移结合在一起,这就是坚定的意志。小孩可能会坚持达到某一个选定的目标;但是,除非他意识到目标是什么、该目标和其他目标是如何相联系的,以及他是如何有意识地使得其他目标都从属于该目标的——简而言之,除非他已经形成了一个综合的目标,否则他的意志不能被称为坚决的或坚定的。坚定的或受控制的意志,也就是深思熟虑地进行选择、坚持做出的这个选择,并且坚定地运用任何可能实现该选择的手段。

(2) 理智的控制

如果详尽地探讨理智控制这个主题,那就仅仅只是对前面讨论过的"注意"这部分内容的重复。确实,理智控制就是被定义为内在的意志。

所以,对理智控制的行为模式进行研究,也就是对心智如何控制其思想、指引这些思想达到某个目标进行研究。在这里,我们可能会记起前面讨论过的,注意包括一种抑制行为。即使在注意最简单的事物时,所有其他事物的吸引力都必须被忽视掉。另一方面,理智控制的积极发展表现为心智注意某个事物的能力,即集中注意力增强了,并且能够从事时间越来越长的从属心理过程,从而达到最终的目的。在记忆部分,我们已经证明在回忆过程中存在理智控制。在进行回忆时,我们把注意力集中于某些元素上,从而大大增加了对我们正在搜索的东西进行恢复的能力。从广义上说,思维也是理智控制的一个例子。这是因为在思维活动中,我们为了得出某种特定的心理结果,总是有意识地对我们的概念进行调节。

(3) 情绪的控制

由于形式不同,所以在这里,情绪控制的第一步是消极的,那就是限制情感。对情感进行限制,主要是通过对肌肉系统进行控制而间接实现的。在探讨感觉冲动时,我们知道,情绪总是倾向于在动作中表现它自己。由此可以断定,如果我们按照上一章谈到的过程来对动作加以控制,那么我们也就控制了情绪。例如,在控制愤怒这种情绪时,要做的第一件事情就是,压制情绪的外部表现。但是,这可能只是将感受转到了另一种渠道。特别是,如果愤怒因为某种外部动机而被压制,那么它肯定会进入另一种渠道。在这种情况下,愤怒变成了愠怒的忿忿不平,或者是报复的愿望。很明显,必须有一种进一步检查情绪的方法。而这一次,则又是间接地通过控制我们的思想来实现的。也就是说,如果愤怒这一情绪必须加以抑制,那么一定不要去想造成伤害的那个人或者伤害本身,而是去想想曾经从那个人那里得到的益处,或者只去想那些能激起愉悦情绪的事物。这意味着,压制任何情绪的最有效方法,也就是唤起一种相反的情绪,从而把那种情绪赶走。总之,可以这么说,摆脱某种情绪的方法不是去摧毁它、使它不复存在,因为这是不可能的。唯一可行的方法是,引入一种更强的相反情绪。

积极控制

许多心理学家都曾讨论过情绪控制这个主题。他们把它看作是:似乎知道了情绪是如何被压制的,就可以让情绪消失掉。但是,这种观点是片面的。情绪是我们心理生活中的一种正常因素,因此,它和其他因素一样,包括对达到某种特定目标的发展进行调节。对情绪进行抑制本身并不是目的,而仅仅只是一种必需的手段——为了让没有被抑制的情绪适时地得以发展。愤怒被加以压制,只是为了让仁爱或者其他情绪能够表达其自身。如果真的抑制了所有的情绪,那么这也就抑制了所有的行为,因为行为的愿望和动机全都不复存在了。

情感的积极控制存在于对情感的引导过程中,以至于情感变成了知识或行为的一个促进因素。比如,愤怒的情绪得到了控制,不是因为消除了愤怒,而是对愤怒情绪进行了引导。这样,愤怒的情绪并不是发泄在模糊的或剧烈的反应上,而是激发了思考和行为。世上许多伟大的演说,以及许多英勇的行为,都是因控制了愤怒而产生的极好范例。如果情感只是表达其自身,那它还不是受控的;那些服从于理智或意志的情感才是受控的。在情感变得如此有用时,情感就不仅只是情感了;相反,它变得更加敏感、更加迅速,也更加深沉了。

第 20 章注释

马蒂诺:《伦理学理论种种》,第二卷,第 65—74 页;贝恩:《情绪与意志》,第 399—419 页;卡朋特:《心灵哲学》,第 386—428 页;乔治:《心理学教科书》,第 576 页及以后的内容;福尔克曼:《心理学教科书》,第二卷,第 463—489 页。

第二十一章 道德控制

MORAL CONTROL

与谨慎行为的关系

本质上,谨慎行为并不是道德行为。但是,每一种谨慎行为都潜在地属于伦理范围,所以它要么是道德的,要么是不道德的。比方说,有些行为是为了保持健康,而做生意是为了赚钱,等等。到此为止,这些行为仅仅称得上是谨慎行为。但是,一旦保持健康被视为一种义务(在许多情况下这是为了保持某种特定的能力),那么这种行为就变成了道德行为。而如果赚钱这一行为必然会使得其他更高的目的得不到保证,或者必须采用欺骗手段的话,那么这种行为就变成了不道德的行为。所以,"谨慎"和"道德"这两个词并不是指两种行为,这是因为同一个行为既可以属于其中之一,也可以同时属于上述两种情况。那么,两者之间的区别何在呢?

道德行为与谨慎行为的区别

简而言之,两者之间的区别在于:谨慎行为是根据结果来衡量的,而道德行为则是根据动机来衡量的。比如说,一个人想要通过采取某种特定的行为来获得某种利益,但是他的知识是有限的。新的情况出现了,他的目的受到了阻碍。结果,行为变成了一种无益行为或鲁莽行为。而如果一个人想要执行一种道德行为,那么不管结果如何无法预料或可悲可叹,它都不可能是不道德的。另一方面,鲁莽的行为有可能恰好幸运地导致获得了某种利益。但是,由于行为的目的是不道德的,所以不管它是如何的有益处,它都不可能是道德的。如果一个外科医生想要救一个人的性命,这也是他行为的唯一动机,但结果却是那个人死了。尽管结果十分可惜,但行为是没有错的。如果一个人想要杀另一个人,但却失败了,那个人无意间做了件大好事,结果也是令人期待的,但行为却是不道德的。简而言之,那些仅仅根据其动机来对它们进行判断的行为,才属于道德范围。

道德行为的分析

我们为何要对这两者进行区分呢?为什么有些行为是通过它们的结果来确定其特性,而另一些行为却是通过其动机呢?如果我们想探究这种区别的最终依据,那这就是一个伦理学问题;而如果我们想探讨这种区分(作为一种心理生活的事实)所产生的条件是什么,那么这就是一个心理学问题。我们根据其动机来判断某些行为,而根据其结果来对另一些行为进行判断,这是一种心理事实;而且这种差别肯定是来源于一些心理过程。事实上,我们只需要探究这些过程到底是什么。这就使得我们要对道德行为进行分析,看它是由什么所组成的。

责任

为何我们在评价某些行为时是根据其结果,而在评价另一些行为时却是根据其意图呢?在直接回答这个问题之前,我们必须认识到谨慎行为和道德行为之间的进一步差别。在道德行为中,行动者认识到了他在行为中的个人职责,但是在谨慎行为中却没有。一个人为了得到某些利益而采取了行动,如果行为结果是有害的,或者是害处超过了所得的益处,那么他可能会对行为的结果表示懊悔,但是他不会因为这种结果而责备他自己。这告诉了我们另一个事实,那就是个体不会要求他自己对行为的结果负责,而仅仅是要对他行为的动机负责。不过,当行为的结果是动机的直接结果时,责任当然要扩展到行为的结果上去。

区别的基础

只要知道了行为的结果是一个人的动机在其行为中产生的合理结

果,我们就不难理解为什么他不会要求自己对行为的结果负责。这是因为结果超出了他的控制能力。开始一种行为的权利是属于他的,但结果却不是如此。最后的结果是由很多原因决定的,而一种行为仅仅只能预见其中的很少一部分;不可能在产生一种行为时,就能辨别出动作中存在多少种一直未被注意的力量,也不可能分辨出在其他人独立地施加的力量中,到底有多少种力量可以超越上述那些力量的运作方式,有时候增强它们,而有时候则抵消它们。或者,正如前面谈到的那样,谨慎行为中的决策依据就是决策者的生活环境和知识。是否达到了那个结果,要取决于这些决定性因素的范围和限制。正因为这些限制,一个人才不会要求自己负责;而正是因为这样,他不会要求自己对结果负责。

道德范围中的行为

另一方面,如果有些行为是根据其动机来进行评判的,而且如果行为者要求自己对这些动机负责,那么他肯定是把这些动机看作是在他的控制之内。比如说,外科医生设法为病人动手术,但结果病人还是死了。在这种情况下,如果从谨慎的角度来看,那他的行为确实是不成功的,但并非不道德的。他已经竭尽全力了。结果取决于自然力量。但是,假如行为动机是漠不关心、贪图安逸或者想一夜成名,那么他在还没有获得他本应该得到的关于病人状况的信息之前,就会促使他自己开始行动。在这种情况下,他会因为行为的结果而责备他自己,也就是说,他是从道德观点的角度来评判自身行为的。他根据行为的道德性质来对行为进行评价,他之所以这么做,是因为他认识到,尽管他没有得到那个结果,但是他确实拥有那样的动机。

道德行为与人格

我们根据行为的结果而将某些行为的性质评价为成功的和不成功的,而根据行为的动机将另一些行为评价为道德的和不道德的。上述事实主要是因为,后者是由人格单独决定的,而前者则似乎是由人格的偶然因素决定的。有些行为影响着一个人——他自己是什么,而另一些行为则影响着他的环境——他拥有什么。一个人的财富、健康、知识以及他诸事顺遂,并不是他自己;这些都是他拥有的东西。一个人的意志才是他自己。如果一种行为是从意志或人格中产生的,而它的结果却处于意志(意志拥有的东西)之外,那么这种行为就是谨慎行为。如果一种行为既出于意志,又对意志(一个人的存在)产生了影响,那么这种行为就是属于道德范围的。

一个人所拥有的财富、得到的尊重和身体的健康程度,都是他的环境;它们并不是他自己。所有针对外部环境的行为,都是通过它们实现这些外部环境的程度——行为的结果——来予以评价的。当一个人想说真话时,他是想成为什么;即使他因为自身知识的局限而使得他所说的东西是假的,但他仍然是真的。他表达他的观点这一事实是外在的,而且观点中的知识是由他外部的事实来决定的。他说真话的动机对他而言是内在的,是由他本人决定的,而且不可能随着结果的偶然性而发生变化。如果他的动机是说真话,那么不管实际结果是如何虚假,他都不可能是假的。

谨慎行为变成道德行为

事实上,在想要得到财富、健康、知识、尊重等的行为中,很少有不属于道德范围的。而且,上述财富和健康等等,确实构成了大多数道德行为的内容。那么,我们如何把这种观点和前面的观点——它们都是位于人格及其环境之外的——加以调和呢?调和过程取决于这样的事实:尽管健康、知识等事物本身并不构成人格或意志,但它们是人格或意志实现的必要条件。如果一个人是无知的、多病的,穷到根本不能维持他的家庭,那么他就不可能成为他想要成为的那个人。只要这些环境对于人格的实现是必需的,那么环境本身就变成了道德目标,并且所组成的行为是依据其动机而被评判的。这些行为并不是由它们自己采用的,或者从人格的实现中抽取出来的;如果采取了与人格实现相反的目标,那么这些行为就变成不道德的。

总结

从上述讨论可以很明显地看到,道德行为仅仅产生了明确的意识,而本质上明确的意识是包含在谨慎行为中的。所有的谨慎都必须拥有其目的,并且这些目的最终影响着人的意愿(willing);健康和知识等不可能是最终的目的。健康和知识等之所以是目的,只是因为在它们那里人格达到了其目的并且变成了它自己。当我们讨论它们时,好像它们本身就是目的,其实我们只是忽略或概括了它们对意志本身的影响。当我们通过考虑这一点而完成我们的论述时,其实我们已经在讨论道德行为了。当我们考虑人格时,我们是从它的动机来判断其行为的;因为尽管结果处于人格之外,但动机是位于人格内部的,并且揭示了人格是什么以及想要成为什么。

想成为某种东西的实际意志——不是指渴望它的纯粹愿望,而是指想成为它的坚决选择——构成了"生成"这一行为。想拥有它的意志并没有构成拥有行为。一个想成为好人的人,就是一个好人。而一个人想成为学者、政治家等,他却不一定就是这样的人,因为这些东西毕竟只是他可能拥有的环境,而不是他的人格。一个人也应该监督自己为道德行为负责,因为是他的人格构成了动机;动机不是由他外部的东西所组成的。所以,认识到"人格组成了道德行为的本质"这一点,就能够让我们解释道德行为的两种不同特征:道德行为是根据它的动机来衡量的,以及要认识到道德行为的责任。

讨论主题

在分析了道德行为之后,下面我们要考虑的是:1)伦理愿望(不管是道德的还是不道德的)的发展过程;2)伦理选择的本质;3)道德控制的结果,性格的形成,等等。应该牢记上面提到的警告;尽管我们正在讨论的是伦理问题,但我们仅仅只是将它作为一种心理体验来讨论。

1. 伦理愿望的发展

当一个行为即将被执行,而行为的结果将会影响人格本身却不会影响它的所有物或环境时,伦理愿望——不管是道德的还是不道德的——就产生了。从历史发展角度来看,伦理愿望有可能有意识地产生于拥有(having)什么和成为(being)什么之间的冲突。例如,小孩被告知不要碰糖果,但是他又非常想吃。在这种情况下,想吃糖果的愿望本身当然不是不道德的,但是它却和下面的愿望有冲突——与妈妈的希望保持一致并且值得接受妈妈的爱。小孩并不会推导出这些事情,但是他会觉得,如果他坚持他的愿望,那么他将不符合他应该成为的那个样子。他意识到他不符合他自己的真实存在,而毫无疑问,这种意识只是反射性的意识,而不是定向的意识。也就是说,他感觉到他是通过他妈妈所设立的标准来衡量自己的,而不是他自己有意识地设立的标准。但是,行为的心理实质并没有发生变化。他觉得愿望是不道德的,是因为愿望带来的满足将会导致他对自己的贬低。尽管他得到了更短暂的愉悦,但是他的满足将会更少。而遵守那些他认为是道德的愿望,情况则刚好相反。

愿望在伦理范围内的扩展

这里粗略勾勒的过程,不断地扩展了被认为拥有道德意义的情感和愿望的范围。刚开始时,在许多(也许是全部)情况下,小孩仅仅只能感觉到那些被直接命令或禁止的行为所包含的伦理意义;这些行为会带来奖赏和惩罚,因此它们也伴随着愉悦和痛苦。他认为仅仅只有这些行为才和他自己的个人价值存在关联。但是,随着生活环境不断变化,他的经验扩展了,情感接触到了更多的目标,于是他的愿望也增加了,并且越来越多的愿望都在他自己存在的内在核心方面拥有直接的意义。扩展也发生在另一个方向上。他不仅认识到每一个愿望——如果实现的话——都和他自己拥有某种连接，而且他也认识到每一种意志都是人格，也就是他自己。他明白，尽管他拥有的东西可能比其他人多或者少，但是他作为一个人，或者说在意志上是和别人没有差别的。其他人的人格需求和他是一样的。这使得他的愿望逐渐扩展，一直到包含他家人的幸福。不可能为任何一种方向上的过程设置目标。没有哪一个愿望在他自己的实现上不拥有可能的意义；也没有哪一个人和他不拥有可能的关系，这种关系可以变成"希望人格实现"这一愿望的来源。当然，愿望也会趋向于其他的途径；愿望趋向于让他自己满足，以至于意志阻碍了他自己或者其他人的实现。

愿望的冲突

产生愿望的同一些过程会使这些愿望变得相互对立。伦理领域的愿望冲突和谨慎领域的愿望冲突是有差别的。在谨慎领域，由于行为是根据它们的结果来判断的，所以那些愿望本身会各不相同，而问题仅仅在于，哪一个愿望能够满足"获得最大的利益"这一要求。在伦理领域，由于行为是根据它们的动机来判断的，所以愿望之间的冲突不是表现为一种或多或少可能的对立，而是一种实际的对立。冲突是因为愿望之间存在性质相对立的目标。换句话说，冲突总是产生于拥有好目标的愿望和拥有坏目标的愿望之间。如前所述，愿望本身并不是不好的，但是愿望的满足却被认为是不好的，因为它与实现好的目标是不相容的。在伦理领域，不怎么好的就被认为是坏的。

2. 伦理选择

与所有相似的冲突一样，愿望的冲突也是通过选择行为或者决策来解决的，其中选择行为是指自我对产生行为动机的那个愿望的认同过程。选择行为挑选了某个愿望,并且声称应该实现那个愿望。任何愿望的目标都是观念的,因为它还不存在;选择行为把对实现愿望的纯粹渴望变成了应该实现该愿望的断言。选择就是实际的判断。判断(第195页)断言,有些观念的特性拥有某种实在,或者说有些观念的特性是真实的。而选择则声称,这种观念的特性将会是真实的。理论判断是关于愿望是什么的事情,而实际判断是关于自我将让愿望成为什么的事情。

选择的依据

对于每一个愿望,因为它被选择了,所以它变成了一个动机。为什么要选择它呢?为什么自我会拒绝一个为了与自我相认同而竞争的愿望而去选择另一个呢?为了回答这些问题,我们必须对所选择的愿望的内容和形式做出区分。在谨慎选择中,所有行为的形式都是一样的,因为谨慎行为就是为了获得利益。内容是指所追求的具体利益——健康、名誉和地位。所以,选择的依据就是,对于选择者而言,所选择的内容——利益——应该与选择所包含的形式最为一致。另一方面,在道德行为中存在着两种形式,而不是一种;并且选择的也不是形式中所包含的内容,而主要是形式本身。形式有好坏之分。所选择的内容是真理、节制、勇气、耐心和纯洁,还是坏的行为或者恶习——简而言之,内容是好还是坏——这是一个次要的问题。为了回答关于选择的依据这一问题,我们必须把内容和形式分开来讨论。

内容的选择

为什么要选择这种特定的好的行为,而不是另一种呢?或者,对这个问题的更好表述是这样的:为什么一个人认为行为的某个过程是好的,而另一个人却认为好的内容是其他的呢?当然,这就是事实。对于"到底什么行为组成了好的内容"这个问题,南太平洋诸岛上的居民和一个文明人的观念很难一样。一个在大城市拥挤的出租屋里长大的人,他从出生起就被各种邪恶所包围,而另一个人在优雅的家庭中得到良好的教育,他从一开始就受到了最严肃和最纯净的影响。很难想象这两个人对于上述问题的观点会是一样的。每个人的理想和标准都是不同的;也就是说,在好的或者坏的形式下所构建出来的内容也是各不相同的。

理由

这种差别是存在的。在这个问题开始的时候,我们实际上就已经表明了差别为什么会存在。一个人把一种内容作为好的,而对于另一个人而言,同样的内容却似乎没有价值,甚至是完全不好的。其中的原因在于每个人所处环境的相对限制和范围,而正是这些限制和范围使得每个人的知识或观念表现为它现有的形式。在道德行为中,对一个特定内容进行选择的依据正好就是谨慎行为中的选择依据。在每种情况下,选择受到了一个人的出生、早期训练、生活环境以及后来知识的限制。对于一个人而言,"好"可能是绝不偷一片面包,让自己不受酗酒的影响;而对另一个人而言,"好"可能是通过巨大的自我牺牲,把他的生命奉献给人类的崇高事业。每一种内容都是以"好"的形式为基础而出现的;但是被赋予了这种形式的内容,却又是个人环境(广义上的环境)的结果。

形式的选择

但是,另一个问题出现了:意志为什么偏向于选择好的而不是坏的?或者刚好相反?我们已经明白意志为什么要选择特别好的,但是它为什么不管怎样都要选择好的呢?这种选择的依据是什么呢?前面已经说过,很明显这种选择的依据不可能位于意志之外,它必须处于意志本身内部。行为的道德价值不是由行为的结果组成的,而在于行为的动机;然而,动机又是由意志本身,即人格所组成的。在特定的环境中,为什么有人选择真作为好的,而其他人却选择善呢?这个问题的答案也只有在我们的知识足够丰富之后,然后到选择者的先辈和环境中去寻找了。而他为什么无论如何都要选择好的而不是坏的呢？这个问题的答案就存在于他自己的意志当中。他希望让自己成为好的。他希望的原因也就是他所希望的东西。只有"让自己成为好的"这个观念，才能让他感到满足。如果我们想知道为什么单单这个观念就是满足，那么我们只能得到这样的答案：他想要从观念中获得满足，并且只从观念中获得满足。观念被一个人所希望，是因为它就是令人满足的；而它是令人满足的，则是因为它就是那个人所希望的。

这种循环的意义

换句话说，在这里我们已经得到了关于人的心理结构的最终事实。他拥有决定他自己的能力。他有能力建立他想让自己成为什么的观念，而且这种观念在形式上只取决于他自己。在特定的情况下，如果一个人选择了道德败坏，而另一个人选择了道德高尚，那么这些行为差别的唯一答案就在于，一个人想让他自己成为好的，而另一个想让他自己成为坏的。每个人都想拥有他自己的观念，并且希望按照观念来行动。在道德行为中，一个人就是他想让自己成为的那个样子。想要成为好的这一意志，也就是成为好的这一行为。换句话说，在道德行为中，行为是由动机来衡量的，而动机又是由一个人自己的观念，也就是他关于实现他的本质的概念来决定的。自我实现的观念，在形式上取决于并且仅仅取决于自我。而它的内容，或者说它的具体填充物，则取决于他的教育、成长环境等等。这一点我们在前面已经讨论过。但是，一个人自己的意志和他的人格核心，决定了他想让自己成为什么样子，并且这种决定也决定了他确实是什么样子。人通过建立好或者坏作为自己的动机，从而来决定他自己，而且他所建立的也都是他想要让自己成为的样子。

总结

一个人选择的具体行为是好的还是坏的，要取决于他自己的外部环境。也就是说,他不用对他的行为负责。他仅仅需要对他的行为动机负责。如果他的动机是好的,那么他不必为行为产生的特定方向负责,除非行为的方向是他自己先前的选择所产生的结果。正如在谨慎领域一样,在道德领域中,一个人只能做到他所知道的最好。但是一个无论如何都希望变好的人,不仅仅希望只是做到他所知道的最好,或者他周围的环境所能允许的最好,而是绝对的最好,或者说世界所能允许的最好。好行为的具体内容,即是美德,取决于社会的发展;而好则仅仅取决于意志。好就是想成为好的意志。

3. 道德行为的结果

道德控制的结果就是性格的形成。当每一个道德行为被执行后,它都会对人格产生影响。行为在特定的方向上组织着人格。它赋予人格以特定的倾向。道德行为是在一个人形成对自己的观念中产生的,其目的是为了让他可以实现他自己。这种道德自我的实现构成了性格。开始时,一个人拥有自然和社会环境所赋予他的全部复杂情感和愿望,并且能够在当中进行选择,构成某种行为目的,也就是他自己的某种预期状态或活动。每一个行为发生时,都赋予了他的意志以明确的内容。行为把选择能力变成了实际选择的东西,它为意志装备了某些特定的具体器官。这种装备也就是我们所说的性格。

性格的本质

性格就是把一种能力变为一种现实性的意志。意志是指实现道德自我的能力。性格就是被实现的自我。性格仍然是意志,但它是有机的和真实的意志。从性格的这种本质特性出发,我们可以得出某些从属的结果。这些结果可以概括如下:第一,与特殊意志相对的一般意志的形成过程;第二,愿望的调节;第三,更精确和更直观的选择;第四,更有效的执行过程。

(1) 一般意志

一般意志包含着许多从属的特殊意志。例如,执行那些从德性的动机出发(或者说从实现善的意志出发)的行为的一般倾向所带来的结果,就是善良(goodness)的一般意志。当小孩面临一个强大的诱惑时,可以想到在这种特殊的情况下,他不得不停下来,并且执行一种"成为好的"的特殊意志。如果他在相似的情况下习惯性地采取相似的行为,那么很明显他的性格最后会产生一种"成为好的"的一般目的,而且每一种特殊的正确行为都仅仅只是生活中这种控制目的的表现。这种事实拥有另一个称谓,那就是"固有偏向"。这个称谓道出了另外的事实,那就是,即使当一般意志没有公开表现的机会时,它仍然会继续存在于行为当中。当一个人没有在吃喝或者在满足某种欲望时,他想要节制的意志仍然不会停止。意志依旧固有地存在于他身上,并且无意识地指引着他的行为过程。

(2) 愿望的调节

原始冲动来源于人的生理和心理组织,在这个意义上来看,原始冲动是自然的。同样地,如同自然力量,原始冲动不受人的直接控制。但是,只有当这些冲动得到满足时,愿望才会产生,并且满足这些冲动的那些行为的理智表现才会出现。超过某一特定的点之后,愿望的形成过程就是自发的和自然的。但是我们已经知道,正是意志(也就是一个人自己)决定了哪一个愿望应该得以实现。任何一种愿望的满足都会加强这种愿望,因为满足感为愿望增加了一种新的行为表现,以及必定伴随着该行为的一种新的愉悦表现。拒绝让愿望变成动机或者行为的目的,这不仅压制了这种特殊的愿望,而且削弱了与它相似的所有愿望。一个从未得到满足的愿望,最终将会因为毫无意义而消失。因此,很明显每一种选择都会加强某些愿望,而削弱其他愿望。选择控制着愿望。当选择行为已经变成一般的和固有的时,情况仍然如此。这激励了所有与它自己相符合的愿望的出现,并且通过它的存在这一事实来对所有其他的愿望进行检查。稳定性格的形成最终决定着一个人的愿望,它把所有与之相对立的愿望都扼杀在摇篮里。

(3) 精确和直观的选择

很明显,对愿望的这种控制对每一个将来的具体选择都产生了很大的影响。没有愿望就不可能有动机。当愿望都(或者几乎都)处于同一边时,它们相互支持和增援,所以具体的选择行为过程几乎没有任何冲突。随着一个有组织的性格的形成,选择变得非常迅速。通过同样的推理思路,我们可以知道,选择变得越来越具有直观性或自发性。在性格还未形成之前,道德行为需要长时间的犹豫和深思熟虑过程。不需要停下来讨论我们的义务观念到底是不是直观的。很明显,在一个存在观点冲突的特殊情况下,我们的义务并不总是直观的。然而,行为(不管是罪恶的还是善良的)已经对意志做出了反应,并且已经被组织到了意志的结构当中;正是在这种程度上,意志行为确实是自发的。可以想象,一个小孩在形成性格的过程中,经常会犹豫很久。但是,很难想象一个非常善良或者非常罪恶的人会这样,那就是行为的本质;当然,他们有可能会对结果表现出犹豫。同样的过程使得选择变得更加明确,也更加清楚。开始时,一个人不会知道他正在选择的东西;而当性格形成的时候,动机的本质受到了越来越好的评估。

(4) 有效的执行过程

正如我们已经看到的那样,道德行为的执行过程并不取决于其性格。执行的意志也就是它在道德上的执行过程。这当然预示着,存在一种真实的选择行为,并且没有"心理保留"(mental reservations)。一个人对他的心理在表面上以某种方式进行修饰,而在内心里面,意志已经以一个相反的方向建立了它自己,这种情况是最为普通的。为了不以这种方式欺骗一个人的自我,就需要一种已经形成好的追求真理的性格。但是,客观地考虑一下,行为的执行过程是非常重要的。对于其他人而言,除了行为的结果之外,根本没有办法对其动机加以判断。如果动机在行为的执行过程中受到了阻碍,那么虽然行为者不会感觉到懊悔,但他还是会情不自禁地感觉到遗憾。从全世界的观点来看,重要的事情就是去做正确的事情,而且没有哪一个人会觉得他是一种有效的力量,因为他执行目的的能力和他的目的的比率不相称。有效执行过程的唯一条件就是一个有组织的性格,这是因为以下两点:

① 性格构成了一个能量库,它可以用于到达所希望的目的。在性格中保留着先前所有行为的结果。每一个结果都把它自己的某些力量借给了意志。性格就是多重的意志,是不再零散且将力量集中转向同一方向的意志。有性格的人,不管性格是好的还是坏的,都不会轻易沮丧。他没有认识到障碍,因为他的眼睛一直只盯着目标。软弱意味着不稳定性,而不稳定性就是缺乏性格。

② 性格拥有实际效能的另一个原因,是亚里士多德提出来的。亚里士多德认为,乐于节制的人才是有节制的;虽然已经禁戒了但是却感到伤心的人,仍然是非节制的。我们已经知道,执行任何一种选择的力量都是情感的冲动行为。理智提出了目标;目标被选择了,并且情感的推动倾向实现了该目标。于是,只有性格稳定的人,才会非常长久地乐于期望实现某一特定的目标。只有性格诚实的人,才会因为他自己的缘故而乐于诚实。因此,不管遇到什么困难,只要他有可能拥有具备推动性的情感,而情感将只注意那些实际被告知的真相。爱是有效行为和可靠行为所能信赖的唯一动机,而且只有拥有这种性格的人才会对一件事物拥有稳定的爱;追求爱以外的任何东西,都算不上一个道德的目标。

第 21 章注释

默里:《心理学手册》,第 235—240 页;萨利:《心理学》,第 649—680 页;拉德斯托克:《教育中的习惯》,第 81—86 页;福尔克曼:《心理学教科书》,第二卷,第 489—513 页;赫巴特:《心理学教科书》,第三部分,第五章;施特伦贝尔:《心理学纲要》,第283—293页;福特拉格:《八篇心理学演讲》(关于"性格"部分);玛丽昂:《团结的道德》,第108—145页;哈格曼:《性格是什么?》;德金姆帕斯:《论教育》,第431—443页;佩雷:《摇篮里的教育》,第265—300页;乔利:《教育学概论》,第164—196页;贝内克:《教育原理》,第310—343页;迪特斯(Dittes):《道德教育中的自然原理》;文特(Wendt):《教育》;哈贝尔:《意志发展史》;格鲁贝:《犹太人的道德教育》;维泽(Wiese):《意志的教育》;霍尔于1882年在《普林斯顿评论》上发表的《儿童的道德训练》和《意志的教育》的论文。

第二十二章 意志是观念及其实现的来源

意志就是自我

现在我们已经完成了对自我的各个因素的研究。所以有必要简要地讨论一下它们之间的相互关系。自我的统一就是意志。从心理学上来说，意志也就是那个人(the man)。我们已经知道，认识在本质上就是普遍的自我意识的实现过程；情感是自我实现的伴随物，而它的具体性质则取决于所完成的自我实现的确切形式。我们刚刚讨论过，意志就是自我对它自己的实现。意志完全包含于身体控制和谨慎控制当中，并且它是在我们研究道德控制的时候才确切地发展起来的。这样，意志可以被看作是自我决定(self-determination)。简而言之，意志构成了认识和情感的意义；而道德意志构成意志的意义。

意志、认识和情感

认识是指情感或感觉在知觉过程中通过意志而形成的客观化过程。除了涉及感觉冲动之外，感觉或情感本身是没有意义的。感觉冲动组成了意志的原材料，它是正在形成过程中的意志。在感觉冲动能够控制它自己之前，也就是在它变得自我决定之前，它就是意志。源自感觉冲动或感觉的知识建构是通过知觉过程形成的，它只是意志对它自身进行控制的一个方面而已。正是意志为它自身决定了一种客观而普遍的形式。另一方面，各种不同性质的情感都是意志的自我决定的伴随物。情感要么伴随着意志的外显行为，要么就是所伴随的意志行为拥有了某种客观的内容，并且以个体为媒介对这些内容进行了分解。简而言之，认识是意志的客观和普遍的一面；情感是意志的主观和个体的一面。由于意志包含了认识和情感,并且将两者统一起来了,所以意志就是自我。

意志的双重本质

意志——因此也是自我——包含着行为的双重模式。意志是观念的起源,也是观念得以实现的来源。意志总是在它自己之前就把握了它自身。自我总是把一个完全的普遍自我所拥有的模糊观念呈现在实际条件中。自我通过这种过程来衡量它自己,并且感觉到它自己的局限。在其真实的本质上,自我是普遍和客观的。而实际的自我大都是特殊和未实现的。因此,自我总是以一种它必须努力的普遍意志或完全意志的观念来面对它自己。它并不知道完全的意志或自我到底是什么。它仅仅感觉到有这样一个目标,并且它能够达到这个目标,体验到持久的满足,也就是快乐。意志在它自己之前建立的这种意志或自我就是它的观念。

观念意志的功能

这种观念意志可以作为一种激励而使得实际的自我实现它自己。它导致对每一个已经实现的结果产生了不满,并且急于执行新的和更加完全的行为。观念意志也用于衡量所有的成就,也可以作为判断成就的标准。和谐感——心智对真、美和道德正义的最终检验——仅仅只是已经完成的行为与全部的观念活动之间的一致感。

意志的实现活动

然而,意志不仅仅只是建立了绝对的真、善、美的观念。意志是实现这些观念的活动,并且使它们成为生活中公认的合理性。意志赋予这种形式以自己的内容;它对观念进行了详细说明,并且使它非常明确。理智活动不仅是由智力所努力的真理目标而组成的,它还包括已经达到的真理。审美活动在美的观念的运作方式中找到了其动机力量,但是,这种观念已经在某种程度上耗尽了它自己,并且创造出具体的美的东西。道德活动在完美的、与它自己绝对和谐的意志中拥有了它的动机,而且这种观念已经在社会组织和个人人格中将它自己表现出来。并不是说一个自我或意志是观念,而另一个意志是实现观念的来源;而是说,观念意志有一种连续的动机力量,这种力量能够在认识、美和正义中产生具体的成就。

特别的道德观念

伦理意志很明显地揭示了在理智过程和情绪过程中蕴含着什么。在情绪过程中,我们拥有完美感,或真与美完全和谐的情感。它们构成了心理生活的实在,但是我们未能有意识地认识到这种观念就是实际自我必须符合的真实自我。在道德意志中存在着这种认识:好的自我或意志被认为是绝对必需的,而且它的实现不是利益问题,也不是纯粹的成长或者发展问题。它是正义问题,因为它缺乏内疚感。

在伦理领域,我们也看到了作为观念的意志和作为实现力量的意志之间更为接近的认同过程。其实在这里,动机和行为是一回事。想知道真的意志或者想创造美的意志,并不构成所期望的结果。在动机和想要到达的目的之间还存在着一条裂缝。动机的实现或多或少地取决于外部的条件,但是在伦理领域却不是这样。正如我们已经反复看到的那样,因为伦理目的而进行的动机选择,构成了目的的达成。向善的意志也就是善。因此,在道德意志中,观念的意志被认为是实际自我的基础。使实际上不完美的自我变得完美的义务,就是观念意志有意识的表现。此外,作为目标的观念意志和想达到这个目标的意志之间的统一,也得到了明确的发展。其中,两种意志的统一涉及所有的意志。道德意志使理智行为和审美行为的意义变得明确而清楚了。如果不是由于我们在道德意志的表现中发现这些结论,我们最终将仍然不能理解在探求真理中的理智行为和审美想象中的创造性活动。

道德意志中仍然存在二元论

然而，道德意志并没有完全克服实际自我和观念自我之间的二元论，而二元论也包含在其他的两种行为领域中。道德意志的行为是不完全的，或者说是局部的。在一个特定的情况下，从一个好的动机引发的行为构成了那种情况中的好。这种选择的充分重复，导致了好的性格的形成。然而，这种性格并没有足够成形到这样的程度——不管有没有善恶愿望的冲突，它都不需要重复那些选择行为。选择可能会变得更快，更精确，也更加直觉，但是选择行为还是必需的。我们说选择行为仍然是必需的，也就是说观念自我的意志和实际自我的意志还没有真正地统一起来。一旦它们真正统一起来了，那么就不再需要重复它们的认同行为。每一种行为都将从两种意志的完全统一中自然且自发地表达出来。

宗教意志

简而言之，道德行为的本质是非常特殊的。它可能包含许多事情，但是它本身并不是普遍的。正是宗教意志，而且也只有宗教意志一次性执行着所有的认同行为。宗教意志宣称，完美的观念意志是唯一的实在；宗教意志还声称，它不仅是宇宙中的唯一实在，而且也是个人生活的唯一实在。宗教意志使它自己成为行为的唯一动机；其中的动机并不是指随随便便的动机，而是指生活的动机，一般的和绝对的生活动机。宗教意志宣称，完美意志是活动和实在的唯一来源，而且它本身就是完美的活动和完美的实在。宗教意志完全是自我决定的。在宗教意志中，实现和观念是同一的，在实际意志和观念意志之间不再存在任何二元论了。

宗教行为

根据宗教意志的宣称，宗教行为也就是不断拥有宗教意志所断言的那些真理的过程。宗教意志认为,上帝是完美的人格或意志,是唯一的实在,也是所有活动的来源。因此,它当然也是个体人格的所有活动的来源。完美意志是个体生活的动机、来源和实现。他已经否认了他自己特有的生活,把它当作一种非实在;他已经声称,唯一的实在就是普遍的意志,他所有的行为都发生在这种实在当中。换句话说,他的具体行为的来源,不再是实际意志和观念意志应该在这种特定情况下变得同一化的意志,而是它们本来就是同一化的意志;这种特定的情况和其他所有的情况,都是这种统一的表现。简而言之,道德行为倾向于使实际与观念相一致,而宗教行为则致力于将观念在实际中具体化。

信仰

真实意志和完美意志或人格,构成了宗教行为的本质,也就是我们所说的信仰($faith$)。信仰超越了认识,因为虽然认识一直是全部自我的实现,但从来不是它的完全实现。在实际的认识和绝对的真理之间总是存在一条鸿沟。认识不可能超出它实际覆盖的范围,也不可能存在这样的认识——对个体自我而言真实的实在就是普遍自我——这是因为个体自我中的认识还没有包括普遍自我。但是,虽然这种意志或信仰超越了认识,但它还是暗含在所有的认识当中。认识的动机以及实现认识的能量,就在于这样的信念($belief$)——确实存在真理,而且合理地执行每一种智力行为能够让我们发现真理。认识中的这种信仰,是没有最终理由的。实际的真理和真理的观念在完美人格——上帝——中是同一的,只有在这样的意志中,上述的信念才会发现它的有效性,并且揭示出它的意义所在。这种信仰行为也超越了情感,并且先于情感而存在。在和谐感中存在一种统一感,但是这种统一感伴随着意志。它是普遍或客观的统一性的内在方面,而统一性则是通过意志而实现的。没有这种意志行为,所有的情感都不会相互一致。

总结

我们发现,前面研究过的心理过程都可以统一起来,并因此而找到了它们的最终解释。那就是,人就是一个自我;自我的本质是意志的自我决定性的活动;这种意志是一种客观化的活动,并且在客观化的过程中,意志使它自己具有了普遍性。这种活动的结果就是认识。客观化的意志是科学;客观化的活动是智力。这种意志或活动,也对它自己的所作所为进行了解释。意志位于它自己内部。同时,客观的普遍结果是以个体的意识为媒介而存在的。这种活动的主观方面也就是情感。当促进了行为或者阻碍了行为时,它就会产生愉悦或者痛苦。当伴随着实际的实现时,它就拥有了内容和性质。

有这样一种活动,它既是主观又是客观的。它把个体和宇宙连接起来了,它在情感中找到了它的动机,在认识中找到了结果,同时又把这种已知的(known)客体变成了感受到的(felt)主体。这种活动就是意志,它是心理生活的统一体。但是,意志活动本身并没有在它通过认识和情感而进行的这些实现活动中消失殆尽;意志在其本质上是普遍的,因此它必须总是在它自己之前就把握住它自己。意志要面对它自己,意志的这种普遍本质构成了我们所说的观念。如果它拥有了真理的普遍和谐本质,那么它就是理智观念;如果它拥有了情感的普遍和谐本质,那么它就是审美观念;而如果它拥有了意志的普遍和谐本质,那么它就是道德观念。

道德意志是一个人有意识的实现,他的真实自我和观念自我应该是同一的。所以,道德意志试图使两种自我在具体的行为中和性格的形成过程中变得同一。由于人是自我决定的力量,所以宗教意志是两种自我同一的有意识的实现。它是完美意志成为实在的实现。宗教意志是通过实现有限人格和无限人格的联合来实现的自由。只有当我们认识了意志的这些后续活动,我们才能真正理解前面的两种活动形式。如果没有它,那么认识也仅仅只是个体的客观化,然而普遍的客体化才是认识的目标。这样,普遍的客体化仍然是一个盲目的假设,不可能加以解释。如果没有意志,那么情感就只能是不满,因为它肯定会暴露出这两者之间的不一致——快乐的目标是什么和快乐的目标被认为是什么。而一旦拥有了意志,所有的心理生活都可以被无差别地描述为通过观念自我的意志而进行的渐进的实现过程,或者是实际自我通过最终的绝对实在而进行的渐进的观念化过程。在这两种情况下,意志都是自我的逐渐充当过程。在这个过程中,实际自我和观念自我是同一的;真理、快乐和正义在人格中获得了统一。

附录 A

APPENDIX A

由于每一种心理学理论都会深受其哲学基础的影响,所以有必要对本书中提到的主要人物的观点进行简要叙述,而且这些叙述不应该有任何差错。布朗、汉密尔顿和麦科什当然是属于苏格兰学派的。波特也可以归为这一学派,但是他更多地受到了德国哲学的影响。默里和苏格兰学派颇有渊源,但是他的观点其实是后康德哲学运动的产物。米尔(Mill)属于传统的英国(联想主义)学派。刘易斯也是属于英国学派的,但是他还受到了科学哲学发展的影响。斯宾塞同样受到了科学哲学的影响,而且还受到了进化论的影响。刘易斯也表现出受到了德国"民间心理学"学派的影响。萨利的观点基于相同的基本形而上学理论,但是也深受后来的科学实证的影响。英国学派的观点通过生理学的探讨而得到了修正,贝恩从修正的观点出发,对心理学的专门问题进行了最彻底、最详细的阐述。在德国,赫尔巴特的影响在心理学界占据着主流地位,福尔克曼、魏茨、施特伦贝尔、席林(Schilling)、格洛高(Glogau)和德罗比施都是在他的基础上以一定的独立方法建立了自己的理论。尽管施泰因塔尔和拉扎勒斯不能被当作是赫尔巴特主义者,但是他们表现出更多地受到了赫尔巴特的影响,兴许比其他任何人的影响都多。英国的莫雷尔(Morell)也是如此,尽管沃德对他的影响轨迹是确切无疑的。很难对洛采进行归类,他在整体上拥有独立的基础;他受康德和赫尔巴特的影响程度大致相当,尽管他在每个方面都受到了科学生理学的影响。乌尔里齐的情况与洛采非常相似,尽管在实验心理中他并非一个独立的研究者。上文还未提到的其他赫尔巴特主义者包括林德纳(Lindner)、施托伊(Stoy)和巴劳夫(Ballauf)。和乔治一样,埃德曼、罗森克兰茨和米舍莱都是黑格尔主义者,他们拥有更加独立的基础。罗森克兰茨从这个观点出发,已经写出了关于教育学的书。托劳(Thaulow)的《黑格尔的教育观和课程观》一书也属于此类。奥斯特曼(Ostermann)的《教育心理学》一书则遵循了洛采的观点。贝内克、迪特斯、施拉德尔(Schrader)和克恩(Kern)在他们的教育理论中反映了赫尔巴特的思想。施托伊的《教育学百科全书》中包含一份参考书目,本书中提到的弗勒利希(Fröhlich)和乔利的著作也是如此。每一个教育学家肯定都非常熟悉迪斯特韦格(Diesterweg)的一本极富参考价值的书——《入门》。

附录 B

APPENDIX B

我们为心理物理学增加了如下参考书目：费希纳《心理物理学基本原理》、《心理物理学事件》、《对心理物理学主要缺陷的修正》；穆勒（Müller）《心理物理学基础》；穆勒（F. A. Müller）《心理物理学原理》；德尔伯夫《心理物理学基本原理》；里博《当代德国心理学》第七章；《哲学研究》第一卷第 556 页；第二卷第 1 页和第 655 页；沃德《心灵》第一卷第 452 页；兰格（Langer）《心理物理学基础》。

关于比较心理学，可以参考如下著作：罗马尼斯（Romanes）《动物的智力》和《动物的心智进化》；卢伯克（Lubbock）《蚂蚁、蜜蜂和黄蜂》；林赛（Lindsay）《低等动物的心智》；乌佐（Houzeau）《动物心智官能的研究》；布朗夏尔（Blanchard）《变形》，《昆虫的习性与本能》；波旁·德尔蒙特（Bourbon del Monte）《人与动物》；富尼耶（Fournié）《兽与人》；乔利《比较心理学：人与动物》；埃斯皮纳斯（Espinas）《动物的社会》；卡鲁斯（Carus）《比较心理学》；巴斯蒂安（Bastian）《比较心理学论丛》；以及佩尔蒂（Perty）、弗吕格尔（Flügel）和格莱斯贝格（Gleisberg）《动物的心智》。

关于发生心理学（genetic psychology），可以参考：普赖尔《儿童的心智》；佩雷《儿童期的头三年》和《婴儿心理学》；库斯毛（Kussmaul）《新生儿的心智研究》；埃热（Egger）《智力和语言的发展》；勒比斯切（Lobisch）《儿童的心智》；舒尔茨（Schultze）《儿童的语言》；泰纳（Taine）在《哲学评论》（1876 年 1 月）中的论文；达尔文在《心灵》第二卷第 285 页及以后的内容；波洛克（Pollock）在《心智》（1878 年 7 月）中的论文；根茨默尔（Genzmer）《新生儿的感觉》。

修订版译后记

REVISED POSTCRIPT

杜威的经典名著《心理学》，其中文版以《杜威全集·早期著作·第二卷》的形式，由华东师范大学出版社于2010年9月出版。现在，鉴于该书出版后广泛的社会影响力和广大心理学爱好者的需求，拟再次出版其单行本。应出版社之邀，我们对原中文版作了修订。

在修订过程中，作为译者，我们对杜威这本心理学著作的鲜明特色以及对当今心理学的影响，有了新的认识和体会，特地在这里与读者进行交流。

在西方心理学史中，冯特之后的所谓"功能主义心理学派"，其发展有两条路线或两种思路；一是以克拉帕瑞德为代表的欧洲功能主义（其后期代表人物为皮亚杰），二是以杜威、詹姆士、鲍德温为代表的美国功能主义。这两条路线或思路的发展各有特色或优势，但基本的心理学范式——就其研究假设、概念框架和研究方法而言——是一致的。他们都是作为反对或超越冯特式的"元素主义心理学"而出现的。他们运用达尔文进化论的基本思想来研究人类的心理。"功能主义"致力于探讨有机体"适应"环境的功能作用。运用达尔文的生存竞争、自然选择和性选择等概念，探讨"心理"（mind）是做什么的，是如何做的，强调人的心理是一种功能的集合体。他们反对冯特"纯学院式的"心理学，首次关注心理学研究的应用价值。

而杜威于1886年撰写的教科书《心理学》（1889年第二次修订；1891年第三次修订），在美国功能主义心理学的发展中，起到了举足轻重的作用。特别值得玩味的是，它比詹姆士的经典著作《心理学原理》（上、下卷；1890年）还要早四年。美国心理学史家杜·舒尔茨确认，它是"第一本美国心理学教科书"。杜威这本教科书的主旨,是试图将黑格尔哲学与功能主义的心理学有机地结合起来。尽管功能主义并不像冯特心理学那样是一个界定清晰的学派,但它的创立通常都归功于杜威。这就凸显了他这本心理学教科书的独特价值。

本书的第一个鲜明特色,是试图将哲学与心理学有机地结合起来。正如他在"序言"一开始就提出的那样,"这本书对各种哲学理论抱有什么看法?"因为有些教材试图抛开所有的纯哲学思辨,把自己定义为"科学心理学"。但是,放弃哲学原理是否可能?由于哲学意义蕴含于心理学的中心,即使我们看不清楚,也不可能完全将之摆脱。于是,杜威给自己确立了"集每一类教科书的优点于一身"的写作方略:既使心理学摆脱形而上学(它仅在自身领域有意义,而在心理学中没什么意义),并变得更加科学而且与时俱进,同时又仍然可以作为哲学的一般入门课程。"我相信,心理学的学习将便于学生从哲学的角度提出问题和看待问题,同时它也是哲学初学者通往专门领域的最佳途径。"

第二个鲜明特色,也是其重大理论贡献,是试图将功能主义心理学的基本思想和原理系统化。从本书的体系来看,基本上是按照"知识(认识)—情感—意志"这样一个三位一体的框架来展开的。先谈心理学的学科性质(研究对象)和方法论、心理是如何运作的,再分别谈知识、情感和意志诸方面的问题。就此而言,它完全可以与詹姆士的《心理学原理》一比高下。历史事实表明,尽管该书出版不久因詹姆士的书的出版而略有失色,但在当时仍然是极受欢迎的好教科书。

第三个鲜明特色,是它将心理是有机体适应环境的功能作用之独特视角,贯穿了全书始终。诚如杜威本人所说,"这本全新的心理学教科书作为一项革新","它的根基是正确的"。这里所说的"根基",我们理解为是指心理的适应论观点。也就是说,要把人的心理看作是有机体企图适应自然界的有用的功能活动。故而杜威强调,心理学的对象是研究在环境中发生作用的整个有机体;功能主义心理学是从"效用"的观点来研究人的心理的。在这个意义上,杜威的心理学又可称之为实用(主义)心理学。比如,他坚持认为,人的"意识"能使有机体生存和发展;"功能"不过是有机体达到一种目的的总的协调作用,而所谓"思维"则是人们用来适应生活的有效工具。杜威后来写的经典论文《心理学中的反射弧概念》(1896),被称为"美国功能主义心理学的独立宣言"。他反对心理学中的原子主义、元素主义,以及"反射弧"在刺激与反应之间有着明显区别的还原论。他强调,反射性反应中的行为,在意义上不能再分成基本的感觉-运动元素。

再从本书对当今的持续影响来看,第一,以杜威和詹姆士为代表的功能主义心理学,一直是美国的主流心理学思想,在今天,它在声势浩大的"进化心理学"运动中达到了顶峰。进化心理学的出发点仍然是功能主义——借助进化生物学的理论来考察人类心理的设计(适应)特征,从而揭示我们心理机制的内在结构和运作过程。进化心理学中的"进化"一词,也许会令你联想到达尔文,会想起"适应"、"生存竞争、自然选择"等专业术语;你甚至还会想到原始人、土著居民、远古时期狩猎采集的男女祖先等,但事实上,进化心理学与我们的日常生活并不遥远。归根到底,它是一门关于人们日常生活的心理学。它最关注的主题是择偶(长期择偶即婚姻;短期择偶即外遇、性伴侣、一夜情等)、父母对子女的投资、亲属关系、人际合作与竞争、两性冲突、声望与名利等。而这些,正是杜威在书中常谈的问题。学习进化心理学,有一个最大的好处,就是能够提高人们日常生活的质量。从这方面来看,我们重温杜威的《心理学》,有着十分重要的理论和现实意义。

第二,当前以美国为主,并在全世界范围内(包括中国)掀起的"积极心理学"浪潮,正是沿袭杜威功能主义的另一朵奇葩。以塞利格曼等为代表的积极心理学,致力于挖掘人的"天性"(Human Nature)中"积极的"(好的、善的、正向的)品质和力量,引导人们怎样通过发挥自身的积极因素从而更好地"适应"社会生活,特别关注人的乐观情绪、幸福感、痛苦与无助、压力与抑郁、自由与平等、希望与信念等日常生活问题。正是在这些问题上,它与"进化心理学"交相辉映、殊途同归。

第三,杜威心理学对教育的影响从来都是一如既往,以至于我们在这里不必多提。他不仅在教育思想中始终贯穿了他的功能主义思想,而且把他的大量精力——特别是晚年——放在教育上,为人类的教育事业铸就了一座巍峨的丰碑。

感谢华东师范大学出版社决定重新出版杜威《心理学》单行本的高瞻远瞩;责任编辑朱华华对修订本付出了辛勤的劳动,在此一并致谢!

译者
2018 年 9 月 23 日

图书在版编目(CIP)数据

心理学/(美)约翰·杜威著;熊哲宏,张勇,蒋柯译.—上海:华东师范大学出版社,2019
 (杜威著作精选)
 ISBN 978-7-5675-9059-5

Ⅰ.①心… Ⅱ.①约…②熊…③张…④蒋… Ⅲ.①心理学 Ⅳ.①B84

中国版本图书馆CIP数据核字(2019)第114425号

杜威著作精选
心理学

著　　者	〔美〕约翰·杜威
译　　者	熊哲宏　张　勇　蒋　柯
责任编辑	朱华华
特约审读	程云琦
责任校对	赵小双
装帧设计	卢晓红

出版发行	华东师范大学出版社
社　　址	上海市中山北路3663号　邮编 200062
网　　址	www.ecnupress.com.cn
电　　话	021-60821666　行政传真 021-62572105
客服电话	021-62865537　门市(邮购)电话 021-62869887
地　　址	上海市中山北路3663号华东师范大学校内先锋路口
网　　店	http://hdsdcbs.tmall.com

印刷者	上海盛隆印务有限公司
开　本	890×1240　32开
印　张	12.25
字　数	298千字
版　次	2019年10月第1版
印　次	2020年10月第2次
书　号	ISBN 978-7-5675-9059-5
定　价	50.00元

出版人　王　焰

(如发现本版图书有印订质量问题,请寄回本社客服中心调换或电话021-62865537联系)